煤炭企业能源管理丛书

能源管理方法

煤炭企业能源管理丛书编委会 编

煤炭工业出版社

·北京·

内 容 提 要

本套丛书以最新的（截止到 2013 年底）国家节能法律法规和行业标准为指导，全面系统地介绍了煤矿能源管理相关专业知识及如何有效地开展能源管理工作，具有很强的针对性和实用性，为煤炭企业各级领导干部和广大能源管理工作者提供了参考和借鉴，可作为煤炭企业能源管理的培训教材。

《能源管理方法》共 10 章，主要内容有：概述，能源管理机制，能源信息技术与软件，能源计量，能源消费统计，能效对标，能源审计，企业能量平衡，节能技术经济评价，能源管理监督与检查等。

图书在版编目（CIP）数据

能源管理方法／煤炭企业能源管理丛书编委会编．－－北京：煤炭工业出版社，2014

（煤炭企业能源管理丛书）

ISBN 978－7－5020－4185－4

Ⅰ．①能… Ⅱ．①煤… Ⅲ．①煤炭企业—能源管理—管理方法 Ⅳ．①F407.216

中国版本图书馆 CIP 数据核字（2013）第 029340 号

煤炭工业出版社　出版
（北京市朝阳区芍药居 35 号　100029）
网址：www.cciph.com.cn
煤炭工业出版社印刷厂　印刷
新华书店北京发行所　发行
＊
开本 787mm×1092mm $^1/_{16}$　印张 $14^1/_4$
字数 340 千字
2014 年 11 月第 1 版　2014 年 11 月第 1 次印刷
社内编号 7008　定价 56.00 元

版权所有　违者必究
本书如有缺页、倒页、脱页等质量问题，本社负责调换

煤炭企业能源管理丛书编委会

主　　编　濮洪九
副 主 编　吕　英　张士强
编　　委　（按姓氏笔画排序）
　　　　　于秀忠　马　剑　王忠刚　尹增德　朱建荣
　　　　　任一鑫　任丕清　刘元明　刘瑞芹　许祥左
　　　　　李堂军　张绍强　周一枝　洪绍和　蒋翠蓉
　　　　　赖贞澄　蔡明华

执行主编　任一鑫　朱建荣
编　　者　（按姓氏笔画排序）
　　　　　于波兰　王　宁　王焕忠　田　伟　吕佳霖
　　　　　刘寅佳　李天利　李学武　张咏梅　张宗军
　　　　　周　仁　单绍磊　孟文强　高建广

序

能源是经济社会发展的重要物质基础，能源安全也是国家安全的重要组成部分。搞好能源的节约利用，提高能源利用效率，是缓解能源和环境压力，实现经济、社会可持续发展的必然要求。

党的十八大提出：坚持节约资源和保护环境的基本国策，全面促进资源节约，把"推动能源生产和消费革命，控制能源消费总量，加强节能降耗，支持节能低碳和再生能源发展，确保国家能源安全"作为推动生态文明建设的重要内容。加强能源管理、实现节能降耗已经成为调整经济结构、转变经济发展方式的重要抓手。

煤炭行业既是我国主要的能源生产行业，也是重点耗能行业之一。煤炭在生产和洗选加工过程中要消耗大量的能源，加强能源管理，做到"节能降耗，减污增效"，是新形势下推动煤炭行业转型升级，实现可持续发展的必由之路。

近年来，煤炭行业认真贯彻落实"资源开发与节约并举，把节约放在首位"的方针，在努力实现煤炭产量持续增长、支撑国家经济快速发展的同时，不断加强能源管理工作，在节能降耗和资源综合利用方面都取得了显著的成效。

为了更好地满足煤炭企业能源管理工作者系统学习能源管理知识的需要，中国煤炭加工利用协会根据最新的国家节能法律法规和行业标准，结合煤炭企业能源管理工作实践，首次组织编纂了《煤炭企业能源管理丛书》——《能源管理体系》、《能源管理方法》、《节能技术》。该套丛书全面系统地介绍了煤矿能源管理相关专业知识以及做好煤炭企业能源管理工作的方法和途径，具有一定的理论性、针对性和实用性，为煤炭企业各级领导干部和广大能源管理工作者做好能源管理工作提供了指导和帮助，也为煤炭企业能源管理培训提供了很好的培训教材。

时值本书出版之际，希望各煤炭企业进一步加强对能源管理工作的组织领导，提高对节能工作重要性和紧迫性的认识，把节约能源资源作为推动矿区生态文明建设的重要内容和有效途径，为提升煤炭工业发展的科学化水平做出新的努力和更大的贡献！

濮洪九

2014 年 9 月 10 日

目　　次

1 概述 ·· 1
   1.1 能源管理方法的作用 ·· 1
   1.2 能源管理方法的确定原则 ·· 1
   1.3 能源管理方法的研究对象 ·· 2

2 能源管理机制 ·· 4
   2.1 合同能源管理 ·· 4
   2.2 电力需求侧管理 ··· 13
   2.3 节能自愿协议 ·· 14
   2.4 节能产品认证 ·· 17
   2.5 能源效率标识 ·· 19
   2.6 清洁生产 ··· 20
   2.7 碳排放权交易 ·· 23
   2.8 能源管理基本方法 ··· 24

3 能源信息技术与软件 ·· 31
   3.1 能源信息系统的含义 ·· 31
   3.2 能源信息的分类 ··· 31
   3.3 能源信息系统的组成 ·· 32
   3.4 能源信息系统的管理 ·· 33
   3.5 能源信息系统主要软件 ··· 33

4 能源计量 ··· 34
   4.1 基本知识 ··· 34
   4.2 能源计量的范围 ··· 34
   4.3 能源计量的方法 ··· 34
   4.4 能源计量器具的配备 ·· 35
   4.5 能源计量的考核指标 ·· 37

5 能源消费统计 ·· 38
   5.1 能源消费统计的含义 ·· 38
   5.2 能源消费统计的分类 ·· 38

5.3　能源的折算 …………………………………………………………… 44
　　5.4　能源消费统计指标 ……………………………………………………… 48
　　5.5　能源消费统计数据的搜集与整理 ……………………………………… 52
　　5.6　能源消费统计报表 ……………………………………………………… 56
　　5.7　能源消费统计分析 ……………………………………………………… 56
　　5.8　能源利用状况报告 ……………………………………………………… 72

6　能效对标 …………………………………………………………………………… 80
　　6.1　对标管理概述 …………………………………………………………… 80
　　6.2　能效对标实施步骤 ……………………………………………………… 80
　　6.3　对标管理方法 …………………………………………………………… 81
　　6.4　企业能效对标 …………………………………………………………… 82

7　能源审计 …………………………………………………………………………… 89
　　7.1　能源审计的含义 ………………………………………………………… 89
　　7.2　能源审计的基本方法 …………………………………………………… 92
　　7.3　审计准备阶段 …………………………………………………………… 94
　　7.4　预审计阶段 ……………………………………………………………… 95
　　7.5　审计阶段 ………………………………………………………………… 97
　　7.6　能源审计报告 …………………………………………………………… 101
　　7.7　能源审计报告的验收 …………………………………………………… 103

8　企业能量平衡 ……………………………………………………………………… 105
　　8.1　企业能量平衡的内容 …………………………………………………… 105
　　8.2　企业能量平衡表 ………………………………………………………… 110
　　8.3　企业能源网络图 ………………………………………………………… 113
　　8.4　企业能流图 ……………………………………………………………… 118
　　8.5　能量平衡测算 …………………………………………………………… 119

9　节能技术经济评价 ………………………………………………………………… 121
　　9.1　节能技术经济评价原则 ………………………………………………… 121
　　9.2　节能技术经济效果评价体系 …………………………………………… 122
　　9.3　政府节能奖励资金申请 ………………………………………………… 125

10　能源管理监督与检查 ……………………………………………………………… 126
　　10.1　监督与检查的含义和原则 …………………………………………… 126
　　10.2　监督与检查的内容及要求 …………………………………………… 126
　　10.3　节能监督检查的技术条件 …………………………………………… 127
　　10.4　节能检查项目和测试项目 …………………………………………… 127

  10.5 监督和检查方法 …………………………………………………… 128
附录一 综合能耗计算通则 ………………………………………………… 129
附录二 企业能量平衡通则 ………………………………………………… 134
附录三 企业节能量计算方法 ……………………………………………… 138
附录四 用能单位能源计量器具配备和管理通则 ………………………… 143
附录五 煤炭企业能源计量器具配备和管理要求 ………………………… 149
附录六 单位产品能源消耗限额编制通则 ………………………………… 155
附录七 煤炭井工开采单位产品能源消耗限额 …………………………… 158
附录八 煤炭露天开采单位产品能源消耗限额 …………………………… 168
附录九 通风机能效限定值及能效等级 …………………………………… 178
附录十 煤炭企业能源消费统计规范 ……………………………………… 183
附录十一 煤炭工业能源消费与综合利用统计报表填报说明 …………… 189
附录十二 节能监测技术通则 ………………………………………………… 213
参考文献 …………………………………………………………………………… 217

1 概　　述

我国人均能源占有量远低于世界平均水平，能源供给不足已经成为社会经济可持续发展的一个重要制约因素。由于我国许多行业和地区能源利用效率低、浪费大，目前我国国内生产总值能源消耗（以下简称能耗）量大大高于世界平均水平，且我国正处于高速工业化和城市化的发展阶段，这一阶段的能源供给矛盾尤为突出，在一定程度上制约了我国的经济发展。为了切实加强能源管理，促进能源节约并降低生产成本，煤炭企业需要有一系列科学的管理理论和方法。

1.1　能源管理方法的作用

能源管理方法是指为合理利用能源，提高能源利用效率，保证社会、经济稳定持续发展，节约能源，改善环境而用于实行能源管理，有效利用能源的一系列的计划、组织、监督、控制等手段。

能源管理方法的作用主要是：

（1）能源管理方法有利于煤炭企业将节能工作落到实处。传统的能源管理方式，只解决了"谁来做，做什么"的问题，而"如何做"，"做到什么程度"，主要由执行者凭个人的经验甚至意愿来决定，导致有些工作不能达到预期的效果。通过建立一套科学合理且具有可操作性的能源管理方法，便能大大减少工作中的随意性，进而提高能源管理的整体效果和效率。

（2）能源管理方法有利于及时发现能源管理工作中职责不清的问题，为建立和完善相互联系、相互制约和相互促进的能源管理组织结构提供保障。通过识别节能潜力以及能源管理工作中存在的问题，并通过持续改进，不断降低能耗，从而实现煤炭企业的能源方针和能源目标。

1.2　能源管理方法的确定原则

能源管理方法的确定原则主要有：定量化原则、标准化原则、科学化原则、全过程原则、实用化原则。

（1）定量化原则。能源管理定量化是能源科学管理的基础，只有在定量的基础上，才能实现能源的定额管理及供需预测，才能制定出确切的节能规划和节能计划。在能源管理方法确定的过程中，要特别注意是否具备该方法使用时所需要的可靠、完整的数据。可靠、完整的数据是节能定量化管理的基础，这对用能分析、节能测试、用能监测、节能统计等技术性、基础性工作提出了更高的要求。

（2）标准化原则。能源管理标准化是指在企业生产经营活动中，对能源管理需要协调统一的重复性管理事项，通过制定、发布和实施标准，以获得最优秩序和提高节能效益。

（3）科学化原则。在企业能源管理工作中推行能源管理标准化和程序化，应用计算机辅助能源管理；在节能方面应用方针目标管理，对重点耗能设备、重点耗能工序应用计算机监测控制；在日常能源管理工作中，应用多种现代化管理方法。

（4）全过程原则。将相关的资源和活动作为过程来管理，可以更好地达到预期目的。降低能耗、提高能源利用效率都是在产品实现和服务提供的行为活动中体现的，煤炭生产系统的能源管理体系应注意对煤炭生产全过程的控制要求。

（5）实用化原则。将能源管理的特点充分体现在能源管理体系的各项具体要求中，努力将现行的能源管理方法与能源诊断、综合能耗计算、节能量计算等技术相结合。

1.3 能源管理方法的研究对象

能源管理是以降低能源消耗，提高能源利用效率为目的。因此，能源管理方法主要是针对组织活动、产品和服务中的能源使用或能源消耗，利用系统的思想和过程方法，在明确目标、职责、程序和资源要求的基础上，进行全面策划、实施、检查和改进，以高效节能产品、实用节能技术和方法以及最佳的管理实践为基础，减少能源消耗，提高能源利用效率。而且引入持续改进的管理理念，采用切实可行的方法确保能源管理活动持续进行，能源节约的效果不断得以保持和改进，从而实现能源节约的战略目标。

企业能源管理方法的研究对象主要包括目标责任管理、合理组织生产、合理分配能源、加强能源购进管理、加强项目的节能管理、对标管理和落实规章制度。

（1）目标责任制管理。目标责任制管理主要是根据公司能源管理的战略要求，制定集团公司的能源管理目标，把能源管理的目标层层落实到各个单位、区队、车间和班组，与各个单位签订能源管理目标责任书，定期考核能源管理目标的实现情况，依据考核结果进行相应的奖励惩罚。

（2）合理组织生产。提高劳动生产效率，提高产品产量和质量，减少残次品率，利用电网低谷组织生产，均衡生产，减少机器空转，保证各种用能设备处在最佳运行状态，排查生产管理方面的"跑、冒、滴、漏"，提高生产现场的组织管理水平，减少各种直接和间接能耗、物耗损失等。

（3）合理分配能源。合理分配使用不同品种、质量的能源，减少库存积压和能源、物资的超量储备，提高能源和原材料的利用效率。

（4）加强能源购进管理。提高运输质量，减少装运损耗和亏吨，强化计量和传递验收手续，提高理化检验水平，按规定合理扣水扣杂等。

（5）加强项目的节能管理。新上和在建、已建项目是否做了"节能篇"论证，其经济效果、环境效果和节能效益是否达标。

（6）对标管理。建立符合企业具体情况的能耗标杆体系，在公司层面、矿及其他生产单位层面、工区及车间层面与班组层面开展能耗对标活动，分析实际能耗与对标标杆能耗之间的差距，进行节能潜力分析，确定节能目标，对能耗标杆进行修正；建立包含节能例会制度、统计制度的对标动态管理制度体系，通过对标活动的开展推进能源管理工作。对标管理主要包括产品对标管理和工序对标管理。

（7）落实规章制度。企业能源管理各种规章制度是否健全合理，是否落实到位，如能源、物资的招标采购竞价制度，对质量、计量、定价、验收、入库、票据、成本核算等制度的建立和执行是否严格把关。一般煤炭企业在管理方面存在的问题比较多，漏洞多，浪费大，管理节能是不花钱的节能，只要加强管理，严格落实制度，就能见效。

2 能源管理机制

加强能源管理，提高能源利用效率，是提高我国经济运行质量、改善环境和增强企业市场竞争力的重要措施，也是缓解当前经济社会发展所面临的能源约束矛盾、建设节约型社会、实现经济社会可持续发展的根本保障。

要做好能源管理工作，需要掌握一些能源管理机制和基本方法。能源管理机制主要包括：合同能源管理、电力需求侧管理、节能自愿协议、节能产品认证、能源效率标志、清洁生产、碳汇交易等。能源管理借助的基本方法主要包括：PDCA 循环及其他分析方法，柱状图、关联图、直方图、控制图等辅助分析工具。

2.1 合同能源管理

2.1.1 合同能源管理的含义

合同能源管理（EPC——Energy Performance Contracting）是一种新型的市场化节能机制，是指节能服务公司与用能单位以契约的形式约定节能项目的节能目标，节能服务公司为实现节能目标向用能单位提供必要的服务，用能单位保证以节能效益支付节能服务公司的投入及其合理利润的节能服务机制。节能服务公司是指提供用能状况诊断和节能项目设计、融资、改造、运行、管理等服务的专业化公司。合同能源管理的实质是以减少的能源费用来支付节能项目全部成本的节能业务方式。这种节能投资方式允许客户用未来的节能收益为企业和设备升级，以降低目前的运行成本；或者节能服务公司以承诺节能项目的节能效益，或承包整体能源费用的方式为客户提供节能服务。能源管理合同在实施节能项目的企业（用户）与节能服务公司之间签订，它有助于推动节能项目的实施。承担合同能源管理的单位应具相应的资质。合同能源管理依照具体的业务方式，可以分为分享型合同能源管理业务、承诺型合同能源管理业务、能源费用托管型合同能源管理业务等。

为支持合同能源管理的发展，中央财政安排专项奖励资金。根据《合同能源管理项目财政奖励资金管理暂行办法》（财建〔2010〕249 号）规定，财政奖励资金的支持对象是实施节能效益分享型合同能源管理项目的节能服务公司。

2.1.2 合同能源管理的基本内容

合同能源管理包括节能效益分享型、节能量保证型、能源费用托管型、融资租赁型、混合型等类型的合同。合同文本是合同能源管理项目实施的重要载体。

合同能源管理项目各相关方可参照如下参考合同格式，开发专门的合同能源管理项目实施合同文本。其中能耗基准确定可按照《综合能耗计算通则》（GB/T 2589—2008）、《企业节能量计算方法》（GB/T 13234—2009）的有关规定及相关标准执行，并应得到合同双方的确认。节能措施应符合国家法律法规、产业政策的要求以及工艺、设备等相关标准的规定。测量和验证方案作为合同的必要内容应充分参照已有的标准规范的成果，并应准确反映用能单位实际能耗状况和预期的及达到的节能目标；充分考虑所有影响实现节能目标的因素，对重要的影响因素应进行量化分析；应对合同双方公开相关技术细节，避免合同实施过程中可能产生的争议。项目节能量的确定可按照 GB/T 13234—2009 的有关规定及相关标准规范执行。能耗基准确定、测量和验证等工作可委托合同双方认可的第三方机构进行监督审核。

《合同能源管理技术通则》（GB/T 24915—2010）规定了合同能源管理技术要求和参考合同文本。下面是《合同能源管理技术通则》中给出的节能效益分享型合同，样本中部分内容已经予以省略，合同双方在符合国家相关法律和规章制度规定的前提下进行细化。煤炭企业可以参照该合同样本制定具体的能源管理合同。

鉴于本合同双方同意按"合同能源管理"模式就_____项目（以下简称"项目"或"本项目"）进行_____专项节能服务，并支付相应的节能服务费用。双方经过平等协商，在真实、充分地表达各自意愿的基础上，根据《中华人民共和国合同法》及其他相关法律法规的规定，达成如下协议，并由双方共同恪守。

第1节 术语和定义

双方确定：本合同及相关附件中所涉及的有关名词和技术术语，其定义和解释如下：
……

第2节 项目期限

2.1 本合同期限为_____，自_____始，至_____（根据附件一项目方案填写）。

2.2 本项目的建设期为_____，自_____始，至_____（根据附件一项目方案填写）。

2.3 本项目的节能效益分享期的起始日为_____，效益分享期为_____（根据附件一项目方案填写）。

第3节 项目方案设计、实施和项目的验收

3.1 甲乙双方应当按照本合同附件一所列的项目方案文件的要求以及本合同的规定进行本项目的实施。

3.2 项目方案一经甲方批准，除非双方另行同意，或者依照本合同第7节的规定修改之外，不得修改。

3.3 乙方应当依照第2.2条规定的时间依照项目方案的规定开始项目的建设、实施和运行。

3.4 甲乙双方应当按照附件一之文件13的规定进行项目验收。

第4节 节能效益分享方式

4.1 效益分享期内项目节能量/率预计为_____，预计的节能效益为_____。该前述预计的指标可按照附件一之文件2规定的公式和方法予以调整。

4.2 效益分享期内，乙方分享_____%的项目节能效益。

4.3 双方应当按照附件一之文件3规定的程序和方式共同或者委托第三方机构对项

目节能量进行测量和确认，并按照附件一之文件7的格式填制和签发节能量确认单。

4.4　节能效益由甲方按第4.2条的规定分期支付乙方，具体支付方式如下：

（1）在相应的节能量确认后，乙方应当根据确认的节能量向甲方发出书面的付款请求，叙明付款的金额、方式以及对应的节能量。

（2）甲方应当在收到上述付款请求之后的一日内，将相应的款项支付给乙方。

（3）乙方应当在收款后向甲方出具相应的正式发票。

4.5　如双方对任何一期节能效益的部分存在争议，该部分的争议应不影响对无争议部分的节能效益的分享和相应款项的支付。

第5节　甲方的义务

5.1　如根据相关的法律法规，或者是基于任何有权的第三方的要求，本项目的实施必须由甲方向相应的政府机构或者其他第三方申请许可、同意或者批准，甲方应当根据乙方的请求，及时申请该等许可、同意或者是批准，并在本合同期间保持其有效性。甲方也应当根据乙方的合理要求，协助其获得其他为实施本项目所必需的许可、同意或者是批准。

5.2　甲方应当根据乙方的合理要求，及时提供节能项目设计和实施所必需的资料和数据，并确保其真实、准确、完整。

5.3　提供节能项目实施所需要的现场条件和必要的协助，如清理施工现场、合理调整生产、设备试运行等。

5.4　根据附件一之文件6的相关规定，指派具有资质的操作人员参加培训。

5.5　甲方应提供必要的资料和协助，配合乙方或双方同意的第三方机构开展节能量测量和验证。

5.6　甲方应根据项目方案的相关规定，及时协助乙方完成项目的试运行和验收，并提供确认安装完成和试运行正常的验收文件。

5.7　甲方应根据附件一的规定对设备进行操作、维护和保养。在合同有效期内，对设备运行、维修和保养定期作出记录并妥善保存_____年。甲方应根据乙方的合理要求及时向其提供该等记录。

5.8　甲方应当根据项目方案的规定，为乙方或者乙方聘请的第三方进行项目的建设、维护、运营及检测、修理项目设施和设备提供合理的协助，保证乙方或者乙方聘请的第三方可合理地接近与本项目有关的设施和设备。

5.9　节能效益分享期间，如设备发生故障、损坏和丢失，甲方应在得知此情况后及时书面通知乙方，并配合乙方对设备进行维修和监管。

5.10　甲方应保证与项目相关的设备、设施的运行符合国家法律法规及产业政策的要求。

5.11　甲方应保证与项目相关的设备、设施连续稳定运行且运行状况良好。

5.12　甲方应当按照本合同的规定，及时向乙方付款。

5.13　甲方应当将与项目有关的其内部规章制度和特殊安全规定要求及时提前告知乙方、乙方的工作人员或其聘请的第三方，并根据需要提供防护用品。

5.14　甲方应当协助乙方向有关政府机构或者组织申请与项目相关的补助、奖励或其他可适用的优惠政策。

5.15 其他：_____。

第6节 乙方的义务

6.1 乙方应当按照附件一的项目方案文件规定的技术标准和要求以及本合同的规定，自行或者通过经甲方批准的第三方按时完成本项目的方案设计、建设、运营以及维护。

6.2 乙方应当确保其工作人员和其聘请的第三方严格遵守甲方有关施工场地安全和卫生等方面的规定，并听从甲方合理的现场指挥。

6.3 乙方应当依照附件一之文件6的相关规定，对甲方指派的操作人员进行适当的培训，以使其能承担相应的操作和设施维护要求。

6.4 乙方应当根据相应的法律法规的要求，申请除必须由甲方申请之外的有关项目的许可、批准和同意。

6.5 乙方安装和调试相关设备、设施应符合国家、行业有关施工管理的法律法规和与项目相对应的技术标准规范要求，以及甲方合理的特有的施工、管理要求。

6.6 在接到甲方关于项目运行故障的通知之后，乙方应根据附件一的相关规定和要求，及时完成相关维修或设备更换。

6.7 乙方应当确保其工作人员或者其聘请的第三方在项目实施、运行的整个过程中遵守相关法律法规，以及甲方的相关规章制度。

6.8 乙方应配合双方同意的第三方机构或甲方开展节能量测量和验证。

6.9 其他：_____。

第7节 项目的更改

7.1 项目开始运行之后，甲方和乙方的项目负责人应当至少每_____进行一次工作会议，讨论与项目运行和维护有关的事宜。

7.2 如在项目的建设期间出现乙方作为专业的节能服务提供者能够合理预料之外的情况，从而导致原有项目方案需要修改，则乙方有权对原有项目方案进行修改并实施修改的方案，但前提是不会对原有项目方案设定的主要节能目标和技术指标造成重大不利影响。除非该情况的出现是由甲方的过错造成，否则所有由此产生的费用由乙方承担。

7.3 在本项目运行期间，乙方有权为优化项目方案、提高节能效益对项目进行改造，包括但不限于对相关设备或设施进行添加、替换、去除、改造，或者是对相关操作、维护程序和方法进行修改。乙方应当预先将项目改造方案提交甲方审核，所有的改造费用由乙方承担。

7.4 在本项目运行期间，甲方拆除、更换、更改、添加或移动现有设备、设施、场地，以致对本项目的节能效益产生不利影响，甲方应补偿乙方由此节能效益下降造成的相应的损失。

第8节 所有权和风险分担

8.1 在本合同到期并且甲方付清本合同下全部款项之前，本项目下的所有由乙方采购并安装的设备、设施和仪器等财产（简称"项目财产"）的所有权属于乙方。本合同顺利履行完毕之后，该项目财产的所有权将无偿转让给甲方，乙方应保证该项目财产正常运行。

  8.2 项目财产的所有权由乙方移交给甲方时，应同时移交本项目继续运行所必需的资料。如该项目财产的继续使用需要乙方的相关技术和/或相关知识产权的授权，乙方应当无偿向甲方提供该等授权。如该项目财产的继续使用涉及第三方的服务和/或相关知识产权的授权，该服务和授权的费用由_____方承担。

  8.3 项目财产的所有权不因甲方违约或者本合同的提前解除而转移。在本合同提前解除时，项目财产依照第11.6条的规定进行处理。

  8.4 在本合同期间，项目财产灭失、被窃、人为损坏的风险由_____方承担或依照附件一的相关规定处理。

第9节 违约责任

  9.1 如甲方未按照本合同的规定及时向乙方支付款项，则应当按照每日_____的比例向乙方支付滞纳金。

  9.2 如甲方违反除第9.1条外的其他义务，乙方对由此而造成的损失有权选择以下任意一种方式要求甲方承担相应的违约赔偿责任：
（1）按照以下标准延长节能效益分享的时间：_____。
（2）按照以下标准增加乙方节能效益分享的比例：_____。
（3）直接要求甲方赔偿损失。
（4）依照第11.5条的规定解除合同，并要求甲方赔偿全部损失。

  9.3 如果乙方未能按照项目方案规定的时间和要求完成项目的建设，除非该等延误是由于不可抗力或者是甲方的过错造成，否则乙方应当按照每日_____的比率，向甲方支付误工的赔偿金。

  9.4 如果乙方违反除第9.3条外的其他义务，甲方有权对由此造成的损失选择以下任一种方式要求乙方承担相应的违约赔偿责任：
（1）按照以下标准降低乙方节能效益分享的比例：_____。
（2）按照以下标准缩短乙方节能效益分享的时间：_____。
（3）直接要求乙方赔偿损失；
（4）依照第11.5条的规定，解除合同，并要求乙方赔偿损失。

  9.5 本条规定的违约责任方式不影响甲乙双方依照法律法规可获得的其他救济手段。

  9.6 一方违约后，另一方应采取适当措施，防止损失的扩大，否则不能就扩大部分的损失要求赔偿。

第10节 不可抗力

  10.1 本合同下的不可抗力是指超出了相关方合理控制范围的任何行为、事件或原因，包括但不限于：
（1）雷电、洪水、风暴、地震、滑坡、暴雨等自然灾害、海上危险、航行事故、战争、骚乱、暴动、全国紧急状态（无论是实际情况或法律规定的情况）、戒严令、火灾或劳工纠纷（无论是否涉及相关方的雇员）、流行病、隔离、辐射或放射性污染。

（2）任何政府单位或非政府单位或其他主管部门（包括任何有管辖权的法院或仲裁庭以及国际机构）的行动，包括但不限于法律、法规、规章或其他有法律强制约束力的法案所规定的没收、约束、禁止、干预、征用、要求、指示或禁运。但不得包括一方资金短缺的事实。

10.2 如果一方（受影响方）由于不可抗力事件的发生，无法或预计无法履行合同下的义务，受影响方就必须在知晓不可抗力的有关事件的 5 日内向另一方（非影响方）提交书面通知，提供不可抗力事件的细节。

10.3 受影响方必须采取一切合理的措施，以消除或减轻不可抗力事件有关的影响。

10.4 在不可抗力事件持续期间，受影响方的履行义务暂时中止，相应的义务履行期限相应顺延，并将不会对由此造成的损失或损坏对非影响方承担责任。在不可抗力事件结束后，受影响方应该尽快恢复履行本合同下的义务。

10.5 如果因为不可抗力事件的影响，受影响方不能履行本合同项下的任何义务，而且非影响方在收到不可抗力通知后，受影响方不能履行义务持续时间达 90 个连续日，且在此期间，双方没有能够谈判达成一项彼此可以接受的替代方式来执行本合同下的项目，任何一方可向另一方提供书面通知，解除本协议，而不用承担任何责任。

第 11 节 合 同 解 除

11.1 本合同可经由甲乙双方协商一致后书面解除。

11.2 本合同可依照第 10.5 条（不可抗力）的规定解除。

11.3 当甲方迟延履行付款义务达_____日时，乙方有权书面通知甲方后解除本合同。

11.4 当乙方延误项目建设期限达_____日时，甲方有权书面通知乙方后解除本合同。

11.5 当本合同的一方发生以下任一情况时，另一方可书面通知对方解除本合同：
（1）一方进入破产程序。
（2）一方的控股股东或者是实际控制人发生变化，而且该变化将严重影响到该方履行本合同下主要义务的能力。
（3）一方违反本合同下的主要义务，且该行为在另一方书面通知后_____日内未得到纠正。

11.6 本合同解除后，本项目应当终止实施，除非双方另行按照附件二的规定处理，项目财产由乙方负责拆除、取回，并根据甲方的合理要求，将项目现场恢复原状，费用由乙方承担，甲方应对乙方提供合理的协助。如乙方经甲方合理提前通知后拒绝履行前述义务，则甲方有权自行拆除相关设备，并就因此产生的费用和损失向乙方求偿。

11.7 本合同的解除不影响任意一方根据本合同或者相关的法律法规向对方寻求赔偿的权利，也不影响一方在合同解除前到期的付款义务的履行。

第 12 节 合同项下的权利、义务的转让

双方约定，合同项下权利、义务的转让按照以下方式进行：
……

第13节 人身和财产损害和赔偿

13.1 如果在履行本合同的过程中,因一方的工作人员或受其指派的第三方人员(侵权方)的故意或者是过失而导致另一方的工作人员,或者是任何第三方的人身或者是财产损害,侵权方应当为此负责。如果另一方因此受到其工作人员或者是该第三方的赔偿请求,则侵权方应当负责为另一方抗辩,并赔偿另一方由此而产生的所有费用和损失。

13.2 受损害或伤害的一方对损害或伤害的发生也有过错时,应当根据其过错程度承担相应的责任,并适当减轻造成损害或伤害一方的责任。

第14节 保 密 条 款

双方确定因履行本合同应遵守的保密义务。
14.1 甲方应遵守的保密义务如下:
(1) 保密内容(包括技术信息和经营信息):_____。
(2) 负有保密义务的人员范围:_____。
(3) 保密期限:_____。
(4) 泄密责任:_____。
14.2 乙方应遵守的保密义务如下:
(1) 保密内容(包括技术信息和经营信息):_____。
(2) 负有保密义务的人员范围:_____。
(3) 保密期限:_____。
(4) 泄密责任:_____。

第15节 争 议 的 解 决

因本合同的履行、解释、违约、终止、中止、效力等引起的任何争议、纠纷,本合同各方应友好协商解决。如在一方提出书面协商请求后15日内双方无法达成一致,双方同意选择以下第_____种方式解决争议。

15.1 调解/诉讼/仲裁
(1) 任何一方均可向_____(双方同意的第三方机构)或双方另行同意的第三方机构提出申请,由其作为独立的第三方就争议进行调查和调解,并出具调解协议,另一方应当在_____日内同意接受该调查和调解。双方应根据第三方机构的要求提供所有必要的数据、资料,并接受其实地调查。
(2) 如果双方无法对第三方机构的选择达成一致,或者在一方书面提起调解申请后的45日内无法达成调解协议,双方同意采取以下第_____种方式最终解决争议:
① 向_____仲裁委员会申请仲裁;
② 向_____人民法院提起诉讼。
如双方无法达成调解协议,调解的费用由双方平均分摊。
(3) 如果调解的被申请方不依照上述(1)段的规定接受调解,或者任何一方对达成的调解协议拒不执行,则无论依照(2)段选择的争议解决方式达成的结果如何,拒绝接受调解或者拒绝履行调解协议的一方都应承担对方为解决争议所产生的所有费用,包括律师费、调解费以及仲裁费/诉讼费。

15.2 诉讼/仲裁

双方同意不经由调解程序，直接采取以下第_____种方式最终解决争议：

（1）向_____仲裁委员会申请仲裁。

（2）向_____人民法院提起诉讼。

第16节 保　　险

16.1 双方约定按以下方式购买保险：

……

16.2 双方应协商避免重复投保，并及时告知对方已有的或准备进行的相关项目、财产和人员的投保情况。

第17节 知 识 产 权

本合同涉及的专利实施许可和技术秘密许可，双方约定如下：

……

第18节 费 用 的 分 担

18.1 双方应当各自承担谈判和订立本合同的费用。

18.2 除非本合同下的其他条款另有规定,双方应当各自承担履行本协议下义务的费用。

18.3 受限于第18.2条的规定，除非本合同下的其他条款或附件另有规定，则_____方应当负责本项目的投资，并承担本项目的方案设计、建设、运营、监测的所有费用，包括项目所需设备、设施、技术购置、更换的费用。

第19节 合同的生效及其他

19.1 项目联系人职责如下：

……

19.2 一方变更项目联系人的，应在_____日内以书面形式通知另一方。未及时通知而影响本合同履行或造成损失的，应承担相应的责任。

19.3 本合同下的通知应当用专人递交、挂号信、快递、电报、电传、传真或者电子邮件的方式发送至本合同开头所列的地址。如该通知以口头发出，则应尽快在合理的时间内以书面方式向对方确认。如一方联系地址改变，则应当尽快书面告知对方。本合同中所列的地址即为甲、乙双方的收件地址。

19.4 本合同附件是属于本合同完整的一部分，如附件部分内容与合同正文不一致，优先适用合同附件的规定。

19.5 本合同的修改应采取书面方式。

19.6 本合同可由双方通过传真签署，经授权代表签字的合同的传真件具有与原件同样的效力。

19.7 本合同自双方授权代表签署之日起生效。合同文本一式_____份，具有同等法律效力，双方各执_____份。

19.8 本合同由双方授权代表于_____年_____月_____日在_____签订。

甲方（盖章）　　　　　　　　　　乙方（盖章）
授权代表签字：　　　　　　　　　授权代表签字：
通信地址：　　　　　　　　　　　通信地址：
电话：　　　　　　　　　　　　　电话：
传真：　　　　　　　　　　　　　传真：
开户行：　　　　　　　　　　　　开户行：

附件一　项目方案文件

1. 项目内容、边界条件、技术原理描述
2. 能耗基准、项目节能目标预测及能源价格波动及调整方式（调价公式和所依据的物价指数及发布机关）
3. 节能量测量和验证方案
4. 项目性能指标和安全检测认证书
5. 节能目标达标认证书
6. 培训计划（包括人员资质要求等）
7. 项目进度阶段表和节能量确认单
8. 技术标准和规范
9. 项目财产清单
（设备、设施、辅助设备设施的名称、型号、购入时间、价格及质保期等）
10. 项目所需其他设备材料清单
11. 施工条件约定
12. 项目投资分担方案
13. 项目验收程序和标准
14. 设备操作规程和保养要求
15. 设备故障处理约定
……

附件二　合同解除后项目财产的处理方式

……

以上是合同的主要内容，这里需要注意的是在填写合同尾部的内容时，要与合同首部的信息协调一致，避免出现委托代理人和授权代表、通信地址、开户行等不一致的情况而造成履行合同过程中的歧义，减少风险发生。我国《合同法》第32条规定"当事人采用合同书形式订立合同的，自双方当事人签字或者盖章时合同成立。"关于合同签署涉及两个问题：一是签字的问题，谁可以签署合同、签署人是否有授权书、合同签署后是否即发生效力。根据本合同19.7条的约定，双方授权代表可以签署本合同，合同签署后即发生效力。需提醒注意的是双方应对授权代表的权限进行核实。二是盖章的问题。合同文本中未约定盖章事宜，而在合同尾部则标明需盖章。另外盖什么章也需注意，一般情况下使用的应为单位的公章或合同专用章，公章与工商预留印鉴应符合。

2.2 电力需求侧管理

2.2.1 电力需求侧管理的含义

电力需求侧管理是指为提高电力资源利用效率,改进用电方式,实现科学用电、节约用电、有序用电所开展的相关活动。它是国家通过政策措施引导用户高峰时少用电,低谷时多用电,提高供电效率、优化用电方式的能源管理机制,在完成同样用电功能的情况下减少电量消耗和电力需求,从而缓解用电压力,降低供电成本和用电成本,使供电和用电双方得到优惠。它改变了过去单纯以增加能源供给来满足日益增加的需求的做法,将提高需求方的能源利用率而节约的资源,统一作为一种替代资源。其中一个重要思想就是主张将资金投入能耗终端的节能(侧需求)。

2.2.2 电力需求侧管理的技术方法

电力需求侧管理的技术方法主要包括负荷管理技术和能效管理技术两方面。

(1) 负荷管理技术。负荷管理是电力需求侧管理的重要组成部分,是缓解电力供需矛盾,做好电力供应工作,提高电力使用效率,保障电力系统安全运行的重要措施。其主要目的是改善电网负荷曲线形状,使电力负荷较为均衡地使用,以提高电网运行的经济性和安全性。

负荷管理的具体技术方法是负荷管理系统主控站按改善负荷曲线的需要,通过某种与用户联系的通信信道和安装在电力用户端的终端设备,对用户的用电负荷进行有效的监测和管理。

(2) 能效管理技术。能效管理是以提高用户终端用电效率为目的。它主要从两方面着手:一是选用先进的技术和高效的设备,二是实行科学管理,在满足同样能源服务的同时减少用户的电量消耗。节约电量是随机和随意的,可在任何时间进行,不受时序的约束。

2.2.3 电力需求侧管理项目规划和实施

1. 电力需求侧管理项目设计

电力需求侧管理项目设计对象主要包括工业项目、商业项目、民用项目等一系列子项目。

电力需求侧管理项目设计首先进行前期准备工作,主要包括筹建机构、落实人员、宣传鼓动、人员培训、收集资料、负荷研究、用户电费账目分析、制定电力需求侧管理目标、研究制定鼓励政策、提出项目提交机制等。

2. 电力需求侧管理项目规划编制

在完成电力需求侧管理项目设计工作后,主要进行电力需求侧管理项目规划编制,如对蓄冷空调项目按照计划计算年度需量节约、电量节约和费用开支。计算以上3项主要指标时,要用到单台节能设备节电率、蓄冷空调系统转移负荷能力、执行可停电电价及分时电价客户参与率等技术、经济指标。单台节能设备节电率可以查资料,蓄冷空调系统转移负荷能力一般按照装机容量的15%~30%考虑,体育和娱乐场所按照装机容量的100%考虑,而执行可停电电价及分时电价客户参与率等技术、经济指标要参考发达国家经验,总结符合我国实际情况的指标。

3. 电力需求侧管理项目风险评估

(1) 引起项目风险的不确定因素。电力需求侧管理实施风险由几种不确定因素组成,对这些不确定因素应设法排除或设法使其影响降低到最小，否则电力需求侧管理实施效果可能会大打折扣。不确定性因素主要有技术上的不确定性、经济不确定性、市场不确定性以及电力需求侧管理项目的可变性。

（2）降低风险的决策技术。针对以上不确定因素，决策技术的应用，对降低电力需求侧管理的计划风险是一种很有用的工具。决策技术主要有：敏感性分析、前景分析、概率分析、决策分析。通过以上分析，剔除不合理的项目，制定切实可行的解决措施，以消除或将不确定因素的影响降到最小。

4. 电力需求侧管理项目工程实施及实施后效果评估和总结

电力需求侧管理项目实施效果的评估主要是通过检测、统计、模型来实现，如电力需求侧管理照明节电项目可对实施的节电效果、经济效果、环境效果进行评估。而项目总结是电力需求侧管理的最后阶段，可由国内外专家和政府节能主管组成验收小组对项目进行验收。其验收内容主要包括：审议总结报告、查验文档资料、抽验用户现场、形成验收报告。

2.3 节能自愿协议

2.3.1 节能自愿协议的含义

节能自愿协议指的是为达到节能减排目标，提高能源利用效率，政府与行业组织或用能单位签订协议的一种节能管理活动。节能自愿协议的内容一般包括两个方面：签订节能自愿协议的用能单位承诺在一定时间内达到某一节能目标；政府承诺给予实现节能自愿协议目标的用能单位以某种激励。节能自愿协议的主要思路是在政府的引导下更多地利用企业的积极性来促进节能。它是政府和工业部门在其各自利益的驱动下自愿签订的，也可以看做是在法律规定之外，企业"自愿"承担的节能环保义务。需要强调的一点是，自愿协议中的"自愿"并不是绝对的"自愿"，它所指的"自愿"也是有条件的。

2.3.2 节能自愿协议的实施程序

根据我国节能自愿协议试点经验的总结和近年来各地的实践，节能自愿协议的模式不断完善，逐步形成了一套适合我国国情的节能自愿协议实施程序（图2-1）。

对有意参加节能自愿协议的用能单位进行节能潜力评估，确定能效基准，确定节能自愿协议实施期限、节能减排目标、节能计划、节能效果核查和验证方案及节能自愿协议的激励政策，签署节能自愿协议文本。然后实施节能自愿协议，并对节能效果进行核查和验证，最后对节能自愿协议验收。

2.3.3 节能自愿协议的技术要求

节能自愿协议各方应对能效基准、节能目标、核查和验证方案进行充分协商，达成一致。

1. 节能潜力评估

节能潜力评估是委托具有资质和条件的第三方咨询机构，对行业组织或用能单位在签订协议之前能源消费情况的调查，其目的是为了确保节能自愿协议的公正性和协议各方的权益。节能潜力评估一般采用用能单位能源审计、技术评估、能效基准设立、清洁生产审核，或以上几个方面的综合评估。

2. 节能目标设定

应通过企业节能潜力评估，计算出企业当前的总生产用能、各工序用能和能效指标

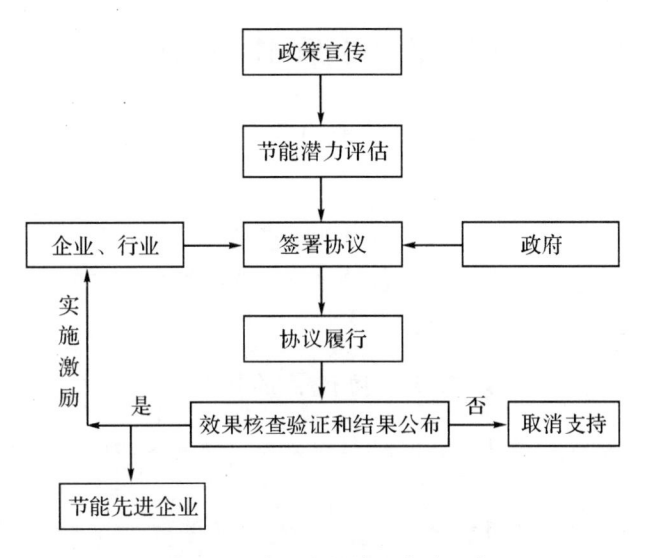

图 2-1 节能自愿协议实施程序

等，并结合企业历年能耗降低情况、企业节能计划等信息，设定企业实施节能自愿协议的节能目标。

节能目标设定包括选择目标类型、选择基准年（参考年）和目标年（考察年）、评价背景信息和设定目标等关键步骤，节能目标应符合相关的统计规定。

3. 节能效果核查和验证方案

节能自愿协议应明确规定节能效果核查和验证方案，节能效果核查和验证方案应参照相关规范标准制定，用以核算和评估节能自愿协议的节能效果。

4. 第三方机构

第三方机构是指在节能自愿协议实施过程中提供技术服务、进行核查监督的组织。

节能协议实施过程中，协议双方可以聘请第三方社团组织或服务机构，提供节能目标设定、节能计划编制等节能技术服务。为避免争议，减少协议实施的不确定性，协议双方可选择第三方中立机构监督实施能效基准确定、节能效果核查和验证等工作。第三方机构可作为协议丙方加入协议，协议文本应明确丙方的权利和义务。

2.3.4 节能自愿协议样本

以下是参考国外自愿协议标准的合同格式，结合我国国情，设计的一个符合我国实际情况的节能自愿协议样本摘要，它包括了自愿协议合同中应包含的所有因素。

当然，在实际签订协议时可以根据具体的情况酌情增加、删减或设计其他的协议格式。节能自愿协议样本格式如下：

第一章 前　　言

第一节 总　　则

第一条　为贯彻落实《中华人民共和国节约能源法》，使政府宏观调控与企业节能活动更好地结合起来，提高能效，达到节能减排的目的，特制定本节能自愿协议。

第二章 实 质 性 条 款

第二节 节能自愿协议各方

第二条 协议由以下双方签订。
甲方：_____（政府节能主管机构）
乙方：_____（用能单位或行业组织名称）
丙方：_____（第三方机构名称）

第三节 协议目的及目标

第三条 协议目的是明确协议各方权利和义务，规范各自行为，努力履行各自承诺，保证项目顺利实施。

第四条 协议设定的节能目标是：以_____年为基准，乙方在甲方的政策及技术支持下，到_____年_____月实现_____中期节能（量）目标，_____年_____月实现_____终期节能（量）目标。

第四节 甲方的权利和义务

第五条 在协议实施过程中，甲方拥有以下_____权利：
一、检查乙方提交的节能计划书；
二、核查乙方节能自愿协议的执行情况；
三、终止未完成节能计划的节能协议，向未达到节能目标的乙方追索给予的资助和奖励；
四、其他_____。

第六条 甲方承担以下_____义务：
一、在协议期和权限范围内，对完成协议目标的乙方进行表扬和奖励，对协议实施采用的节能技术进行宣传推广奖励；
二、贯彻或制定以下支持乙方开展节能自愿协议试点的国家及地方性优惠政策：
　1._____；
　……
三、保守乙方的商业保密；
四、其他_____。

第五节 乙方的权利和义务

第七条 在本协议实施过程中，乙方拥有以下_____权利：
一、获得甲方的以下激励措施：
　1._____；
　……
二、其他_____。

第八条 乙方承担以下_____义务：
一、乙方应模范遵守国家节能减排的相关法律法规；

二、按期达到所设定节能目标，乙方需制定出具体节能计划和节能项目，并认真组织实施；

三、提供必要的资料，积极配合完成节能效果核查和验证；

四、在协议履行期间，乙方应在_____年_____月以书面形式提交协议执行报告。报告内容包括：

1. _____；

……

(第×节 丙方的权利和义务)

……

第三章 附 则

第六节 节能效果核查和验证

第九条 以下_____为核查和验证方案：

一、_____；

……

第十条 由_____（核查和验证单位）在_____年_____月根据核查和验证方案开展节能效果核查和验证工作。

第七节 履行义务的承诺

第十一条 协议自签订之日起生效。_____年_____月_____日失效。

甲乙双方在协议实施期间不得随意更改或解除协议。协议中若有未尽事宜，须经甲乙双方共同协商，做出补充规定。补充规定与本协议具有同等效力。

第十二条 本协议各方接受并保证履行本协议规定的义务，特签订此项条款以示确认。

2.4 节能产品认证

2.4.1 节能产品认证的含义

节能产品认证是指依据国家相关的节能产品认证标准和技术要求，按照国际上通行的产品质量认证规定与程序，经中国节能产品认证机构确认并通过颁布认证证书和节能标志，证明某一产品符合相应标准和节能要求的活动。我国的节能产品认证工作接受国家质量技术监督部门的监督和指导，认证的具体工作由中国质量认证中心负责组织实施。

2.4.2 节能产品的认证要求及认证流程

1. 节能产品的认证要求

按照《中国节能产品认证管理办法》的有关规定，中华人民共和国境内企业和境外企业及其代理商（以下简称企业）均可向中国节能产品认证管理委员会（以下简称"管理委员会"）及中国节能产品认证中心（以下简称"中心"）自愿申请节能产品认证。申请认证的条件如下：

（1）中华人民共和国境内企业应持有工商行政主管部门颁发的《企业法人营业执照》，境外企业应持有有关机构的登记注册证明。

（2）生产企业的质量体系符合国家质量管理和质量保证标准及补充要求，或者外国申请人所在国等同采用 ISO 9000 系列标准及补充要求。

（3）产品所属国家颁布的可开展节能产品认证的产品目录。

（4）产品符合国家颁布的节能产品认证用标准或技术要求。

（5）产品应注册，质量稳定，能正常批量生产，有足够的供货能力，具备售前、售后的优良服务和备品备件的保证供应，并能提供相应的证明材料。

2. 节能产品的认证流程

节能产品认证分为 6 个阶段：产品认证申请，产品型式试验，工厂质量保证能力检查（颁发 CB 测试证书和 CE 符合性证书无此阶段），认证结果评定及批准认证证书，产品认证标志的购买及使用（颁发 CB 测试证书和 CE 符合性证书无此阶段），获证后的监督（颁发 CB 测试证书和 CE 符合性证书无此阶段）。

节能产品的认证流程如图 2-2 所示。

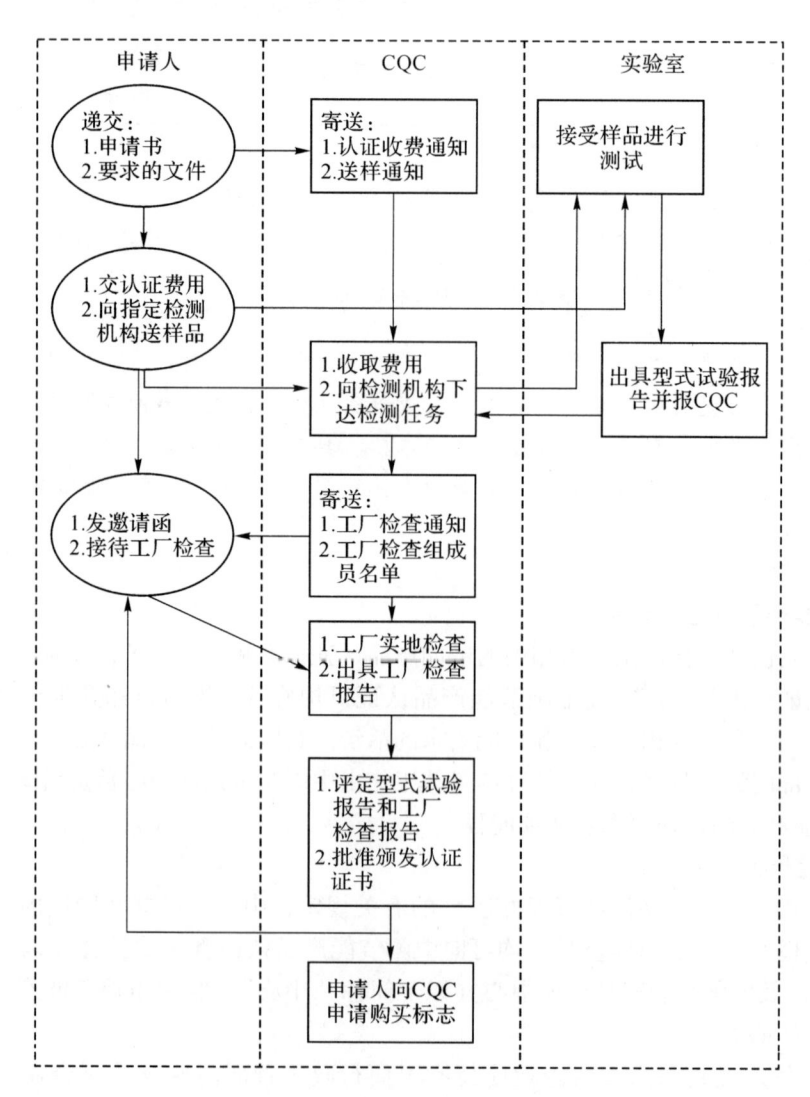

注：椭圆形代表申请人，长方形代表 CQC 或实验室。认证产品类别不同，流程会有所不同

图 2-2 节能产品的认证流程

2.5 能源效率标识

2.5.1 能源效率标识的含义

能源效率标识即通常所说的能效标识，是附加在用能产品上的信息标签，主要用于表示用能产品能源效率等级等性能指标的一种信息标识，向消费者提供必要信息，使消费者十分容易得到并清楚获知产品的能耗和能效水平。

目前我国的能效标识将能效分为五个等级。等级 1 表示产品节电已达到国际先进水平，能耗最低；等级 2 表示产品比较节电；等级 3 表示产品能源效率为我国市场的平均水平；等级 4 表示产品能源效率低于市场平均水平；等级 5 是产品市场准入指标，低于该等级要求的产品不允许生产和销售。

2.5.2 能源效率标识的要求及备案流程

1. 使用能源效率标识的基本条件

按照《能源效率标识管理办法》的有关规定，生产者或进口商及其产品使用能源效率标识的基本条件如下：

（1）境内企业应持有工商行政主管部门颁发的《企业法人营业执照》，境外企业应持有有关机构的登记注册证明，进口产品应有进口商与境外生产者签订的相关合同。

（2）产品列入能源效率标识目录。

（3）产品符合国家颁布的相关能效/能耗标准，并有产品能源效率检测报告。

2. 能源效率标识的备案流程

我国的能效标识制度采用"企业自我申明＋备案＋社会监督"的实施模式，按照《能源效率标识管理办法》的有关规定，生产者和进口商应当自使用能源效率标识之日起 30 日内，向能源效率标识管理授权机构——中国标准化研究院能效标识管理中心（简称能效管理中心）申请备案，经能效管理中心确认后，可在产品、产品包装物、说明书以及广告宣传中使用能源效率标识。能效管理中心按规定程序对申请备案材料进行综合评定，符合要求者允许使用能源效率标识。节能管理部门、质检部门会定期或不定期地对产品进行监督检查或抽样检验。

能源效率标识备案流程主要包括：能源效率标识实施规则的制定、产品能效/能耗指标实验、能源效率标识备案申请、能源效率标识备案核查和批准、能源效率标识备案变更等 5 个过程。

能源效率标识的备案流程如图 2-3 所示。

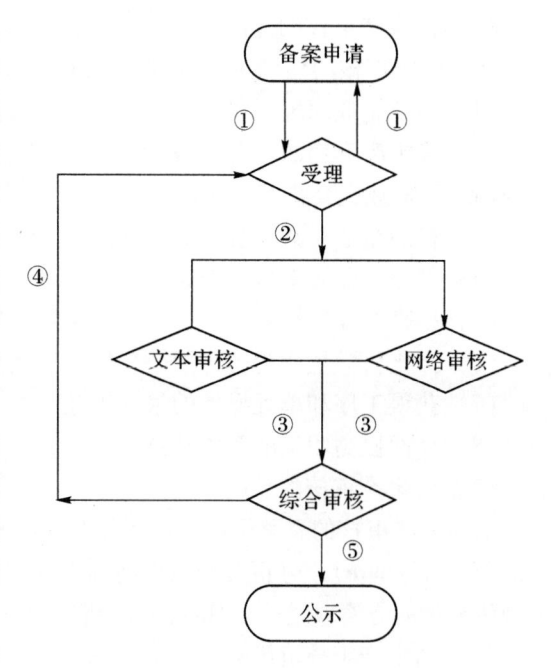

图 2-3 能源效率标识的备案流程

2.6 清洁生产

所谓清洁生产,是指不断采取改进设计,使用清洁的能源和原料,采用先进的工艺技术与设备,改善管理,综合利用等措施,从源头削减污染,提高资源利用效率,减少或者避免生产、服务和产品使用过程中污染物的产生和排放,以减轻或者消除对人类健康和环境的危害。清洁生产是在环境和资源危机的背景下出现的一个新概念,是在总结了国内外多年的工业污染控制经验后提出的,它提倡充分利用资源,从源头削减和预防污染物,从而在保证经济效益的前提下,达到保护环境的目的。

2.6.1 煤炭行业清洁生产的含义

煤炭行业的清洁生产是将煤炭开采污染预防战略持续应用于煤炭生产的全过程,通过采用科学合理的管理,不断改进煤炭开采技术,提高资源利用率,减少污染物的排放,以降低煤炭开采对环境和人类的危害。推行清洁生产是解决我国煤炭行业的环境问题,生产安全合格的产品,实现煤炭开采利用的可持续发展的一项重大举措。煤炭行业的清洁生产贯穿于生产的全过程控制和废弃物处置的全过程控制。生产的全过程控制包括清洁的能源输入,清洁的煤炭开采环境,清洁的煤炭产品;废弃物处置的全过程控制包括煤炭行业废弃物减量化、无害化、资源化的综合利用过程。

2.6.2 煤炭行业清洁生产审核

1. 清洁生产审核的概念

《清洁生产审核暂行办法》第二条指出:"本办法所称清洁生产审核,是指按照一定程序,对生产和服务过程进行调查和诊断,找出能耗高、物耗高、污染重的原因,提出减少有毒有害物料的使用、产生,降低能耗、物耗以及废物产生的方案,进而选定技术经济及环境可行的清洁生产方案的过程"。

2. 清洁生产审核的作用

清洁生产审核的作用主要有以下几点:

(1) 确定企业原辅材料、新鲜水、能源的消耗情况以及产品的生产情况。

(2) 确定废弃物的来源、数量以及类型,废弃物削减的目标,制定切实有效的减少资源消耗和削减废弃物产生的对策。

(3) 提高企业对减少资源消耗和削减废弃物获得效益的认识。

(4) 判定企业效率低的瓶颈部位和管理不善的地方。

(5) 提高企业经济效益以及产品和服务的质量。

(6) 强化科学量化管理,规范工序和单元操作。

(7) 获得工序和单元操作的最优工艺、技术参数。

(8) 全面提高职工的素质和技能。

3. 清洁生产审核的思路

清洁生产审核的思路可以用以下3个层次来概括,即找出资源消耗的环节和废弃物产生的部位(Where),分析资源消耗高和废弃物产生的原因(Why),提出减少资源消耗或削减废弃物的方案或措施(How)。清洁生产审核的思路如图2-4所示。

4. 清洁生产审核范围

清洁生产审核分为自愿性审核和强制性审核。

2 能源管理机制

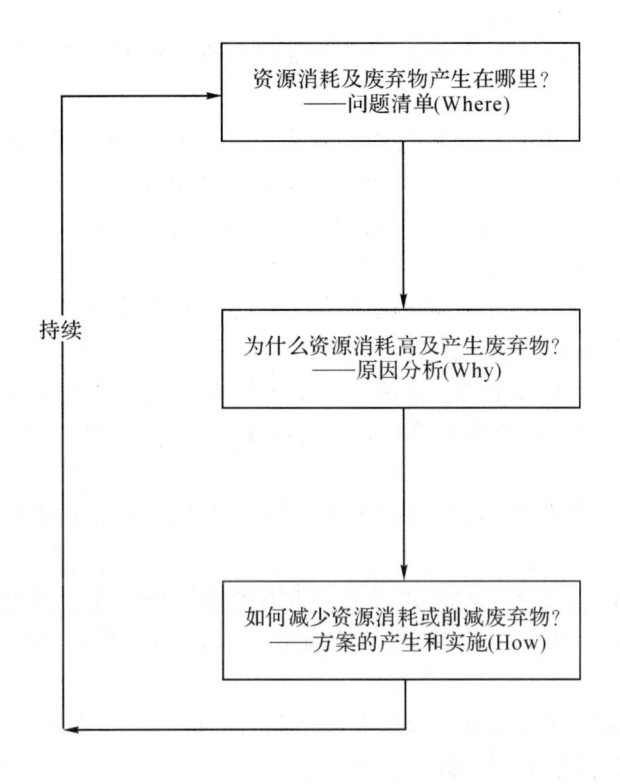

图 2-4 清洁生产审核的思路

1) 自愿性清洁生产审核

污染物排放达到国家和地方规定的排放标准以及总量控制指标，同时在生产中不使用有毒有害原料的企业。

2) 强制性清洁生产审核

根据《中华人民共和国清洁生产促进法》第二十七条规定，有下列情况之一的企业，应当实施强制性清洁生产审核：

（1）污染物排放超过国家或者地方规定的排放标准，或者虽未超过国家或者地方规定的排放标准，但超过重点污染物排放总量控制指标的。

（2）超过单位产品能源消耗限额标准构成高耗能的。

（3）使用有毒、有害原料进行生产或者在生产中排放有毒、有害物质的。

煤炭企业清洁生产审核遵循企业自愿审核与国家强制审核相结合，企业自主审核与外部审核相结合，因地制宜，有序开展，注重实效的原则，以企业自行组织开展为主。不具备独立开展清洁生产审核能力的企业，可以委托行业协会、清洁生产中心、工程咨询单位等咨询服务机构协助开展清洁生产审核。

5. 清洁生产审核程序

清洁生产审核程序原则上包括审核准备，预审核，审核，实施方案的产生、筛选和确定，编写清洁生产审核报告等。

（1）审核准备。开展培训和宣传，成立由企业管理人员和技术人员组成的清洁生产审核工作小组，制订工作计划。

（2）预审核。在对企业基本情况进行全面调查的基础上，通过定性和定量分析，确定清洁生产审核重点和清洁生产目标。

（3）审核。通过对生产和服务过程的投入产出进行分析，建立物料平衡、水平衡、资源平衡以及污染因子平衡，找出物料流失、资源浪费环节和污染物产生的原因。

（4）实施方案的产生和筛选。对物料流失、资源浪费、污染物产生和排放进行分析，提出清洁生产实施方案，并进行方案的初步筛选。

（5）实施方案的确定。对初步筛选的清洁生产方案进行技术、经济和环境可行性分析，确定企业拟实施的清洁生产方案。

（6）编写清洁生产审核报告。清洁生产审核报告应当包括企业基本情况、清洁生产审核过程和结果、清洁生产方案汇总和效益预测分析、清洁生产方案实施计划等。

6. 审核周期

根据环境保护部《关于全面推进重点企业清洁生产的通知》（环发〔2010〕54号）要求：

（1）有色金属矿（含伴生矿）采选业、重有色金属冶炼业、含铅蓄电池业、皮革及其制品业、化学原料及化学制品制造业五个重金属污染防治重点防控行业，每两年完成一轮清洁生产审核。

（2）钢铁、水泥、平板玻璃、煤化工、多晶硅、电解铝、造船七个产能过剩主要行业，每三年完成一轮清洁生产审核。

（3）《重点企业清洁生产行业分类管理名录》确定的其他重污染行业的重点企业（如煤炭、火电等），每五年开展一轮清洁生产审核。

2.6.3　煤炭企业清洁生产审核验收

1. 清洁生产审核验收

清洁生产审核验收是指政府主管部门对煤炭企业开展的清洁生产审核的过程、审核报告、已实施清洁生产方案取得的绩效及拟实施方案预期效果的综合评估和确认。

2. 验收权限

省清洁生产主管部门负责组织全省的清洁生产审核验收工作。各市级人民政府清洁生产主管部门按照管理权限，负责组织市级行政区域内的清洁生产审核验收工作。各县（市、区）人民政府清洁生产主管部门负责对企业是否符合国家、省清洁生产相关产业政策进行审查，会同县（市、区）环境保护等部门对企业相关环境保护指标进行审查。

省清洁生产行政主管部门委托的技术依托单位具体组织实施清洁生产审核验收工作，并对其验收意见负责；市人民政府负责清洁生产工作的部门可委托符合省清洁生产行政主管部门规定条件的技术依托单位具体组织实施清洁生产审核验收。

3. 申请验收条件

申请清洁生产审核验收的煤炭企业须具备以下条件：

（1）编制形成了《清洁生产审核报告》，实施完成了无、低费方案（指无资金投入或者投入较少就能改善的清洁生产方案），具有明确的中、高费方案（指投资额在5万元以上的清洁生产方案）实施计划。

（2）符合国家、省清洁生产相关产业政策，没有使用国家明令淘汰的落后生产工艺和设备，没有生产国家明令淘汰的落后产品，国家明令限期淘汰的生产工艺和设备情况明晰，并已列入整改计划。

（3）无国家、省限期治理项目，或限期治理项目已完成。

4. 验收程序

清洁生产审核验收原则上采取现场验收的形式，清洁生产审核现场验收程序应包括：

（1）企业报告清洁生产审核过程，取得的成果，已实施清洁生产方案情况，拟实施中高费方案计划等。

（2）专家组问询、查阅清洁生产相关材料，核实企业清洁生产审核过程是否规范，资料是否翔实，数据是否准确，分析核算是否合理。

（3）考察工艺流程、污染防治及清洁生产方案落实情况，核查主要设备节能减排措施是否有效可行。

（4）考察现场管理状况，随机询问员工对清洁生产的认知情况。

（5）专家组根据现场考察、资料查询和审核报告评审结果，按照企业所在的省或直辖市清洁生产审核验收暂行办法规定的清洁生产审核验收打分表，对企业清洁生产审核评定、打分，形成验收意见。

5. 验收结论及清洁生产水平划分

1）验收结论

（1）总体情况评价：①企业概况及其技术工艺设备状况；②清洁生产领导组织机构、人员及培训教育、宣传工作情况；③清洁生产工作机制及其制度的建立，并有效发挥作用情况；④清洁生产审核工作开展及审核实施的规范性评价；⑤提交的清洁生产审核相关材料的完整情况、编制质量和水平。

（2）提出建议及下一轮清洁生产审核的方向。

（3）公布验收结果。

2）清洁生产水平划分

根据《清洁生产标准 煤炭采选业》（HJ 466—2008），煤炭企业清洁生产水平分为三级：一级代表国际清洁生产先进水平，二级代表国内清洁生产先进水平，三级代表国内清洁生产基本水平。

2.7 碳排放权交易

发达国家的能源利用效率高，能源结构优化，新的能源技术被大量采用，因此本国进一步减排的成本高，难度较大。而发展中国家能源效率低，减排空间大，成本也低。这导致了同一减排量在不同国家之间存在着不同的成本，形成了价格差。发达国家有需求，发展中国家有供应能力，碳排放权交易市场由此产生。

煤炭生产企业可以借鉴碳排放权交易机制，在行业间或者企业内部建立这种交易机制，把超额完成的减排指标卖给那些减排指标完成难度较大的企业，集团内部各矿也可以采用这种交易机制鼓励节能减排。

根据《京都议定书》，我国在2012年之前都无须承担减排义务，因此碳排放权交易市场在我国主要表现为我国作为卖方将减排额卖给负有减排责任的发达国家。在国际碳排放权交易市场上，根据交易排放权本身的产生类型，分为项目市场和准许市场两类。目前我国碳排放权交易的主要类型是基于项目的交易，即在我国，碳排放权交易更多的是指依托清洁发展机制（CDM）产生的交易。这一机制概括地说，就是发达国家通过提供资金和技术的方式，与我国合作，在我国实施具有温室气体减排效果的项目，项目所产生的温室气体减排量用于发达国家履行《京都议定书》的承诺，即以"资金＋技术"换取我国的温室气体排放权。

碳排放权交易市场存在的问题有：缺乏碳排放权交易发展所需要的完善的法律法规；碳排放权交易市场混乱，缺乏统一的交易平台；中介市场发育不完全；金融业发展滞后形成瓶颈约束，客观上遏制了未来碳排放权交易市场的活跃度。

碳排放权交易市场有效运行的对策：

（1）搭建碳排放权交易平台，统一碳排放权交易市场。碳排放权交易平台就是要将场外的点对点交易引进场内，通过公开竞价，形成合理价格，完成项目减排量的交易。通过研究国际碳排放权交易和定价的规律，借鉴国际上的碳排放权交易机制，探索属于我国的交易制度，构建我国的国际碳排放权交易市场，建设多元化、多层次的碳排放权交易平台。

（2）培育中介机构。碳金融业务，特别是CDM项目链条长、关系复杂。在项目创立、项目建设、交易等多个环节需要中介机构的专业化服务。鼓励专业性的中介机构参与到碳金融业务中，可以有效地降低交易成本和项目风险，促进碳金融业务的开展。

（3）完善金融配套和服务支撑体系。应该尝试建立碳排放权交易期货市场。期货交易的透明度高，竞争公开、公平，有助于形成公正的价格。另外，应该继续加强金融创新，包括有关部门设立碳主题基金、发行绿色金融和企业债、开展低碳主题项目的保险和再保险。

（4）完善监管检测机构。监管检测机构需要建立适当的配套支持制度，以提高监测的效率。另外，除碳排放权贸易参与者按照相关条例检测和报告企业每年的排放状况外，还必须有第三方独立认证机构核实。

（5）政府应该制定颁布配套的法律法规。现阶段我国碳排放权交易的实施需要的规则、总量、配额、评估、核准、法律等一系列制度体系还有待进一步建立和完善，在我国推行碳排放权交易制度必须立法先行，应制定碳排放权交易法，明确界定"碳排放权"。只有在法律上明确碳排放权的权利属性，界定其稀缺性、排他性、可交易性，才能使碳排放权交易市场制度有其法律基础和保障。

2.8 能源管理基本方法

能源管理基本方法主要有PDCA法、定量分析法、定性分析法、比较分析法、系统优化法、控制与预警法、指标分解法等。

2.8.1 PDCA循环

1. PDCA循环的含义

能源管理工作中，采用"策划—实施—检查—处置（PDCA）"的方法。做任何工作，通常都要事先有个设想，然后根据设想去工作。在工作进行中或工作到一个阶段以后，还要把工作结果与原来的设想进行对比，常称为检查。用检查的结果再来改进工作或修改原来的设想，这就是工作的一般规律。在国外有人把它总称为PDCA循环（图2-5）：它是英文 Plan、Do、Check、Action 4 个单词的缩写。PDCA 循环的应用，有助于实现管理承诺和能源方针，并达到持续改进的目的。其中：

策划（P）：包括识别和评价组织的能源因素，识别有关的法律法规、标准及其他要求；通过分析确定能源管理基准，可行时，确定标杆；建立能源目标、指标，制定能源管理方案等。

实施（D）：包括提供所需的资源；确定能力、培训和意识的要求并进行培训；建立信息交流机制，实施信息交流和沟通；建立所需的文件和记录；实施运行控制并开展相关活动等。

图 2-5 PDCA 循环

检查（C）：包括对能源管理活动和能源目标、指标实现情况的监视、测量和评价；识别和处理不符合项；开展内部审核等。

处置（A）：基于内部审核和管理评审的结果以及其他相关信息，对实现能源管理承诺、能源方针、能源目标和指标的适宜性、充分性和有效性进行评价，采取纠正和预防措施，以达到持续改进能源管理体系的目的。

2. PDCA 循环的特点

（1）大环套小环，小环保大环，推动大循环。PDCA 循环作为能源管理的基本方法，不仅适用于整个能源管理项目，也适用于整个企业和企业内的科室、工段、班组以及个人。各级部门根据企业能源管理的方针目标，都有自己的 PDCA 循环，层层循环，形成大环套小环，小环里面又套更小的环。大环是小环的母体和依据，小环是大环的分解和保证。各级部门的小环都围绕着企业的总目标，并朝着同一方向转动。通过循环把企业上下或工程项目的各项能源管理工作有机地联系起来，彼此协同，互相促进。

（2）不断前进、不断提高。PDCA 循环就像爬楼梯一样，一个循环运转结束，生产质量就会提高一步，然后再制定下一个循环，再运转、再提高，不断前进，不断提高。

（3）门路式上升。PDCA 循环不是在同一水平上循环，每循环一次，就解决一部分问题，取得一部分成果，工作就提高进一步，水平就进步一步。每通过一次 PDCA 循环，都要进行总结，提出新目标，再进行第二次 PDCA 循环，使品质治理的车轮滚滚向前。PDCA 每循环一次，能源管理水平和问题处置水平就会提高一次。

2.8.2 其他分析方法

1. 定量分析法

定量分析法是依据统计数据，建立数学模型，并用数学模型计算出分析对象的各项指标及其数值的一种方法。

2. 定性分析法

定性分析法是主要凭分析者的直觉、经验，根据分析对象过去和现在的延续状况及最新的信息资料，对分析对象的性质、特点、发展变化规律作出判断的一种方法。

3. 比较分析法

比较分析法也叫趋势分析法，它主要是对各个时期的能耗进行分析比较，尤其是将一个时期的能耗同另一个或几个时期进行比较,以判断其能耗的演变趋势以及在同行业中地位的变化情况。比较分析法的目的在于:确定能耗变动的主要原因,预测能耗未来发展趋势。比较分析法从总体上看属于动态分析,以差额分析法和比率分析法为基础,也能有效地弥补其不足,是能耗分析的重要手段。

4. 系统优化法

系统优化法是指把各个子生产系统看做系统的整体,并对这一整体及其要素、层次、结构、能耗等进行辩证综合的研究,进而从整体上进行优化的方法。

5. 控制与预警方法

一般管理模式是一种"单"闭环的反馈管理控制模式,只有在出现问题之后才采取措施,主要靠经验和主观判断,缺乏科学的、客观的依据。而控制与预警方法能够通过因果、逻辑演绎关系分析推断预想事故的可能结果,或由预想事故推理其发生的原因,尽可能减少能源浪费或者耗损事故发生的随机性和偶然性。

6. 指标分解法

能源管理指标分解法是将一个相对复杂的整体指标分解成若干个子指标(如煤炭运输能源管理指标、通风系统能源管理指标、提升系统能源管理指标、分选系统能源管理指标等),然后再对每一个子指标进行研究,从而达到易于分析、便于实行的目的。从小处着手进行能源的具体管理,不但能提高效率,而且能使管理工作更接近实际情况。

2.8.3 柱状图

柱状图(Histogram),又称条图(Bar graph)、长条图(Bar chart)、条状图(图2-6),是一种以长方形的长度为变量来表达图形的统计报告图。柱状图由一系列高低不等的纵向条纹表示数据分布的情况,只有一个变量的柱状图,通常用于较小数据集的分析。柱状图亦可横向排列,或用多维方式表达。

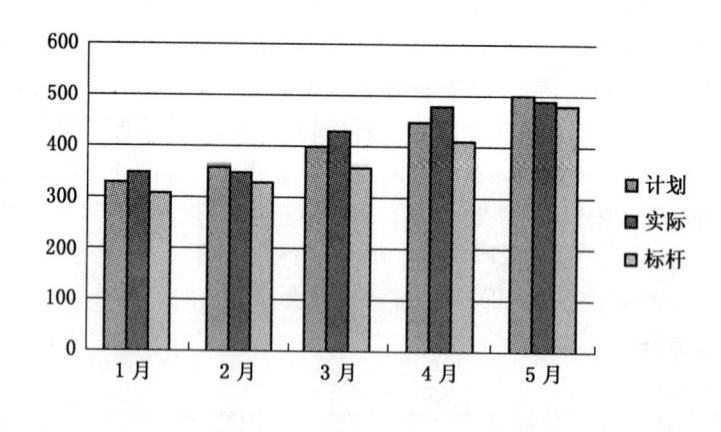

图 2-6 柱状图

2.8.4 关联图

关联图是用于分析影响能源管理诸因素之间因果关系的一种方法,关联图法就是把存在的几项能源问题及其主要影响因素的因果关系用箭头连接起来,从而找出主要因素的一种方法(图2-7)。

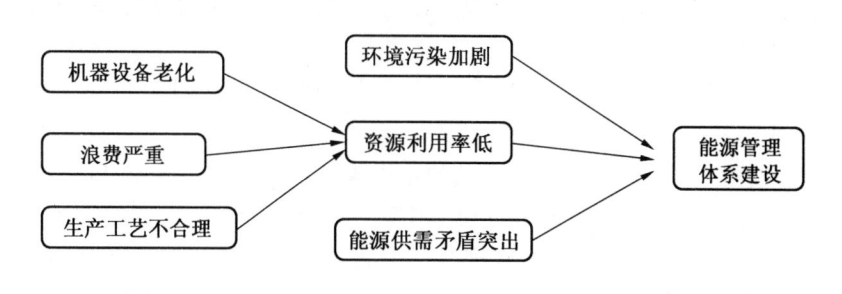

图 2-7 关联图

关联图的用途如下：
(1) 推进全面能源管理活动。
(2) 研究防止生产过程中出现能源问题的措施。
(3) 能源保证和能源管理方针的贯彻。
(4) 改善能源管理工作的效果。

2.8.5 直方图

2.8.5.1 直方图的概念与作用

(1) 概念。直方图是整理数据、描写能耗特性数据分布状态的常用工具。以通信为例，反映通信能耗特性的数据总是有波动的，对于一种通信产品来说，不管如何严格控制，能耗特性数据都绝不可能是同一数值（图 2-8）。

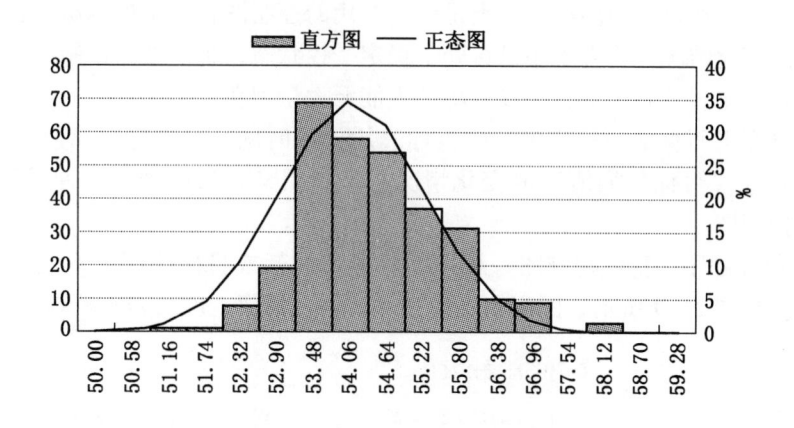

图 2-8 直方图和正态图

(2) 作用。频数直方图在能源管理中经常使用，是一种简便易行且能发挥很大效果的统计方法，其主要作用如下：比较直观地反映出能耗特性分布状态，便于及时掌握能耗分布状况和判断生产项目的能耗；验证节能项目的稳定性；考察工序能力，估算生产过程能耗率，了解工序能耗对产品能耗的影响；从统计角度鉴定能耗分布类型，以便针对不同分布进行节能管理。

2.8.5.2 直方图的作图方法

画直方图需要收集大量准确的能耗特性数据，怎样取得这些数据，需要收集多少个数据，都是需要明确的。

怎样取样才能使我们得到的数据更有效、更准确地反映客观事物的本质呢？由于目的不同，取样方法也不同，取样方法主要有以下两种：

（1）随机取样。为使样本对总体所做的推断有效，样本必须是随机选取，即在一批产品里（或半成品里），每一个产品都能以相等的机会被抽取。方法主要有：①抽签法，即把产品混合均匀后任意抽取；②按数理统计中的"乱数表"取样；③其他方法。

（2）按工艺过程，每隔一定的时间，连续抽取若干产品作为样本。如研究某一工序时，可在一天中每隔两小时抽取相等数量的产品。

两种方法相比较，第一种方法抽取的样本是有代表性的。后一种方法，严格讲只能反映抽样当时的工艺过程，不能代表整批产品的状况。因此，前一种方法多用于产品的验收检查，后一种方法多用于生产过程中的工序能耗控制。

2.8.6 控制图

控制图又称管制图。第一张控制图诞生于1924年5月16日，由美国的贝尔电话实验所的休哈特（W. A. Shewhart）博士首先提出管制图并使用后，管制图就一直被称为控制图，并成为科学管理的一个重要工具，特别是在质量管理方面成为一个不可或缺的管理工具。

在能源管理中，我们也逐渐采用控制图这项管理工具，并使其有效发挥作用。控制图是一种有控制界限的图，可以用来区分引起各能耗指标变动的原因是偶然的还是系统的，可以提供能耗系统原因存在的资讯，从而判断能耗过程的受控状态。

控制图按其用途可分为两类：一类是供分析用的控制图，用来控制煤炭企业能耗过程中有关指标的变化情况，检查工序是否处于稳定受控状态；再一类的控制图，主要用于发现能耗过程是否出现了异常情况，以预防产生能源大量浪费。

控制图画在平面直角坐标系中，横坐标表示检测时间，纵坐标表示测得的目标特征值。按控制对象（目标特征值）的变化情况，控制图又分为两种：一种是稳值控制图，一种是变值控制图。

（1）稳值控制图。稳值控制图一般用于对能源消耗或目标值恒定不变的目标实施状态进行控制。如图2-9所示，图中中心线表示计划目标值，虚线表示控制上下限。

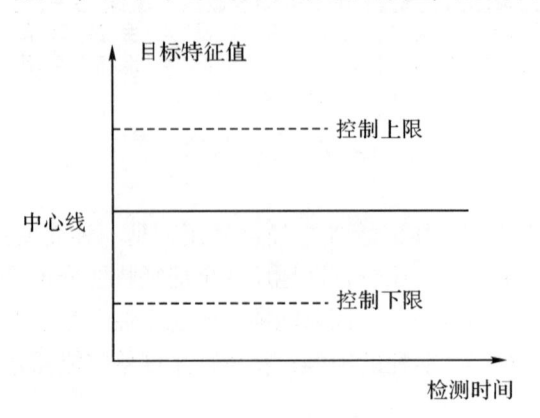

图2-9 稳值控制图

(2) 变值控制图。变值控制图用于对目标值随时间变化的目标实施状态进行控制。从计划线与实际线的对比，可看出目标实施状态，对于超出计划线的情况，查清超出的原因，采取措施，将其控制在计划线以下。

2.8.7 因果分析图

问题总是由一些这样或那样的原因造成的，发现这些原因，并将它们按相互之间的关联性整理成层次分明、条理清楚的图形就叫做"因果分析图"。由于它是日本管理大师石川馨发展出来的，又名石川图、Ishikawa 图。因果分析图原本用于质量管理，是质量管理的 7 种工具之一，由于它简捷实用、清晰直观，成为人们用来整理问题结构、发现根本原因、发展问题对策的基本工具。绘制因果分析图时，可以有效激发对于问题的思考，并有助于把零乱的思想系统地组织起来。由于从外观上看这种图形像是鱼的骨骼，故又称鱼骨图。"鱼头"是需要剖析的问题，"鱼身"是其原因的主要类别，"鱼刺"是类别下面更深层次的原因。遇到任何复杂而且需要分析原因与对策的问题时均可使用该图。

因果分析图的执行步骤：

(1) 确定需要分析的问题，把问题写在图形右侧，即鱼头的位置。

(2) 分析问题产生的原因，尽可能找出影响因素或潜在影响因素。

(3) 将找出的因素归类、整理，明确从属关系及问题原因的主要类别。

(4) 将问题原因的主要类别逐一列示在鱼骨图主要分支末端，并将找出的影响因素分别列入各自的类别内。

(5) 继续分析，可以补充现有级别的列举的影响因素，也可以针对现有鱼骨图内容继续向下分析"影响因素"，直到不能作出补充为止。

(6) 检查图上各影响因素的描述方法，确保语言简明、意思明确。

(7) 根据补充调整后的内容，根据各影响因素的重要性，重新绘制。

(8) 根据分析出的原因及其重要性，分析改进的可能与改进的方法，明确改进方案，落实责任，解决问题。

以煤炭生产系统能耗问题为例，在讨论该问题时感觉思路打不开或因素不充分时，可以考虑从能源物资、自然因素、设计、综合利用、管理、设备等常见的六类原因入手展开分析。分析问题原因时应分析到最明细层次，即可以直接给出适当的对策。改进时遵循如下两个原则：一是选取因果分析图最末端的原因改进，以简化方案；二是一次改进不要超过 6 项，以关注重点。

以煤炭生产系统能源因素因果分析图（图 2 - 10）为例，煤炭生产系统能耗受以下几方面因素的影响：

(1) 能源物资。主要考虑能源物资的库存、输送、回收。其中库存主要受采购、价格、质量的影响，输送主要受路线、运送时间以及物资损耗率的影响。

(2) 自然因素。主要考虑煤层、地质构造、粉尘排出量、矿井水涌出量、井下温度等因素的影响。

(3) 设计。在生产系统设计中，应当充分考虑煤矿工作面的布局方式、开拓方式、巷道布局方式、固废处理、水处理等。

(4) 综合利用。主要考虑利用层次、利用效率、能源替代等方面的影响。

(5) 管理。在能耗程度影响因素中，管理是不可小视的一个因素。管理水平又受节

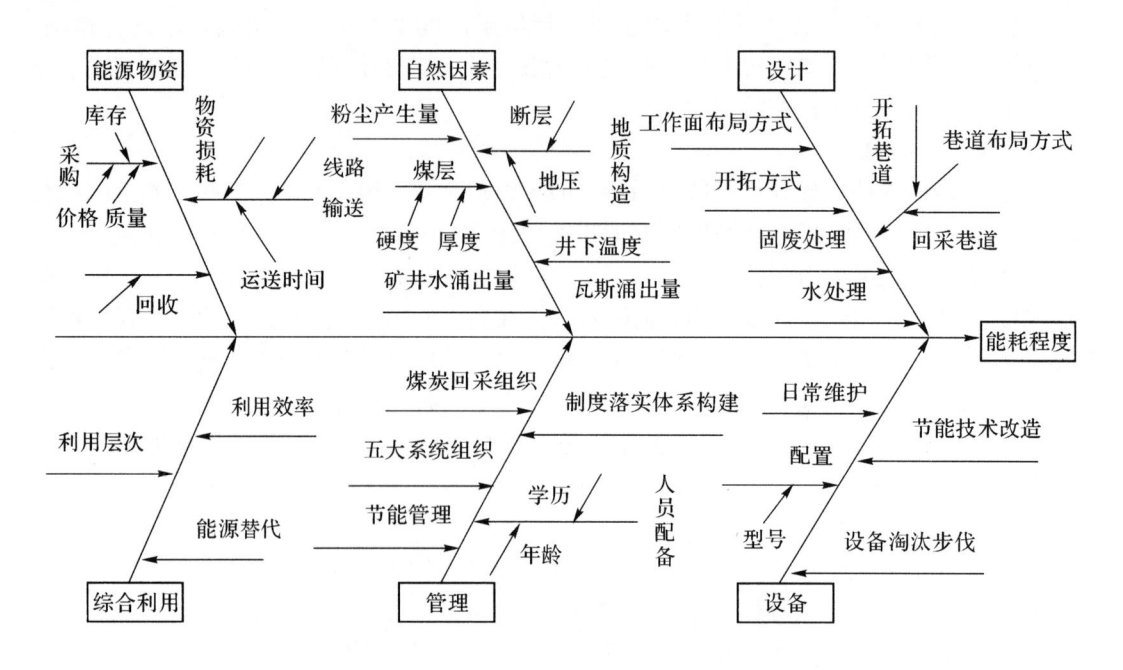

图 2-10　煤炭生产系统能源因素因果分析图

能管理、五大系统组织、煤炭回采组织、人员配备、制度落实体系构建等因素的影响。

（6）设备。作为直接与生产工区相联系的各种设备，在讨论能耗时其影响是不可忽视的，需要考虑设备的配置、型号、日常维护、节能技术改造、设备淘汰步伐等。

3 能源信息技术与软件

煤炭行业能源管理随着科技的发展而产生了一系列的能源信息技术与软件，它们不但能为能源管理的日常事务处理大量数据，而且能为能源计划和管理决策提供可靠的信息，以控制和指导管理行为，提高能源管理的科学性和有效性。能源信息技术与软件是能源管理现代化的重要的技术手段。

3.1 能源信息系统的含义

能源信息系统是指管理人员通过计算机收集和加工能源管理过程中有关的信息，为能源管理决策过程提供帮助的信息处理系统。它是一个计算机化的、以能源数据库为核心、能对能源信息进行收集、传递、储存、加工、使用，且服务于能源系统，实现供能源预测与规划的人机系统。

3.2 能源信息的分类

能源信息可分为能源资源信息、能源消费信息、能源工艺技术信息、能源市场信息及外部环境信息5种。

3.2.1 能源资源信息

能源资源信息是反映能源可获得性的重要信息，是进行能源建设决策、制定能源开发规划的重要基础材料。能源资源信息是能源网络图中最左侧的反映。在能源信息研究中，能源资源不仅指当地可开发的资源，而且具有能源供应的含义，即外部调入商品能源也作为能源资源考虑。能源资源信息包括能源资源的蕴藏量、可开发量、已开发利用情况、资源的构成、目前的开发利用方式、人均占有量、资源的分布特点、资源的丰富程度等，还包括调入商品能源的途径、距离、可获得数量、品质价格等。

3.2.2 能源消费信息

能源消费信息反映能源消费的数量和特点，是进行能源消费现状分析、能源需求预测的基础数据，也是能源决策的重要依据。能源消费信息是能源网络图中最右侧的反映。

能源消费信息包括能源消费的总量、生活部门和生产部门的消费量、能源消费的品种构成、人均用能量——总量和分品种数量、单位生产活动耗能量、能源消费弹性等。

3.2.3 能源工艺技术信息

能源工艺技术信息的范围很广，从能源资源的开采到终端用能的每个环节都有工艺技术问题。反映能源工艺技术水平的信息是制定科学研究和技术推广计划的重要依据。

能源工艺技术一般可分为能源开发技术、能源加工转换技术和用能技术。

（1）能源开发技术：将能源资源经过处理获得一次能源的技术，如煤炭开采、薪炭林种植与收获等。

（2）能源加工转换技术：将一次能源转换为二次能源的技术，如水力发电、太阳能供热、风力发电等。

（3）用能技术：各种用能设施的工艺技术，如照明技术、采暖技术、供热技术、制冷技术等。

能源工艺技术信息一般包括用能效率、技术经济性、各种技术指标与额定值的比较、技术的先进性、技术的可替代性等。

3.2.4 能源市场信息

通常，能源市场信息是涉及整个能源系统的综合信息。在市场经济中，能源的供应与消费，技术开发与应用等都受市场机制的影响。能源市场信息包括能源产品市场和能源技术市场两类。能源产品市场信息是指某种能源产品的市场需求潜力、地域分布、人群的阶层分布、市场供应能力等。能源技术信息，一方面是指即将市场化的技术信息，即先进技术的信息，包括其技术性能、经济指标、市场可能的接受能力等；另一方面是指已成熟的能源工程技术推广的可能性、发展潜力、制约因素等。

3.2.5 外部环境信息

能源系统的发展受到外部环境的影响，如社会经济发展对能源产生需求等，因此在能源信息研究中要考虑外部环境信息。与能源相关的外部环境信息主要有经济信息、社会信息、环境信息和管理信息。

（1）经济信息：指总体经济发展水平，各行业、各部门发展水平等宏观经济信息，能源企业、能源技术等微观经济信息等。

（2）社会信息：指有关社会发展的指标，如人口、性别、文化教育、民族、信仰、职业等等。

（3）环境信息：指与能源开发和利用有关的自然环境，如气候、地理位置、森林、植被、水土情况，以及与能源消费有关的大气质量、废弃物处理情况等。

（4）管理信息：指能源管理机构的设置情况，管理的政策、办法等。

3.3 能源信息系统的组成

能源信息系统由数据采集、数据处理和管理功能三个部分组成。

3.3.1 数据采集

数据采集是能源信息系统的基础，根据采集对象的不同，能源生产、能源转换、能源利用等部门和有关职能部门等把能源和与能源有关的管理数据，以一定的格式，按日、月或季统计呈报上来，依约定的方式输入数据库，作为能源信息系统的数据资源。数据采集方式有自动采集和人工采集两种，呈报方式有报表、磁介质（如磁盘、磁带等）、网络传递等。

3.3.2 数据处理

数据处理是能源信息系统的核心，它依据计算机固有的功能，完成数据储存、加工、传递，并实施管理功能，通常包括数据库和程序库两个部分。数据库是把采集的各种能源管理数据，按它们的属性和相互关系合理组织在存储器中，根据管理功能的需要，提供各种能源数据和派生数据，并加工成有用的管理信息，其数据独立于应用程序之外，可达到数出一处和资源共享的目的（见能源数据库）。程序库是把用数学模型描述的各种量之间的关系，依据计算机程序语言使其计算机化并存储在计算机内，为解决定量管理和决策分析提供实施手段。完成某种功能所需的数据是由数据库提供的。

3.3.3 管理功能

管理功能是系统实施的具体目标，它是按照管理需要和环境条件确定的。系统在实施管理功能过程中，通常以"菜单"形式通过键盘操作和屏幕显示进行人机对话，通过打印机、绘图机和屏幕完成功能输出工作，管理职能的不同层次有不同的管理目标，并且管理功能的内容以及提供的管理信息的属性也不一样。

3.4 能源信息系统的管理

能源信息系统的管理主要包括事件管理、问题管理、变更管理、配置管理等。根据不同的运行维护模式，运行维护人员所承担的具体角色和任务不同。其中，事件是指发生了非常规的运行情况，包括系统崩溃、软件故障、影响用户业务操作和系统正常运行的故障，以及影响业务流程或服务水平的情况；问题是导致一起或多起事故的潜在原因，要通过问题管理尽量减少人为错误和外部事件对系统造成影响，并防止问题重复发生；变更是指一些在IT基础建设设施上的操作所造成的配置的改变，所有在配置项目上的变动都必须纳入变更管理的控制范围，通过变更管理确保有效地监控这些变动，以降低或消除因为变动所引起的问题。配置管理是识别和确认系统的配置项、记录配置项状态、检验配置项的正确性和完整性。

运行维护管理流程中，运行维护人员要随时监控系统及设备运行状态，定期记录网络和应用系统运行情况和存在的问题，积极采取措施保障本单位和下属机构系统的正常运行。对持续发生的问题、中断系统运行的重大问题或使用企业系统的人员反映的问题和提出的建议，应及时报告总网控中心，并配合总网控中心及相关单位做好现场处置工作，不断提高系统运行维护管理能力。

企业系统的运行维护责任人，定期（原则上每天不少于2次）检查设备和应用系统运行状况，对系统运行中出现的问题或使用人员反映的问题和建议及时报告并协助相关人员做好现场处置工作，保障系统的正常运行。

总网控中心值班的人员在做好系统运行监控工作的同时，要根据有关事件工单内容，及时组织单位技术人员在规定的时间内解决问题、恢复系统运行，并将问题处理进程和处理结果表单回复总网控中心，必要时要同时反馈给问题发生节点的运行维护人员。

3.5 能源信息系统主要软件

能源信息系统软件主要包括能源信息管理中心控制系统（EMS）、供电调度自动化系统、供气监控系统、供水（蒸汽）调度系统、网络建设、计量计费系统等软件。

这些系统软件在逻辑上可以分为5个部分：电力监控、能源监控、计量计费、图像监控、能源分析。这5个部分既相互独立各成系统，又紧密互联融为一体，5个部分协同工作，全面完成能源管理任务。

4 能源计量

能源计量工作是煤炭企业加强能源管理、提高能源管理水平的重要基础。在生产领域，从采集、运输、物料交接、生产过程控制到产品出厂，都需要通过计量控制能源的使用。离开了计量数据的管理，就不能量化各生产环节的能耗，各项节能措施就无法实施。

4.1 基本知识

（1）所谓计量，是指以技术和法制手段保证量值准确可靠、单位统一的测量。计量涉及工农业生产、国防建设、科学实验、国内外贸易、人民生活等各方面，是国民经济的一项重要的技术基础。

（2）计量器具是指直接或间接测量被测对象量值的装置、仪器仪表、量具和用于统一量值的标准物质，包括计量基准、计量标准和工作计量器具。能源计量器具是用来测量一次能源、二次能源和载能工质的计量器具。

（3）能源计量器具实际的安装配备数量占理论需要量的百分数被称为能源计量器具配备率。其中，能源计量器具理论需要量是指为测量全部能源量值所需配备的计量器具数量，反映使用某种能源或全部能源量值所需配备的计量器具数量。

（4）能源计量率是指对有确定边界的计量对象实际的能源计量占其总用量的百分数。能源计量当量是指计算某种能源的能源量时与标准燃料的热值相对应的数量，与等价能量的概念是一致的。

4.2 能源计量的范围

能源计量是对电、煤炭、原油、天然气、焦炭、煤气、热力、成品油、液化石油气、生物质能和其他直接或者通过加工、转换而取得有用能的各种资源的耗费情况的计量。

能源计量范围包括：
（1）输入用能单位、次级用能单位和用能设备的能源及耗能工质。
（2）输出用能单位、次级用能单位和用能设备的能源及耗能工质。
（3）用能单位、次级用能单位和用能设备使用（消耗）的能源及耗能工质。
（4）用能单位、次级用能单位和用能设备自产的能源及耗能工质。
（5）用能单位、次级用能单位和用能设备可回收利用的余能资源。

4.3 能源计量的方法

煤炭企业能源计量主要针对电、煤、油、气、汽等能源，煤炭企业对上述各项能源实行分类别计量，采用的计量方法主要有电计量、煤计量、热计量和水计量。

4.3.1 电计量

煤炭企业一般为一类供电负荷，进入矿的双回路电网和主变压器的计量为Ⅰ级计量，经主变压器变压后二次侧输入到多个开关柜，在开关柜上配置计量表记Ⅱ级计量电能表，负责各重要机房、各个变电所和井下用电的计量。为了考核井下主要用电设备的电耗，可对井下主要用电设备的电能计量进行改造，改善井下电能计量。各个变电所低压部分的计量为Ⅲ级计量。主要包括生活区变电所和工厂区变电所，工厂区变电所主要包括：机厂变电所、锅炉房变电所、中央风井变电所、矸石山变电所等。

4.3.2 煤计量

原煤生产由安装在原煤生产系统输送带上的核子秤计量，配煤、销售采用核子秤或轨道衡计量，各部门用煤用轨道衡计量，燃料油和焦炭等用轨道衡或磅秤等计量。

4.3.3 热计量

热水供热来自电厂及电厂汽水换热输送的一次高温水，在一次高温水管路上安装有压力、温度、流量计量表（Ⅰ级计量）。一次高温水通过供热管路输送到二次热交换站。在每个热交换站的每个供暖区域的供、回水主管道上均应安装超声波流量计（Ⅱ级计量）。除家属区和外供安装有计量仪表外（Ⅲ级计量），其他工业生产用户也应逐步安装计量器具（Ⅲ级计量）。

蒸汽供热的热力来自辅助生产系统的蒸汽锅炉，在每台锅炉蒸汽出口管路上安装有压力、温度、蒸汽流量计等计量仪表（Ⅰ级计量）。

蒸汽热源主要用户为工业生产单位，均应安装计量表（Ⅱ级计量）。

4.4 能源计量器具的配备

4.4.1 计量器具的分类

计量器具广泛应用于生产、科研领域和人民生活等各方面，在整个计量立法中处于相当重要的地位。它不仅是监督管理的主要对象，而且是计量部门提供计量保证的技术基础。计量器具主要按照其结构特点和计量学用途进行分类。

1. 按结构特点分类

计量器具按结构特点可以分为以下三类：

（1）量具。即用固定形式复现量值的计量器具，如量块、砝码、标准电池、标准电阻、竹木直尺、线纹米尺等。

（2）计量仪器仪表。即将被测量的量转换成可直接观测的指标值等效信息的计量器具，如压力表、流量计、温度计、电流表等。

（3）计量装置。即为了确定被测量值所必需的计量器具和辅助设备的总体组合，如里程计价表检定装置、高频微波功率计校准装置等。

2. 按计量学用途分类

计量器具是计量学研究的一个基本内容，是测量的物质基础。在国际上，计量器具与测量仪器是同义术语，它被定义为"单独地或连同辅助设备一起用以进行测量的器具"，在我国计量器具是计量仪器（也称"主动式"计量器具）和量具（也称"被动式"计量器具）以及计量装置的总称。

计量器具按技术性能及用途可分为计量基准器具、计量标准器具和普通计量器具3类。

（1）计量基准器具。计量基准就是在特定领域内，具有当代最高计量特性，其值不必参考相同量的其他标准,而被指定的或普遍承认的测量标准。经国际协议公认,在国际上作为给定量的其他所有标准定值依据的标准称为国际基准。经国家正式确认,在国内作为给定量的其他所有标准定值依据的标准称为国家基准。计量基准器具通常有主基准、作证基准、副基准、参考基准和工作基准之分。

(2) 计量标准器具。计量标准是指为了定义、实现、保存或复现量的单位(或一个或多个量值),用作参考的实物量具、测量仪器、标准物质或测量系统。我国习惯认为"基准"高于"标准",这是从计量特性来考虑的,各级计量标准器具必须直接或间接地接受国家基准的量值传递,而不能自行定度。

(3) 普通计量器具。普通计量器具是指一般日常工作中所用的计量器具,它可获得某给定量的计量结果。

4.4.2 能源计量器具的配备原则

1. 应满足能源分类计量的要求

用能单位的生产生活所消耗的能源即为用能单位的总能耗。从热物理过程可知,能量的传递形式分为传热和做功两种,而热和功之间的转换又存在着明确的方向和限度。因此能量可以划分为三大类:一类是不受限制可以完全转变为功的能量,称为"高级能量",如电能、机械能、水能、风能等。高级能量全部是"可用能",因此,它的数量与质量是统一的。从本质上说高级能量是完全有序运动的能量,所以各种高级能量可以无限地相互转换。另一类是受限制的只可以部分(非全部)转变为功的能量,称为"中级能量",如热能、化学能、物质的内能、流动体系的总能(焓)等。由于中级能量从本质上说只有部分是有序的,因而只有能够转变为功的那部分才是可用能,其余不能转变为功的部分虽有一定的"量"但其"质"却为零,我们称这部分能量为"乏能"。所以中级能量的数量与质量是不统一的。第三类是受自然环境所限不能转变为功的能量,称为"低级能量",如在自然环境条件下介质的内能、焓。根据热力学第二定律,尽管低级能量有相当的数量,但技术上无法使之转变为功,所以它们是只有数量而无质量的能量,即所谓"乏能"。例如,不同温度下的 41868 kJ(10000 kcal)的热量,虽然它们数量相等,但热转变为功的本领(即热的质量)则大不相同。因此电能、机械能、热能等要分门别类单独计量,煤、油、气等亦要分类计量。

2. 应满足用能单位实现能源分项考核的要求

用能单位能源的分配与使用,应实行购入储存、加工转换、输运分配、生产(主要生产、辅助生产)过程、运输、采暖(空调)、照明、生活、排放、自用与外销等分别计量。所消耗的各种能源不得重记或漏记。

3. 重点用能单位应配备必要的便携式能源检测仪表,以满足自检自查的要求

重点用能单位是指《中华人民共和国节约能源法》第二十条规定的重点用能单位,指年综合能耗总量 10000 t 标准煤以上的用能单位和国务院有关部门或者省、自治区、直辖市人民政府节能管理部门指定的年综合能耗总量 5000 t 以上不满 10000 t 标准煤的用能单位。

重点用能单位的主要耗能设备和工艺能耗是依据相关的国家标准、行业标准或地方标准,通过计量仪表的实际检验测试获得的。

4.5 能源计量的考核指标

国家对企业能源计量工作进行考核,可以评价企业能源管理水平,衡量企业能源统计数据的准确性与可靠性。其考核指标有4项,它们之间相互关联,缺一不可。

$$能源计量率(检测率) = \frac{企业统计管理的各类能源总量}{企业能源购入总量} \times 100\%$$

原则上应达到100%。

$$能源计量器具配备率 = \frac{企业已配备的能源计量器具数}{企业应配备的能源器具数} \times 100\%$$

$$能源计量标准器具周检合格率 = \frac{计量标准器具周检合格数}{计量标准器具周检基数} \times 100\%$$

$$能源计量器具周检合格率 = \frac{计量器具周检合格数}{计量器具周检基数} \times 100\%$$

5　能源消费统计

　　能源消费统计是企业能源管理的一项重要内容，它既是企业编制能源计划的主要依据，又是进行能源利用分析、监督和控制能源消费的基础。只有对企业各部门能源消费进行统计，建立企业能源消费平衡表，掌握能源消费的来龙去脉，才能发现问题，找出能耗升降的原因，进而提出技术上和管理上的改进措施，不断提高能源管理水平。

5.1　能源消费统计的含义

　　能源消费统计是运用综合能源系统经济指标体系和特有的计量形式，采用科学统计分析方法，研究能源的勘探、开发、生产、加工、转换、输送、储存、流转、使用等各个环节的运动过程、内部规律性和能源系统流程的平衡状况等数量关系的一项专门统计。

　　能源消费统计包括两层含义：一是能源统计科学，二是能源统计工作，即能源统计理论与能源统计实践两个方面。对于统计部门而言，能源统计是以能源统计科学发展研究为基础，以能源统计工作为核心内容的一门综合性科学统计。它与能源统计对象、任务、报表和报表制度等构成完整的能源统计概念。它同其他专门统计一样，包括能源统计工作、能源统计资料和能源统计学三个方面，能源统计资料是能源统计工作的成果，能源统计学是能源统计工作的理论基础。

　　煤炭企业能源消费统计是研究和反映企业能源运动数量关系的，而煤炭企业能源运动是一个复杂的经济活动，涉及生产、供应、消费、加工转换、消耗以及生产经营活动的各个方面。因此，要全面、系统、正确地反映煤炭企业能源运动规律和各种数量关系，就必须建立一套科学、适用的能源统计指标体系。只有通过能源统计分析，才能制定出先进的和合理的能耗定额，确保定额考核的严肃性和科学性。

5.2　能源消费统计的分类

　　根据国家统计局国统字〔2006〕13号文、统能1表及国务院全国工业普查中《能源品种及计算标准煤系数目录》，规定煤炭系统能源消费统计的品种如下：原煤、洗精煤、其他洗煤、焦炭、重油、汽油、煤油、柴油、液化石油气、天然气、焦炉煤气、其他煤气、电力、矿井瓦斯及其他能源。各种能源的含义和范围，以国家统计局《能源统计报表制度》中有关能源目录说明为依据。

　　煤炭企业能源统计按照不同的统计内容可分为：生产用能统计，非生产用能统计，加工、转换量统计，能源输送分配量统计，节约能源量统计，能源采购统计，能源库存统计等。

5.2.1　煤炭企业生产用能统计及非生产用能统计

　　根据《综合能耗计算通则》（GB 2589—2008）及煤炭企业生产的特点，为便于整个煤炭系统能耗的分析研究以及各企业之间能耗的比较，将能耗划分为：工业生产能耗和非工业生产能耗。

1. 工业生产能耗

工业生产能耗包括原煤生产能耗和非原煤生产能耗。其中：

原煤生产能耗是指企业原煤生产所消费的各种能源，主要包括矿井（露天）原煤生产过程中的回采、掘进（剥离）、运输（不包括为矿区服务的大铁路运输）、提升、通风、排水、压风、坑木加工、瓦斯抽放、消火灌浆、井口选矸、矿井采暖、水砂填充、矿灯充电、矿机修、工业照明、工业供水等用能量、以及与上述有关的线路和变压器的电损失。

非原煤生产用能耗指煤矿企业其他工业产品生产能耗，如选煤厂、机修厂、运输队、建材厂、火药厂、化工厂、支架厂、钢铁厂、综合利用电厂等用能量和由各种专用基金支付的工程（如大修理、更新改造工程等）用能量以及与上述有关的线路和变压器的电损失。

2. 非工业生产能耗

非工业生产能耗指煤矿企业的非生产部门用能量。如机关职工食堂、住宅区浴室、消防队等用能量，以及与上述有关的线路和变压器的电损失。

3. 煤炭企业生产用能统计

煤炭企业生产用能统计指对原煤生产、辅助生产、其他工业生产系统能源消费进行统计。

4. 非工业生产用能统计

非工业生产用能统计指对煤炭企业除生产用能以外的其他能源消费量进行统计。

5.2.2 能源加工、转换量统计

供入企业的能源，有的直接使用，有的要经过加工转换，转变成二次能源和生产耗能工质供用能系统使用，如蒸汽、煤气、氧气等。

能源加工与转换既有联系又有区别，两者都是能源经过一定的工艺流程生产出新的能源产品。能源加工，一般只是能源物理形态的变化，如原煤经过分选成为洗精煤，加工型煤等。能源转换是能源流程中的能量形式的转换，如热电厂将煤炭、重油等投入耗能设备中，经过复杂的工艺过程把热能转换为机械能，机械能转换为电能。能源转换统计的重点是火力发电和供热。

企业能源加工转换统计包括：企业内生产的各种二次能源和耗能工质的数量，生产的各种二次能源和耗能工质所消耗的各种能源数量，生产的二次能源低位发热量，耗能工质的工作参数，以及加工转换设备效率等。

5.2.3 能源输送分配量统计

企业能源输送分配分为两大类：一类是管道输送的能源与耗能工质，如各种液体燃料、气体燃料和液体、气体的耗能工质；另一类是电能输配。

管道输送能源统计包括：输送能源或耗能工质数量，管道进口及出口端的压力、温度等参数，输送损失能量等。

电能输配统计包括：变电站向各用户单元的供出电量、用电单元的接收电量、输配电损失电量等。

1. 管道输送能源统计指标

管道输送能源统计指标有①输送量 $Q(i)$；②输送有效能量 $Q_1(i)$；③输送损失能量

$Q_2(i)$；④输送效率 $\eta(i) = \dfrac{Q_1(i)}{Q(i)} = 1 - \dfrac{Q_2(i)}{Q(i)} = \dfrac{Q(i) - Q_2(i)}{Q(i)}$。

计算输送能源损失量，企业必须装有足够的、准确的、可用的二次能源计量仪表，二次能源的计量率必须达到国家标准，对各类能源做好统计期内的统计记录，所取得的统计数据（累计读数）必须具有一定的可靠性。

（1）饱和蒸汽的输送损失计算公式如下：

输送损失 $Q_2(i) = $（进入管网蒸汽热焓 − 管网输出蒸汽热焓）× 输送蒸汽量 $Q(i)$

如果使用等速取样管测量蒸汽热焓时，在测点附近要装有蒸汽流量计。蒸汽热焓 i 计算公式为

$$i = \frac{G_0 Ct + GC(t_2 - t_1)}{G_0}$$

式中　　i——蒸汽热焓；

C——水的比热；

G_0——冷凝水流量；

G——冷却水流量；

t——冷凝水温度；

t_1、t_2——冷却水进、出口温度。

（2）过热蒸汽的输送损失。利用蒸汽特性图，根据过热蒸汽的流量、压力与温度，查出蒸汽热焓，再算出进、出口两点的热焓差，然后计算过热蒸汽的输送损失。

（3）用热流计直接测量热力管网的散热损失。

（4）耗能工质的输送损失量，当前是以漏失量代替输送损失量。

总之，能源输送效率 η 可以用下列公式计算：

$$\eta = \frac{输入量 - 输出量}{输入量} \times 100\%$$

输送损失 $Q_2 = \sum$ 管网各段损失

2. 输配电损失

电能是企业各种用电设备的主要动力，如电力拖动、电加热设备、电解、电焊，还有照明、自动控制、检测、显示和通信装置都需要电力。

发电厂通过电力网将电能送到用户。电力网按其功能分为输电网和配电网两部分。输电网一般是由电压在 35 kV 以上的输电线路和与其相连的变压器组成，它的作用是将电能输送到各个地区的配电网或直接向工业用户送电；配电网则是由电压在 10 kV 及以下的配电线路和配电变压器组成，它的作用是将电能分配到各类用户。

供配电电压的高低取决于厂区范围、用电负荷的大小和分布情况以及用电设备的电压等。

供电部门对工业企业大多是以 35 kV 或 10 kV 电压供电，厂区配电电压一般为 10 kV。机械工业企业用电设备电压大多为交流 220 ~ 380 V，频率为 50 Hz，但是有的大型电机电压采用 6 kV。需直流电源供电的设备（如电镀设备及大型机器用的直流电机）则通过硅整流设备供给直流电源。

电能输送途径及转换效率如图 5 − 1 所示。电能是一种高品位的能源，但发电厂的热

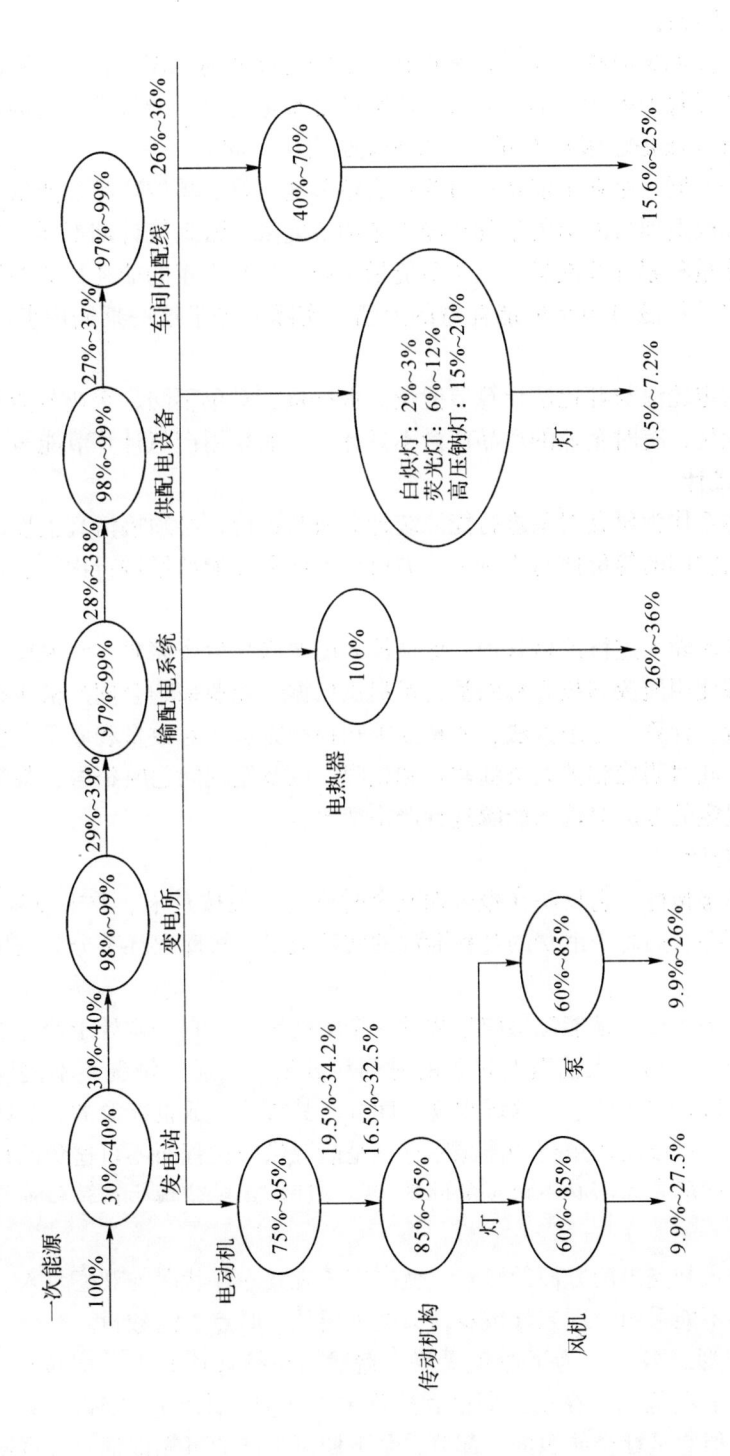

图 5-1 电能输送途径及转换效率

效率只有 30%~40%，其输送分配过程中还要损失。因此，企业内部应实行严格的计划用电制度，降低电耗，保证电能更好地为生产与社会服务，提高电能利用率。

5.2.4　节约能源量统计

煤炭企业节约能源量简称节能量，是指在一定的统计期内，煤炭企业实际消耗的能源量与某一个基准能耗量的差值。通常是实际消耗的能源量与某一能源消费定额之差值。所以，选定的基准量（或是定额）不同，其节能量也有所不同。

根据统计口径不同，企业节能量可分为：企业节能总量、单位产品节能量、单位产值节能量、节能技术改造项目的节能量和单项工艺的节能量。根据统计期不同，企业节能量又可分为当年节能量和累计节能量。当年节能量是前一年与当年的能耗量的差值；累计节能量是以某一确定的年份与当年的能耗量的差值，实际上等于这一期间内各年的节能量之和。

目前也有人用定比法与环比法计算节能量。根据核算对象不同，企业节能量也可按企业的产量计算节能量，有时企业的产品产量不好计算，而采用产值计算节能量。

5.2.5　能源采购统计

将企业用能体系作为研究对象进行能源统计分析与评价，必须搞清真正投入系统的能源总量，并折算出它们的等价值与当量值，方可对不同种类能源量进行比较、加减和综合平衡。

煤炭企业对能源输入进行严格管理，保证输入能源满足生产需要，掌握输入能源的数量和质量，为合理使用能源和核算总的消耗量提供依据。能源采购合同严格明确各项能源输入的数量和计量、计算、记录方法，质量要求和检查方法，对数量和质量产生异议时的处理规则等内容，同时明确相关人员的职责和权限，以及发现问题时报告、裁定的程序等内容，并按合同规定的方法对输入能源进行严格把关。

5.2.6　能源库存统计

库存是一个静态指标，它反映在报告期某个时点（一般按月末、季末或年末）企业、地区、全国实际所拥有的尚未消费的各种能源的实际数量。按库存环节分为需用单位库存和中转环节库存。

需用单位的能源库存，是能源供应过程的一个中间环节，它经常处于变化之中。由于能源购进的时刻和数量与投入消费的过程的时刻和数量，在通常情况下不是同步的，因此，必然形成一定数量储备状态，这就出现了库存。其规律是成批能源的大量购进，流水式的均衡分批投入。所以需用单位的能源库存，是能源供应过程所不可避免的现象，它是调节收入同消费之间的矛盾所必不可少的储备，是保证需用单位再生产过程连续不断进行的必要条件。

由于库存受收入和支出两方面的影响，就决定了观察库存状况与观察收入、消费有所不同，即观察库存不能采用时期累计数量，只能采用某一时点上的数量。

库存能源支配形式各异。为了避免重复、遗漏，在统计库存时，应按照"谁管理、谁统计"的原则。有些能源，在报告期已到达本单位，但尚未验收入库（场）的，按规定可不计算入库，但它是社会能源的一部分，是下期再生产的可靠保证，应视同本单位的库存，在进行平衡时可把这部分库存与已验收入库的能源结合起来观察，以了解本单位在报告期末所拥有的全部能源资源的规模。某煤炭企业能源库存统计表见表 5-1。

表 5-1　某煤炭企业能源库存统计表

能源名称	计算单位	20××年××—××月				折算系数
		期初量	增加量	减少量	期末量	
总计	tce					
原煤	t					0.7143
洗精煤	t					0.9000
洗混煤	t					0.5000
煤矸石	t					0.2000
汽油	t					1.4714
柴油	t					1.4571
热力	GJ					0.0341
电力	10^4 kW·h					1.2290
自备井水	10^4 t					
自来水	10^4 t					
重复用水	10^4 t					
…	…	…	…	…	…	…

单位负责人：　　　　节能负责人：　　　　制表人：　　　　20　年　月　日

5.2.7　煤炭企业能源消费统计

1. 能源消费统计原则

（1）谁消费、谁统计。能源消费量是按实际使用量统计，而不是按所有权统计。因此，不论能源的来源如何，凡是在本单位实际消费的能源，均应统计在单位消费量中。

（2）何时投入使用，何时算使用。各单位统计能源使用量的时间界限，是以投入第一道生产工序为准。

（3）消费量只能计算一次。在第一次投入使用时，计算其消费量。对于循环使用的能源，消费量不得重复计算，如余热、余能的回收利用等。

（4）耗能工质无论外购还是自产自用均不统计在能源消费量中。

2. 能源消费统计范围和分类

1）能源消费统计范围

煤炭企业消费的能源包括企业自办的集体（附属）企业所消费的能源。

2）能源消费分类

根据煤炭企业生产的特点，为便于整个煤炭系统能源消费分析研究及各企业之间的比较，能源消费可划分为3类：

（1）煤炭生产消费包括主要生产能源消费和辅助生产能源消费。

主要生产能源消费是指企业直接用于煤炭开采的能源消费。主要包括掘进（剥离）、回采、提升、通风、压风、排水、瓦斯抽放、井上井下运输等。

辅助生产能源消费是指企业为主要生产配套的辅助生产系统的能源消费。主要包括井上下设备的维修、动力、运输、矿灯充电、生产照明、生产供水、井口浴室、锅炉、烘干取暖、井口食堂、开水炉灶、洗衣房、井口选矸、灭火灌浆、生产指挥部门、化验室、土建（不包括批准的基建项目用能）等。

（2）其他工业生产能源消费是指企业所属的其他工业生产单位所消费的能源。如选煤、发电、建材（制砖、水泥）、炼焦、造气、机械制造、保温材料、火药、制水、制氧及煤的其他综合利用厂、基建公司、工程处等。

（3）煤炭企业废弃物利用节能统计是指煤炭企业生产过程中排出的含能废弃物的利用，如煤矸石、油母页岩、矿井瓦斯等。

5.2.8 单位产品能耗统计

煤炭企业原煤生产、分选单位产品能耗统计一般分为吨原煤生产综合能耗、吨原煤生产电耗、选煤吨煤综合能耗、选煤电力消耗以及按产值统计的单位产值综合能耗。

（1）吨原煤生产综合能耗：指报告期内煤炭生产能源消耗总量（经折标准煤后）与原煤产量之比。

$$吨原煤生产综合能耗 = 煤炭生产能源消耗量 \div 原煤产量$$

煤炭生产能源消耗指报告期内企业用于主要生产系统和辅助生产系统的能源消费折标准煤后之和。

（2）吨原煤生产电耗：指报告期内原煤主要生产与辅助生产用电量之和与原煤产量之比。

$$吨原煤生产电耗 = 原煤生产用电量 \div 原煤产量$$

（3）选煤吨原煤综合能耗：指选煤厂统计期内用于分选原煤所消耗的各种能源总量（经折标准煤后）与入选原煤量之比。

$$选煤吨原煤综合能耗 = 选煤生产能源消耗量 \div 入选煤量$$

（4）选煤电力消耗：指统计期内选煤所消费的电量与入选原煤量的比值。

$$选煤电力消耗 = 选煤生产用电量 \div 入选原煤量$$

（5）产值综合能耗（万元产值综合能耗）：指报告期内企业能源消耗总量（折标准煤后）与工业总产值之比。

$$产值综合能耗 = 企业能源消耗总量 \div 工业总产值$$

根据《煤炭工业能源消费与综合利用统计报表填报说明》要求，企业能源消耗总量 = 企业能源消耗总计 − 废弃物利用节能量 − 企业其他能源产出量。

5.3 能源的折算

5.3.1 能源的折算方法

（1）煤炭、原油、天然气等一次能源，按照它们本身具有的实际热值换算为标准煤。由于煤炭的品种不同，产地不同，其发热量有很大差别，因此需要实测。根据计划统计期内煤炭实际消耗量，加权平均值计算出平均发热量（MJ/kg），再除以 1 kg 标准煤收到基低位发热量 29.31 MJ（7000 大卡），得出计划统计期煤炭换算为标准煤的换算系数。原油、天然气由于产地不同，其发热量也不相同，原则上也应以实测值进行换算，但是因为不同的原油和天然气发热量差别不大，而且作为用户进行实测又有困难，所以煤炭企业采用国家规定的统一换算关系，进行折算。原油换算系数为 1.4286，天然气换算系数为 1.330。

（2）二次能源有两种热值，即本身具有的热值（或当量热值）和等价热值。

（3）各种燃气和生物质能的发热量应采用实测值，再折算成标准煤当量。

（4）热力单位采用吉卡（1 Gcal = 142.9 tce）。根据锅炉出口蒸汽和热水的温度、压力，在焓熵图（表）中查出热焓值减去给水（或回水）热焓值，乘以锅炉实际出力（蒸汽量或热水量）计算出热量。如无此条件计算，可进行估算（表5-2）。

表5-2 蒸汽热焓参考值

蒸汽种类	压力/(9.8 N·cm^{-2})	温度/℃	热焓值/(4.1868 kJ·kg^{-1})
饱和蒸汽	1~2.5	<127	620
	3~7	135~165	630
	8	>170	640
过饱和蒸汽	1~20	<200	650
		222~260	680
		280~320	700
		350~500	750

① 蒸汽或热水产量取报告期内锅炉给水量与排污等损失量之差；
② 闭路循环供热时热水焓值取 20 kcal/kg（1 kcal = 4.18 kJ）；
③ 开路循环供热时热水焓值取 70 kcal/kg（1 kcal = 4.18 kJ）。
（5）某些耗能工质的平均等价值与折算系数见表5-3。

表5-3 某些耗能工质的平均等价值与折算系数

耗能工质种类		单位	等价值	
			kcal	kgce
各种水	新鲜水	t	600	0.086
	循环水	t	1000（800~1200）	0.143
	软化水	t	3400	0.486
	除氧水	t	6800	0.971
各种气体	鼓风	m^3	210	0.030
	压缩空气	m^3	280	0.040
	二氧化碳气体	m^3	1500	0.214
	氧气	m^3	2800	0.400
	氮气	m^3	4700	0.671
电石		kg	14560	2.079
乙炔		m^3	58237	8.314

企业统计时，二次能源一律按当量热值分别折算，列入有关能耗类别中，不得重计漏计。

5.3.2 能源折算系数

（1）标准煤与标准油和标准气之间的换算关系如下：

1 kg 标准煤的收到基低位发热量为 29.31 MJ（即 7000 千卡）；
1 kg 标准油的收到基低位发热量为 41.82 MJ（即 10000 千卡）；
1 标准立方米标准气的收到基低位发热量为 41.82 MJ（10000 千卡）；
1 kg 标准煤 = 0.7000 kg 标准油 = 0.7000 标准立方米标准气；
1 kg 标准油 = 1 标准立方米标准气 = 1.4286 kg 标准煤。

（2）各种能源折标准煤参考系数见表 5-4。

表 5-4 各种能源折标准煤参考系数

能源名称		平均低位发热量	折标准煤系数
原煤		20934 kJ/kg（5000 kcal/kg）	0.7143
洗精煤		26 344 kJ/kg（6 300 kcal/kg）	0.9000
其他洗煤	洗中煤	8363 kJ/kg（2000 kcal/kg）	0.2857
	煤泥	8363 ~ 12545 kJ/kg（2000 ~ 3000 kcal/kg）	0.2857 ~ 0.4286
焦炭		28435 kJ/kg（6800 kcal/kg）	0.9714
原油		41816 kJ/kg（10000 kcal/kg）	1.4286
燃料油		41816 kJ/kg（10000 kcal/kg）	1.4286
汽油		43070 kJ/kg（10300 kcal/kg）	1.4714
煤油		43070 kJ/kg（10300 kcal/kg）	1.4714
柴油		42652 kJ/kg（10200 kcal/kg）	1.4571
煤焦油		33453 kJ/kg（8000 kcal/kg）	1.1429
渣油		41816 kJ/kg（10000 kcal/kg）	1.4286
液化石油气		50179 kJ/kg（12000 kcal/kg）	1.7143
炼厂干气		46055 kJ/kg（11000 kcal/kg）	1.5714
油田天然气		38931 kJ/m^3（9310 kcal/m^3）	1.3300
气田天然气		35544 kJ/m^3（8500 kcal/m^3）	1.2143
煤矿瓦斯气		14636 ~ 16726 kJ/m^3（3500 ~ 4000 kcal/m^3）	0.5000 ~ 0.5714
焦炉煤气		16726 ~ 17981 kJ/m^3（4000 ~ 4300 kcal/m^3）	0.5714 ~ 0.6143
高炉煤气		3763 kJ/m^3	0.1286
其他煤气	a）发生炉煤气	5227 kJ/kg（1250 kcal/m^3）	0.1786
	b）重油催化裂解煤气	19235 kJ/kg（4600 kcal/m^3）	0.6571
	c）重油热裂解煤气	35544 kJ/kg（8500 kcal/m^3）	1.2143
	d）焦炭制气	16308 kJ/kg（3900 kcal/m^3）	0.5571
	e）压力气化煤气	15054 kJ/kg（3600 kcal/m^3）	0.5143
	f）水煤气	10454 kJ/kg（2500 kcal/m^3）	0.3571
粗苯		41816 kJ/kg（10000 kcal/kg）	1.4286

表 5-4（续）

能 源 名 称	平均低位发热量	折标准煤系数
热力（当量值）	—	0.03412
电力（当量值）	3600 kJ/(kW·h)［860 kcal/(kW·h)］	0.1229
电力（等价值）	按当年火电发电标准煤耗计算	
蒸汽（低压）	3763 MJ/t（900 Mcal/t）	0.1286

5.3.3 能量单位换算

1. 标准燃料

标准燃料是计算能源总量的一种模拟的综合计算单位。在能源使用中主要利用它的热能，因此，习惯上都采用热量来作为能源的共同换算标准。由于煤、油、气等各种燃料质量不同，所含热值不同，为了便于对各种能源进行计算、对比和分析，必须统一折合成标准燃料。标准燃料可分为标准煤、标准油、标准气等。选定某种统一的标准燃料作为计算依据，然后通过各种能源实际含热值与标准燃料热值之比，即能源折算系数，计算出各种能源折算成标准燃料的数量。所选标准燃料的计量单位即为当量单位。国际上一般采用标准煤、标准油指标。世界各国都按本国的用能特点确定自己的能源标准量。一些经济发达国家以用油为主，采用标准油；西欧有些国家以用电力为主，采用标准电；我国以煤为主，采用标准煤为计算基准，即将各种能源按其发热量折算为标准煤。

2. 标准煤和标准油

标准煤亦称煤当量，具有统一的热值标准。是指按照标准煤的热当量值计算各种能源时所用的综合换算指标。固体燃料的低位发热量等于 29.31 MJ（7000 kcal），即 1 kg 标准煤：1 kgce = 29.31 MJ = 7000 kcal。将不同品种、不同含量的能源按各自不同的热值换算成每千克热值为 7000 kcal 的标准煤。标准油（又称油当量）是指按照标准油的热当量值计算各种能源时所用的综合换算指标。液体燃料的低位发热量等于 41.82 MJ（10^4 kcal），即 1 kg 标准油：1 kgoe = 41.82 MJ = 10000 kcal。

$$0.7 \text{ kgoe} = 1 \text{ kgce}$$

$$能源折标准煤系数 = \frac{某种能源实际热值(\text{kcal/kg})}{7000(\text{kcal/kg})}$$

在各种能源折算标准煤之前，首先直接测算各种能源的实际平均热值，再折算标准煤。平均热值也称平均发热量，是指不同种类或品种的能源实测发热量的加权平均值。计算公式为：

$$平均热值 = \frac{\sum(某种能源实测的发热量 \times 该能源数量)}{能源总量}$$

3. 焦耳和卡

焦耳是热、功、能的国际制单位。我国已规定热、功、能的单位为焦耳。焦耳的定义为：1 N 的力（1 N = 1 kg·m/s）作用于质点，使其沿力的方向移动 1 m 距离所做的功称为 1 J。在电学上，1 A 电流在 1 Ω 电阻上，在 1 s 内所消耗的电能称为 1 J。

卡的定义是：1 g 纯水在标准气压下把温度升高 1 ℃ 所需要的热量称为 1 cal。

目前有 20 ℃ 卡，国际蒸汽表卡，热化学卡。20 ℃ 卡 = 4.1816 J，是指在标准气压下，

1 g 纯水温度从 19.5 ℃升高至 20.5 ℃所需要的热量。国际蒸汽表卡 = 4.1868 J，是指 15 ℃ 卡，概念同 20 ℃卡，由于它是在 1956 年伦敦第五届国际蒸汽大会上确定的，所以叫国际蒸汽表卡。热化学卡 = 4.1840 J，是人为规定的卡。

热量单位主要是 3 种：焦耳（J）、卡（cal）、千瓦·时（kW·h）。热量单位卡与功（能）量单位焦耳之间的当量关系是由物理实验来确定的。目前，统计上规定的卡与焦耳的换算，是按照国家标准 GB 2589 附录第一条确定的，即"燃料发热量所用卡系指国际蒸汽卡"。

5.4 能源消费统计指标

能源消费统计指标是表明能源运动数量的范畴，具有丰富的技术经济内容，因此，必须对煤炭企业生产经营活动与能源运动之间的联系进行分析，并在此基础上，结合生产经营管理和能源管理的需要，设置相应的指标，并且确定指标的含义、口径和计算方法。能源消费统计指标体系并非固定不变，它随着经济工作中心任务和计划管理、能源管理、经济核算的需要而作相应的调整。因为具体统计对象内容不同，能源消费统计指标也会有所不同。

5.4.1 能源供入量

进行企业能源平衡分析与评价，应对企业能源供入量进行统计，并折算出它们的等价值和当量值。其等价值用以反映国家对企业供入的能源资源量；当量值用于企业能量平衡，在分析企业用能过程中，不可混合使用等价值和当量值。等价值和当量值的折算应符合 GB/T 2589。

企业能源供入量统计应包括：各类能源购入量、库存增减量、亏损量、外供量等，具体见表 5-5。

表 5-5 某煤炭企业能源供入量统计表

能源名称	计算单位	20××年××—××月				折算系数
		能源购入量	库存增减量	亏损量	外供量	
总计	tce					
原煤	t					0.7143
洗精煤	t					0.9000
洗混煤	t					0.5000
煤矸石	t					0.2000
汽油	t					1.4714
柴油	t					1.4571
热力	GJ					0.0341
电力	10^4 kW·h					1.2290
自备井水	10^4 t					
自来水	10^4 t					
重复用水	10^4 t					
…						

单位负责人：　　　节能负责人：　　　制表人：　　　20　年　月　日

5.4.2 能源加工、转换投入量

能源加工、转换投入量是指报告期内为加工转换二次能源及其他石油制品(如润滑油、沥青等)和其他焦化产品(如焦油、粗苯等)所投入到加工、转换设备中的各种能源。

能源加工、转换投入量不包括下列各项：

（1）能源加工、转换装置本身工艺用能和其他设备用能,如发电设备的电动机用电,发电点火用燃料,通风设备用电、炼焦炉预热原料用的焦炉煤气以及设备运行用的动力等。

（2）车间用能。

（3）辅助生产系统用能。

（4）经营管理用能。

（5）除上述各项以外的其他非生产用能。

5.4.3 能源加工、转换产出量

能源加工、转换产出量是指各种能源经过加工、转换后，产出的各种二次能源产品（包括不作为能源使用的其他副产品和联产品），如发电产出的电力，热电联产产出的电力、蒸汽、热水，洗煤产出的洗精煤、洗中煤、煤泥、洗块煤、洗混煤、洗末煤等，炼焦产出的焦炭、焦炉煤气和其他焦化产品（如粗苯、焦油等），炼油产出的汽油、煤油、柴油、燃料油（重油、渣油等）、燃料气（液化石油气、炼厂干气等）和其他石油制品（如溶剂油、润滑油、各种原料油、石蜡、石油沥青、石油芳烃、润滑脂、石油添加剂、催化剂等），制气产出的焦炉煤气、其他煤气、焦炭、粗苯、焦油等。

5.4.4 能源加工、转换损失量与能源加工、转换损失率

能源加工、转换损失量是指在能源加工、转换过程中产生的各种损失量，即能源加工、转换过程中投入的能源和产出的能源之间的差额，计算公式为

能源加工、转换损失量 = 能源加工、转换投入量 - 能源加工、转换产出量

能源加工、转换损失率是指能源在加工、转换过程中损失的能量与投入的能量之间的对比关系，计算公式为

能源加工、转换损失率 =（能源加工、转换损失量/能源加工、转换投入量）×100%

5.4.5 能源加工、转换效率

能源加工、转换效率是指能源加工、转换过程中产出量与投入量的比率，即能源加工、转换的产出率，计算公式为

能源加工、转换效率 =（能源加工转换产出量/能源加工、转换投入量）×100%

5.4.6 节能量

1. 产品节能量

1）单一产品节能量

生产单一产品的企业，产品节能量按下式计算：

$$\Delta E_c = (e_b - e_j) M_b \tag{5-1}$$

式中　ΔE_c——企业产品节能量；

　　　e_b——统计报告期的单位产品综合能耗；

　　　e_j——基期的单位产品综合能耗；

　　　M_b——统计报告期产出的合格产品数量。

2）多种产品节能量

生产多种产品的企业，企业产品节能量按下式计算：

$$\Delta E_c = \sum_{i=1}^{n}(e_{bi} - e_{ji})M_{bi} \qquad (5-2)$$

式中　ΔE_c——企业产品节能量；
　　　e_{bi}——统计报告期第 i 种产品的单位产品综合能耗；
　　　e_{ji}——基期第 i 种产品的单位产品综合能耗或单位产品能源消耗限额；
　　　M_{bi}——统计报告期产出的第 i 种合格产品数量；
　　　n——统计报告期内企业生产的产品种类数。

2. 产值节能量

产值节能量按下式计算：

$$\Delta E_g = (e_{bg} - e_{jg})G_b \qquad (5-3)$$

式中　ΔE_g——企业产值（或增加值）总节能量；
　　　e_{bg}——统计报告期企业单位产值（或增加值）综合能耗；
　　　e_{jg}——基期企业单位产值（或增加值）综合能耗；
　　　G_b——统计报告期企业的产值（或增加值，可比价）。

3. 技术措施节能量

1）单项技术措施节能量

单项技术措施节能量按下式计算：

$$\Delta E_{ti} = (e_{th} - e_{tq})P_{th} \qquad (5-4)$$

式中　ΔE_{ti}——某项技术措施节能量；
　　　e_{th}——某种工艺或设备实施某项技术措施后其产品的单位产品能源消耗量；
　　　e_{tq}——某种工艺或设备实施某项技术措施前其产品的单位产品能源消耗量；
　　　P_{th}——某种工艺或设备实施某项技术措施后其产品产量。

2）多项技术措施节能量

多项技术措施节能量按下式计算：

$$\Delta E_t = \sum_{i=1}^{m}\Delta E_{ti} \qquad (5-5)$$

式中　ΔE_t——多项技术措施节能量；
　　　ΔE_{ti}——某项技术措施节能量；
　　　m——企业技术措施项目数。

4. 结构节能量

结构节能量按下式计算：

$$\Delta E_{cj} = G_z \sum_{i=1}^{m}(K_{bi} - K_{ji})e_{jci} \qquad (5-6)$$

式中　ΔE_{cj}——产品结构节能量；
　　　G_z——统计报告期总产值（总增加值，可比价）；
　　　K_{bi}——统计报告期替代第 i 种产品产值占总产值（或总增加值）的比重；
　　　K_{ji}——基期第 i 种产品产值占总产值（或总增加值）的比重；
　　　e_{jci}——基期第 i 种产品的单位产值（或增加值）能耗；

m——产品种类数。

5. 单项能源节能量

1）产品单项能源节能量

产品单项能源节能量按下式计算：

$$\Delta E_{cn} = \sum_{i=1}^{n} (e_{bci} - e_{jci}) M_{bi} \qquad (5-7)$$

式中 ΔE_{cn}——产品某单项能源品种能源节能量；

e_{bci}——统计报告期第 i 种单位产品某单项能源品种能耗量；

e_{jci}——基期第 i 种单位产品某单项能源品种能耗量或单位产品某单项能源品种能耗限额；

M_{bi}——统计报告期产出的第 i 种合格产品数量；

n——统计报告期企业生产的产品种类数。

2）产值单项能源节能量

产值单项能源节能量按下式计算：

$$\Delta E_{gn} = \sum_{i=1}^{n} (e_{bgi} - e_{jgi}) G_{bi} \qquad (5-8)$$

式中 ΔE_{gn}——产品某单项能源品种能源节能量；

e_{bgi}——统计报告期第 i 种产品单位产值（或单位增加值）某单项品种能耗量；

e_{jgi}——基期第 i 种产品单位产值某单项品种能耗量；

G_{bi}——统计报告期第 i 种产品产值（或增加值，可比价）；

n——统计报告期企业生产的产品种类数。

5.4.7 节能率

1. 产品节能率

产品节能率按下式计算：

$$\xi_c = \left(\frac{e_{bc} - e_{jc}}{e_{jc}} \right) \times 100\% \qquad (5-9)$$

式中 ξ_c——产品节能率；

e_{bc}——统计报告期单位产品能耗；

e_{jc}——基期单位产品能耗或单位产品能耗限额。

2. 产值节能率

产值节能率按下式计算：

$$\xi_g = \left(\frac{e_{bg} - e_{jg}}{e_{jg}} \right) \times 100\% \qquad (5-10)$$

式中 ξ_g——产值节能率；

e_{bg}——统计报告期单位产值能耗；

e_{jg}——基期单位产值能耗。

3. 累计节能率

累计节能率分为定比节能率和环比节能率。

1）定比节能率

定比节能率按式（5-9）或式（5-10）计算。

2）环比节能率

环比节能率按下式计算：

$$\xi_h = \left(\sqrt[n]{\frac{e_b}{e_j}} - 1\right) \times 100\% \qquad (5-11)$$

式中　ξ_h——环比节能率；

　　　e_b——统计报告期单位产品能耗或单位产值能耗；

　　　e_j——基期单位产品能耗或单位产值能耗；

　　　n——统计期的个数。

5.4.8　能源统计单位与符号

能源统计的单位、符号与换算应符合 GB 2586、GB 3101 的规定。

煤炭企业能源计算单位及小数位数见表 5-6。

表 5-6　煤炭企业能源计算单位及小数位数

名　称	计算单位	保留小数位数	名　称	计算单位	保留小数位数
原煤	t	2	矿井瓦斯	10^4 m³	2
洗精煤	t	2	电力	10^4 kW·h	2
其他洗煤	t	2	其他能源	t	2
焦炭	t	2	原煤产量	10^4 t	2
汽油	t	2	工业总产值	万元	2
煤油	t	2	能耗标准		2
柴油	t	2	折标准煤量	tce	2
焦炉煤气	10^4 m³	2	折标系数		4
煤气化煤气	10^4 m³	2			

注：折标准煤量 = 实物量 × 折标系数。

5.5　能源消费统计数据的搜集与整理

5.5.1　能源消费统计数据的搜集

1. 统计数据搜集的基本要求

统计数据搜集的基本要求是准确、及时、全面、系统地搜集原始资料。

（1）准确性是指统计调查所搜集的资料必须真实、可靠。如实反映情况才能为正确地分析提供客观依据，作出科学的结论。

（2）及时性是指必须在规定的时间内及时提供所需资料。保证资料的及时性才能提高统计资料的使用价值。

（3）全面性也叫完整性，是指统计资料应该包括所调查的全部单位的资料，做到项目齐全、不重复、不遗漏。统计搜集的资料大多数是可以用数字形式表述的，但为了全面而深入地说明社会经济现象和过程，还需要搜集研究一些不能用数字表达的事实和情况，做到数字和情况相结合，有助于正确地搜集和运用统计数字资料，进一步提高统计资料的质量。

（4）系统性是要求搜集的统计资料要有条理，符合逻辑，不杂乱无章，便于整理。系统地搜集资料才能反映事实发展过程中各个方面的特征、趋势和问题，根据系统而细致的资料作出正确的判断。

2. 统计数据的来源

统计数据的来源主要有两种：一是原始资料，二是次级资料。所谓原始资料，一般是指向总体单位搜集的个体特征，有待进一步加以汇总整理才能从个体特征过渡到总体特征的统计资料。在搜集过程中也会涉及次级资料的搜集。次级资料是指对原始资料已经加工整理，在一定程度上可以说明总体特征的统计资料。归根到底，各种次级资料都是原始资料加工整理的成果，因此，统计搜集的基本任务就是取得反映有关总体情况的原始资料，通过统计搜集初步接触实际情况，并直接占有原始资料。这既是统计研究的开端，又是统计整理和统计分析的前提。因此，统计搜集是统计工作的基础，搜集工作的质量在很大程度上决定整个统计工作的质量。

3. 统计数据搜集方法

（1）直接观察法。直接观察法是由调查人员在现场对调查对象进行直接观察、计数、测量，以取得资料的一种调查方法。这种方法取得的资料比较真实可靠，但需要花费大量的人力、物力和时间。另外，对于历史资料的搜集无法直接进行观察和计量。因此，还要利用报告法和采访法。

（2）报告法。报告法是以各种原始记录和核算资料为基础，由调查单位按照有关规定和隶属关系逐级向上提供统计资料的方法。我国目前各企事业单位填报的统计报表就是采用这种方法逐级上报的。如果原始记录和核算工作健全。各个企业和单位能遵守统计制度和法规，采用这种方法可以保证取得可靠的资料。

（3）采访法。采访法是根据调查项目由被调查者答复来搜集调查资料的方法。它又可以分为个别询问法、开调查会法和自填法。

① 个别询问法又称派员法，即在调查过程中，由调查人员对被调查者逐项询问及时纠正资料的差错，同时调查人员对调查项目有统一的理解，因此，可以保证调查资料的准确性和一致性，但需要花费大量的人力和时间。

② 开调查会法就是邀请熟悉情况的人员座谈，调查者和被调查者共同商讨、相互核对、深入了解实际情况，取得较为可靠的资料。

③ 自填法就是调查机构把调查表分发给被调查者，要求填好后送还。这种方法可以节省人力和时间，但调查资料的质量与被调查者的政治觉悟和文化水平有关，常因对调查的问题及其要求的理解不一致而受到影响。如果调查的问题不复杂，对调查结果并不要求过于精确而被调查者为数不多时，则在一定的条件下，自填法可以作为一种辅助的调查方法。

（4）问卷法。问卷法即根据统计研究目的的需要，将所需要的材料归纳为具体的问题，制成表格形式发给被访问者，由被访问者填写问题的答案的一种调查方法。问卷法的关键是如何设计调查表或问卷。设计问卷必须解决两个问题：一是被调查内容设计必须有标准明确的答案，二是被访问者乐于回答。但问卷法获得的资料的可靠程度较低，问卷的回收率较差。

（5）实验法。实验法是指通过科学实验获取统计数据的方法。统计研究的目的在于通过获取统计数据，进行研究，分析现象的规律，为决策和管理服务。但在客观事物中，有些问题必须在事情全部发生之前得出规律性的认识。用实验法搜集统计数据最关键的是对实验方案进行科学设计，要考虑到所有因素的差别和对实验结果的影响，还要受到技术水平和管理水平的影响。

（6）网上调查法。网上调查法是指运用计算机和网络技术搜集统计资料的方法。Internet是一个优秀的统计调查工具，调查活动发起者只要在网上发出调查信息和问卷就可以在全国乃至世界范围内得到访问者的反馈信息。调查者可以及时进行统计分析和决策。目前网上调查法大致可以分为以下几种：运用专门的统计调查软件搜索统计数据，如网上直报系统、网上调查问卷等；电子邮件；网上互动。使用网上调查法具有方便、快捷、信息量大及成本低的特点，但需要注意的是资料的准确性和可靠程度。

上述的网上调查方法中，只有网上直报法及由上级要求用电子邮件上报的数据是严格建立在基层单位的原始资料基础之上的，数据是非常可靠的。对其他方法获得的数据的可靠程度要进行分析。

5.5.2 企业能源消费统计数据整理

企业能源消费统计数据整理是根据统计研究的目的和任务对统计搜集获得的大量原始资料进行科学加工使之系统化、条理化，从而得到能够反映事物总体特征的资料，为统计分析做好准备的工作过程。

统计数据整理从不同的角度可以有广义和狭义两种不同的理解。广义上说，统计数据整理包括两层含义：一是对统计搜集所搜集的原始资料进行加工整理；二是对第二手资料的整理。狭义的统计数据的整理仅包括第一层含义。而本书的统计数据整理是狭义的统计数据的整理。

统计整理是统计工作的第二个阶段。统计搜集阶段已经搜集并占有了大量原始统计资料。这些统计资料是个别的、散乱的、不系统的，因而不能反映事物的全貌和总体特征。只有对这些数据进行加工整理才能更深刻地说明事物的本质，揭示事物发展的规律。

1. 统计数据整理的内容

统计数据整理是根据统计研究的目的，对统计调查所得的统计资料进行科学的分类、汇总，使其条理化、系统化的工作阶段，是实现从个别单位的标志表现向总体数量特征过渡的必要阶段，简称统计整理。在整个统计整理过程中既有理论性问题，又有综合汇总的技术问题，是一项细致的工作，需要有组织、有计划地实施。

（1）设计和制定统计整理方案。统计整理方案是指导整个统计整理工作的基本文件，具体表现为一系列空白综合表格。方案中要明确规定各种统计分组方法及指标的设置，所选定的统计分组与统计指标必须是最基本的、最能说明问题本质特征的。很显然，整理方案与调查方案是密切相关的，整理方案中的指标体系与调查方案中的调查项目应该一致，或是其中的一部分，不能超越调查项目的范围或与其相脱节。

科学合理地制定整理方案是保证统计整理有计划、有组织进行的首要步骤。统计整理方案应该紧紧围绕统计研究的目的进行。统计整理方案具体内容包括：统计整理的组织形式、确定分组和分类目录、选定统计资料审核方法、制定汇总的流程、确定整理结果的表现形式及统计资料的管理与积累等内容。

（2）对统计数据的审核。在对原始资料进行分类汇总之前，必须对它进行审查核对，这样才能保证统计整理以及统计分析建立在可靠的基础之上。对统计数据的审核主要是对其准确性、及时性、完整性的检查。审核及时性主要是检查统计调查的时间是否符合规定，包括调查期限、报送时间等方面。审核完整性主要是对调查单位、项目的检查，看其是否有遗漏现象。

（3）分组和汇总。按照一定的组织形式和方法对原始资料进行统计分组和汇总，是统计整理阶段工作中的中心环节。分组就是将统计资料按某种标志分类；汇总就是在分组基础上计算出各组的单位和合计总数，同时计算出各组指标和总体的综合指标。

（4）统计数据的表现——统计图表。统计整理后的统计资料包括两方面的内容，即数据资料和相关的文字资料。统计数据的条理化、科学化、规范化必须通过一定的形式表现出来，让人一目了然。统计数据的表现可以采用多种形式灵活运用，其中最主要的是统计图表。统计表和统计图是显示统计数据最有效的工具。

（5）数据的积累和保管。从长期和历史的角度看，长期积累的统计资料就形成了历史资料。统计数据整理应包括对数据的积累和保管，有利于历史资料的形成，便于统计资料的横向和纵向比较。

2. 统计数据整理的方法

统计数据整理是统计搜集的继续，也是统计分析的前提，统计数据整理在整个统计工作中起着承上启下的作用，统计数据整理方法的正确与否将直接影响到客观情况描述的准确性及其分析的可靠性。统计数据整理的方法有归纳法、演绎法和预防法。

（1）归纳法。归纳法可应用直方图、分组法、层别法及统计解析法。

（2）演绎法。演绎法可应用要因分析图、散布图及相关回归分析。

（3）预防法。预防法通称管制图法，包括 Pn 管制图、P 管制图、C 管制图、U 管制图、X – Rs 管制图等。

3. 煤炭企业能源统计数据的体现——统计图表

统计整理的结果一般以统计表和统计图的形式展现出来。

为了使统计表能正确地反映社会经济现象和过程，充分发挥说明问题和分析问题的作用，在制表时应注意：内容力求简明扼要；标题（总标题）能概括统计表的基本内容，并表达出资料所属的地区和时间；表中的各项、各栏，一般先列各个项目，后列总计，但当没有必要突出所有项目时，就要先列总计，后列其中一部分的重要分组；如果统计表的栏数较多，通常要加以编号。主栏和计量单位各栏用甲、乙、丙等文字标明。宾栏用（1）（2）（3）等数字编号；表中数字应填写整齐，对准位数。统计表的数字部分不应留下空白；统计表必须注明数字资料的计量单位；统计表的格式为"开口"式，纵栏必须逐栏划分，横行可划可不划；必要时，统计表应加以说明或注解和注明资料的来源，如某些资料有特殊的计算口径，某些资料只包括一部分地区，某些数字是由估算来插补等。

统计图是指用来描述、展示经过整理的统计资料的各类图形。统计图主要包括线图、条形图、圆形图和环形图。

（1）线图是在平面坐标上用折线表现数量变化特征和规律的统计图。主要用于显示时间数列数据，以反映事物发展变化的规律和趋势。

（2）条形图是用宽度相同的条形的高度或长短来表示数据变动的图形。

（3）圆形图也称为饼图，它是用圆形及圆内扇形的面积来表示数值大小的图形。主要用于表示总体中各组成部分所占的比例。圆形图对于研究结构性问题十分有用。

（4）环形图是用中空的圆环的面积来表示数值大小的图形。它可以同时绘制多个数据系列，每个数据系列为一个环，便于比较研究。

5.6　能源消费统计报表

企业的统计数据主要通过统计报表的形式显示，为保证填表质量，做到数据可靠，概念明确，避免重计、漏计，要求各单位必须按统一规定的报表格式、统计口径、折算系数、计算方法进行填报。

为适应节能管理需要，按照报送渠道和要求不同，煤炭企业能源消费统计报表分为：报送政府统计主管部门，报送节能工作主管部门，报送行业协会以及报送企业内部四类。根据企业能源消费统计实际，煤炭行业能源消费统计报表定期进行一定的修订完善。2012年，按照国家统计局统计报表制度规定和国务院有关部委对直管行业协会统计工作的要求，在征求各省（市、自治区）煤炭管理机构、煤炭企业和有关部门意见的基础上，结合煤炭工业改革发展的实际需要，按照统计数据的准确性、科学性、时效性要求和精简、效能原则，中国煤炭工业协会组织对原《煤炭工业统计报表制度》进行了修订。2013年3月，国家统计局以《关于批准执行煤炭工业统计报表制度的函》（国统制〔2013〕28号），批准执行《煤炭工业统计报表制度（2013—2014）》。其中包括原煤生产能源消费情况、其他工业生产能源消费情况等报表。

5.7　能源消费统计分析

能源消费统计分析是在拥有大量的能源消费统计资料和深入实际调查研究的基础上，运用统计分析的基本原则和方法，对能源系统流程运动的内在联系及其发展变化规律、能源综合平衡状况、能源资料构成和能源消费构成、能源流转、能源加工深度、能源储存、能源经济效益、能源综合利用以及与国民经济发展的依存关系等方面，进行分析、研究、判断和推理，找出新情况、新问题并提出切实可行的建议。

5.7.1　能源使用效率分析

煤炭企业能源使用效率分析是指分析和评价企业或设备利用能源的技术水平和经济效果，通常是计算设备热效率、企业（或车间）能源利用率、能源转换率、热能回收率、吨标准煤产值（或产量）等指标。能源利用和能耗统计实际上是反映一个事物的两个方面，从不同角度分析问题，挖掘潜力，发挥能源使用的经济效益。

5.7.2　工序能耗分析

工序能耗是能源管理工作的基础，是实现节能管理工作科学化的重要组成部分，也是衡量能耗设备运行状况，考核企业是否真正节能的重要尺度。煤炭企业应该在不断提高企业管理水平的基础上，推动煤炭企业开展节能工作，推行工序能耗管理，落实工序能耗管理的措施，才能降低能源成本，才能达到真正的节能目的。

煤炭企业工序能耗指煤炭生产整个过程中某个区间、某个部位在一定时间内所消耗的能源量与其工作量的比值，即单位工作量的能耗量。

工作量包含产出物的数量、压力或距离等。如吨·百米排水能耗，立方米·兆帕空压风耗能等。

1. 工序能耗计算

工序能耗计算公式为

$$统计期内工序能耗 = \frac{统计期内所消耗的能源}{统计期内工作量}$$

1) 主要通风机工序能耗

主要通风机工序能耗指煤矿在用的主通风机排出（或压入）1 Mm³ 风量，压力升高 1 Pa 时，机组实际消耗的电能。

单台主要通风机工序能耗计算公式为

$$E_f = \frac{W}{QP} \times 10^6$$

式中　E_f——统计期内单台主要通风机工序能耗，kW·h/(Mm³·Pa)；

W——统计期内单台主要通风机工序耗电量，kW·h；

Q——统计期内单台主要通风机工序抽出（压入）的风量，m³；

P——统计期内单台主要通风机工序平均全压，Pa。

煤矿主要通风机工序能耗等级划分见表 5-7。

表 5-7　煤矿主要通风机工序能耗等级划分

等　级		一　等	二　等	三　等
工序能耗值/ (kW·h·Mm⁻³·Pa⁻¹)	轴流式	≤0.360	0.361~0.400	0.401~0.550
	离心式	≤0.360	0.361~0.380	0.381~0.520

2) 主排水泵工序能耗

主排水泵工序能耗指煤矿在用的主排水装置把 1 t 矿井水的位置提高 100 m 需要消耗的电能。主排水泵工序能耗等级指标划分见表 5-8。

单台泵运行系统主排水泵工序能耗计算公式为

$$E_s = \frac{W \times 10^2}{QH_c} \frac{1}{\gamma}$$

式中　E_s——主排水泵工序能耗，kW·h/(t·hm)；

W——统计期内主排水泵耗电量，kW·h；

Q——统计期内主排水泵排水量，t；

H_c——排水垂高，m；

γ——斜井排水修正系数，γ 值见表 5-9，对立井 $\gamma=1$。

表 5-8　主排水泵工序能耗等级指标划分

等　级	一　等	二　等	三　等
工序能耗值/(kW·h·t⁻¹·hm⁻¹)	≤0.401	0.402~0.441	0.442~0.500

表5-9 斜井排水修正系数γ值

α/(°)	H_c/m					
	100	200	300	400	500	600
10	1.18	1.25	1.29	1.32	1.34	1.35
15	1.11	1.15	1.18	1.19	1.21	1.21
20	1.07	1.10	1.12	1.13	1.14	1.14
25	1.05	1.07	1.08	1.09	1.10	1.10
30	1.04	1.05	1.06	1.07	1.07	1.07
35	1.03	1.04	1.05	1.05	1.07	1.07
40	1.02	1.03	1.03	1.04	1.05	1.05
45	1.02	1.02	1.03	1.03	1.03	1.03
50	1.01	1.02	1.02	1.02	1.02	1.02
55	1.01	1.01	1.01	1.01	1.02	1.02
60	1.00	1.01	1.01	1.01	1.01	1.01

3）空气压缩机工序能耗

空气压缩机工序能耗指在统计期内每压缩1 m³公称排气量，其压力升高1 MPa所消耗的电能。

空压机工序能耗计算公式为

$$E_k = \frac{2.398W}{\ln(10P_g)Q}$$

式中　E_k——工序能耗，kW·h/(m³·MPa)；

W——统计期内空压机耗电量，kW·h；

Q——统计期内空压机公称排气量，m³；

P_g——压缩空气状态下出口处的平均绝对压力，MPa。

由压缩空气计量仪表统计值折算成吸气状态下的排气量（即公称排气量），计算公式如下：

$$\sum Q = \frac{T_x P_g}{T_g P_x} \sum Q_g$$

式中　$\sum Q_g$——压缩空气计量仪表统计排气量，m³；

T_x、T_g——吸、排气温度，K；

P_x、P_g——吸、排气压力，MPa。

空压机工序能耗等级指标划分见表5-10。

表5-10 空压机工序能耗等级指标划分

等　级	一　等	二　等	三　等
工序能耗值/(kW·h·Mm⁻³·Pa⁻¹)	≤0.107	0.108~0.114	0.115~0.130

4）主提升机输送带工序能耗

主提升机输送带工序能耗指煤矿在用的主提升机输送带将1 t煤提高到100 m（可比

高度）时所消耗的电能。

主提升机输送带工序能耗计算公式为

$$E_p = \frac{W \times 10^2}{Q(H + K_d L)}$$

式中　E_p——主提升机输送带工序能耗，kW·h/(t·hm)；
　　　W——主提升机输送带耗电量，kW·h；
　　　Q——主提升机输送带输送煤量，t；
　　　H——输送带输送物料垂直移量，m；
　　　K_d——折标系数；
　　　L——物料输送水平移量，m。

主提升机输送带工序能耗统计计算公式为

$$E_p = \frac{W \times 10^2}{Q(H + H_d) - \sum_{t=1}^{m} Q_t(H_t + H_{dt})}$$

式中　E_p——统计期内主提升机输送带工序能耗，kW·h/(t·hm)；
　　　W——统计期内主提升机输送带耗电量，kW·h；
　　　Q——统计期内主提升机输送带输送煤量，t；
　　　Q_t——统计期内第 t 个上煤点装煤量，t；
　　　H——输送带输送物料垂直位移量，m；
　　　H_t——第 t 个上煤点与基准点间的垂直位移量，m；
　　　H_d——输送带输送物料当量垂直位移量，m；
　　　H_{dt}——第 t 个上煤点与基准点间的当量垂直位移量，m；
　　　m——上煤点总数。

主提升机输送带工序能耗等级指标划分见表 5-11。

表 5-11　主提升机输送带工序能耗等级指标划分

等　　　级		一　等	二　等	三　等
工序能耗值/ (kW·h·t^{-1}·hm^{-1})	普通输送带	0.273~0.363	0.364~0.411	0.412~0.496
	钢绳牵引输送带	0.273~0.363	0.364~0.404	0.405~0.472
	钢绳芯输送带	0.273~0.363	0.364~0.406	0.407~0.477

5) 主提升机工序能耗

主提升机工序能耗指煤矿在用的主、副井提升机（绞车）提升 1 t 煤炭，垂直升高 100 m 所消耗的电能。

主提升机房工序能耗计算公式为

$$E_t = \frac{W \times 10^2}{QH}$$

式中　E_t——主提升机房工序能耗，kW·h/(t·hm)；
　　　W——统计期内主提升机房电量消耗，kW·h；

Q——统计期内提升煤炭数量，t；

H——有效提升高度，m。

由于立井有效提升高度对 E_t 的影响，将实际状态下的工序能耗值由换算系数换算到统一基准，则立井工序能耗计算公式为

$$E_t = \frac{W \times 10^2}{QH} K$$

式中　　E_t——主提升机房工序能耗，kW·h/(t·hm)；

W——统计期内主提升机房电量消耗，kW·h；

Q——统计期内提升煤炭数量，t；

H——矿井提升有效高度，m；

K——主提升有效高度换算系数，由表 5-12 中各计算式计算。

表 5-12　主提升机有效高度换算系数 K 计算式

提升高度/m	K	提升高度/m	K
$H \geqslant 800$	1	$300 \leqslant H < 400$	$0.895 + 2.5H \times 10^{-4}$
$700 \leqslant H < 800$	$0.952 + 0.6H \times 10^{-4}$	$200 \leqslant H < 300$	$0.796 + 4.6H \times 10^{-4}$
$600 \leqslant H < 700$	$0.938 + 0.8H \times 10^{-4}$	$100 \leqslant H < 200$	$0.656 + 1.2H \times 10^{-3}$
$500 \leqslant H < 600$	$0.920 + 1.1H \times 10^{-4}$	$50 \leqslant H < 100$	$0.452 + 3.2H \times 10^{-3}$
$400 \leqslant H < 500$	$0.895 + 1.6H \times 10^{-4}$		

立井主提升机房工序能耗等级指标划分见表 5-13。

表 5-13　立井主提升机房工序能耗等级指标划分

等　级	一　等	二　等	三　等
工序能耗值/(kW·h·t^{-1}·hm^{-1})	≤0.453	0.454~0.496	0.497~0.560

6）斜井提升工序能耗

斜井提升工序能耗计算公式为

$$E_t = \frac{K_1 \cdot K_2 W \cdot 10^2}{QH\left(1 + 0.02\cot\alpha + 0.03 \dfrac{m_o}{M}\cot\alpha\right)}$$

式中　　W——统计期内提升机房消耗电量，kW·h；

Q——统计期内提升煤炭数量，t；

H——斜井提升垂直高度，m；

α——斜井倾角，(°)；

m_o——钢丝绳质量，t；

M——平均每钩装煤重，t；

K_1——能耗值从实际角度换算成 25°的换算系数；

K_2——斜井提升长度换算系数。

角度换算系数（K_1）是将实际角度时的能耗值换算成倾角为 25°时的能耗值。K_1 值

按表5-14中相应的算式计算。

斜井长度换算系数（K_2）是将不同长度的斜井提升能耗换算到同一基准，K_2值按表5-15中相应的算式计算。

表5-14 角度换算系数K_1计算式

倾角 α/(°)	K_1	倾角 α/(°)	K_1
10≤α<15	0.019α + 0.619	25<α≤30	0.0058α + 0.855
15≤α<20	0.0114α + 0.619	30<α≤35	0.0044α + 0.897
20≤α<25	0.0078α + 0.805	35<α≤40	0.0036α + 0.925
α=25°	1	40<α≤45	0.0056α + 0.845

表5-15 斜井长度换算系数K_2计算式

斜井长度 L/m	K_2	斜井长度 L/m	K_2
L≥950	1	230≤L<470	0.856 + 2.07L×10^{-4}
700≤L<950	0.972 + 0.296L×10^{-4}	120≤L<230	0.751 + 6.47L×10^{-4}
470≤L<700	0.876 + 1.65L×10^{-4}		

斜井主提升机房工序能耗等级指标划分见表5-16。

表5-16 斜井主提升机房工序能耗等级指标划分

等 级	一 等	二 等	三 等
工序能耗值/(kW·h·t^{-1}·hm^{-1})	≤0.509	0.510~0.584	0.585~0.697

7) 锅炉房工序能耗

吨标汽的工序能耗计算公式为

$$E_g = \frac{mB_m + B_d + B_s}{n_1 n_2 (D_b + D_g + D_r)}$$

式中 B_m、B_d、B_s——燃料、耗电、耗水等折算为标准煤的值；

D_b、D_g、D_r——饱和蒸汽、过热蒸汽、热水热量折算成标汽量的值；

m、n_1、n_2——燃料、采暖、负荷修正系数。

锅炉房按每吨标准蒸汽的工序能耗指标分为特等、一等、二等、三等4个等级。工序能耗指标达不到三等指标的属于等外。锅炉房工序能耗等级指标划分见表5-17。

表5-17 锅炉房工序能耗等级指标划分

单炉额定容量 D_o/ (t标汽·h^{-1})	工序能耗指标 E_g/(kg标煤·t标汽$^{-1}$)			
	特 等	一 等	二 等	三 等
1~2	≤128	>128~137	>137~149	>149~162
>2~4	≤124	>124~132	>132~142	>142~152
>4~10	≤119	>119~125	>125~133	>133~141
>10	≤117	>117~120	>120~126	>126~132

如果锅炉房所安装的锅炉容量不属同一档次时（即不是同一定额容量），需要按各档次所产标汽量用加权平均法计算出跨档工序能耗指标作为考核标准。

跨档工序能耗指标计算公式为

$$[E_g] = \frac{\sum (E_g D)}{\sum D}$$

式中　$\sum (E_g D)$——锅炉房各档次锅炉产吨标汽量与相应工序能耗指标的乘积之和；

　　　$\sum D$——锅炉房各档次锅炉产吨标汽量之和。

2. 工序能耗分析方法

利用前面的工序能耗计算方法分别计算报告期各工序能耗情况，然后对照基期的工序能耗进行分析：

（1）工序能耗绝对变化情况分析：

$$\Delta E_i = E_{ji} - E_{bi}$$

式中　ΔE_i——某工序能耗绝对变化量；

　　　E_{ji}——基期（对比期）工序能耗；

　　　E_{bi}——报告期（分析期）工序能耗。

如果该数据大于零，表示该工序能耗下降，等于零表示该工序能耗不变，小于零，表示该工序能耗上升。无论出现哪种情况，都要对照原始材料，分析变化的原因，为采取措施提供依据。

（2）工序能耗相对变化分析：

$$r_i = \frac{E_{ji} - E_{bi}}{E_{ji}} \times 100\%$$

式中　r_i——某工序能耗相对变化率，其他符号同上。

5.7.3 能源利用分析

能源消费量分析是指能源消费总量的变化分析，首先要分析能源消费总量的变化，然后分析各个因素影响。

1. 能源消费总量变化分析

能源消费总量变化分析主要是分析报告期（分析期）与基期（对比期）能源变化情况，分为绝对变化与相对变化。

（1）绝对变化分析：

$$\Delta Q = Q_j - Q_b$$

式中　ΔQ——能源消费变化量；

　　　Q_j——基期（对比期）能源消费量；

　　　Q_b——报告期（分析期）能源消费量。

如果该数据小于零，表示能耗量增加，需都要对照原始材料，分析变化的原因，为采取措施提供依据。

（2）相对变化分析：

$$R = \frac{Q_j - Q_b}{Q_j} \times 100\%$$

式中　R——能源消费总量相对变化率，其他符号同上。

2. 能源消费量变动指数分析

能源消费量变化的影响因素是多方面的，要分清各个因素所起的作用、影响程度，需要利用指数分析法进行分析，具体如下：

假设能源耗费量为 Q，原煤产量为 G，原煤综合能耗为 e，原煤耗费量计算模型为

$$Q = G \times e$$

从该模型中可以看出，原煤生产能源消费量的变化受产量与单位能耗两方面因素影响，因此，需要分析产量变化引起能耗量的变化量与单位能耗变化引起能耗量的变化量各为多少。

（1）单位能耗变化引起能耗量的变化量：

$$\Delta Q_d = G_0 \times e_1 - G_0 \times e_0$$

（2）产量变化引起能耗量的变化量：

$$\Delta Q_i = G_1 \times e_1 - G_0 \times e_1$$

（3）平衡分析：

$$\Delta Q = \Delta Q_d + \Delta Q_i = G_1 \times e_1 - G_0 \times e_0$$

式中　　ΔQ——能耗量的变化量；

　　　　ΔQ_d——单位能耗变化而引起能耗量的变化量；

　　　　ΔQ_i——产量变化而引起能耗量的变化量；

　　　　G_0、G_1——分别表示变化前后的产量；

　　　　e_0、e_1——分别表示变化前后的单位能耗。

3. 能源结构分析

首先将不同种类能源换算成等值能量（或折成标煤、标油）；假设某单位利用能源种类为 n，某种能源利用量为 G_i，折标煤系数为 K_i，折算标煤量为 G_{Bi}，那么，该能源折标煤计算模型为

$$G_{Bi} = G_i \times K_i$$

其次，计算各种能源所占比例，假设该能源所占比例为 R_{ri}，其计算模型为

$$R_{ri} = \frac{G_{Bi}}{\sum_{i=1}^{n} G_{Bi}}$$

其三，分析各种能源比例绝对变化量或相对变化量，假设基期、报告期某种能源比例分别为 R_{ri0}、R_{ri1}，那么，该能源所占比例绝对变化量为

$$\Delta R_{ri} = R_{ri1} - R_{ri0}$$

其相对变化量为

$$r_{ri} = \frac{R_{ri1} - R_{ri0}}{R_{ri0}} \times 100\%$$

其四，分析能源结构变化的原因。具体分析原理与工序能耗变化分析相同。对于能源结构的变化要分析原因，并进行评价。

4. 能耗限额分析

能耗限额分析就是分析实际能耗与限额能耗的关系。具体分析如下：假设某工序限额

能耗为 E_x，实际能耗为 E_s，限额能耗与实际能耗的差额为

$$\Delta E = E_x - E_s$$

当该值大于零表示低于限额，等于零为与限额持平，小于零为高于限额。对于限额能耗分析同样可以采用相对分析法，原理与工序能耗分析方法相同；对能耗总量限额分析也是采用此法进行。

5.7.4 煤炭企业能耗定额完成情况分析

1. 能耗定额概念

能耗定额是指企业在一定的生产技术和生产组织条件下，为生产一定数量的产品或完成一定量的作业，所规定的能源消耗的数量标准。根据能耗构成以及能耗定额用途的不同，能耗定额可分为以下 3 种：工艺耗能定额、生产耗能定额、能源供应定额。除此以外，还可从其他角度，确定各种不同形式和内容的能耗定额。能耗定额名目繁多，内容各异，可根据工艺、生产和管理的具体要求，适当分类和选用。

能耗定额管理的主要内容是：建立能耗定额体系和定额管理组织体系；制定和修订能耗定额；采取有效的技术组织措施，保证定额的实现；考核和分析定额完成情况，总结经验，提出改进措施。能耗定额的制定、贯彻执行和考核分析是能耗定额管理的 3 个基本环节。

2. 能耗定额制定方法

能耗定额制定方法有技术计算法、统计分析法、经验估计法和实际测定法。

1）技术计算法

技术计算法是根据产品设计、工艺过程、管理水平等各方面因素，通过精确计算，并考虑已达到的先进单耗指标水平和采用节能技术措施等因素后制定定额的一种方法，一般计算公式如下：

$$H = \frac{Q_{数} + \sum q_i}{n \times 2930} \qquad (5-12)$$

式中　　H——生产某产品所需标准燃料（标准煤）的消耗定额，kg/g；

$Q_{数}$——设计规定生产该批产品的有效消耗热量，kJ；

$\sum q_i$——设计规定在生产该批产品的各环节不可避免的热量损失之和，kJ；

n——该批产品的数量。

技术计算法是按照设备或工序的技术资料，结合所使用能源的发热量，计算出单位产品对某种能源的理论需要量，最后折算成标准燃料的消耗定额。

2）统计分析法

统计分析法是根据历年来能源实际单位消耗量的统计数据，并在对今后影响消耗定额的变化因素进行分析的基础上，确定能耗定额。采用这种方法需要有详细而可靠的统计资料。用统计分析法制定能耗定额的步骤如下：

(1) 将该产品所用的不同能源分别列表进行统计分析。

(2) 对于一种能耗定额的确定，应准备好以下资料并进行计算：①近几年来的技术经济指标（包括产品品种、产量、产值等）实际统计数字；②报告年度及计划年度的生产计划；③近几年来各种能源实耗量；④计划年度的节能技术措施项目。

将以上资料按下列公式进行计算：

$$H_{标} = \frac{Q_{实} Q_{自}}{29310 G_{实}} K_1 K_2 K_3 K_4 \tag{5-13}$$

式中　$H_{标}$——某产品标准燃料消耗定额；

　　　$Q_{实}$——某一时期内某种产品所用能源实耗量；

　　　$Q_{自}$——该自然能源的发热量；

　　　$G_{实}$——该时期内某种产品的实际产量；

　　　K_1——因设备改造而确定的定额修正系数；

　　　K_2——因工艺改进而确定的定额修正系数；

　　　K_3——因提高操作水平而确定的定额修正系数；

　　　K_4——因其他节能措施而确定的定额修正系数。

在使用统计分析法确定能耗定额时，应注意原始记录的准确性，尽可能使用生产时间较长、批量较大的产品的统计资料，对其浪费因素应加以排除。这种方法多用于计量手段有困难的单位。

统计分析常用方法有算数平均法和几何平均法，具体方法有：简单平均法、加权平均法、移动平均法、指数平滑法、线性回归法等。

3）经验估计法

经验估计法是根据生产工人和技术人员亲身的生产技术经验，并参考有关的技术文件以及企业生产技术条件变化等因素制定能耗定额的方法。这种方法简单易行，但科学性较差，通常在没有必要的技术资料时或制定耗能量不大的个别品种的能耗定额时采取这种方法。

4）实际测定法（测定分析法）

实际测定法是根据现场能耗的条件，用实际计算方法，对能耗进行测定来确定能耗定额。实际测定法也可通过对现有设备（工序）进行热平衡测试，计算出该工序或设备的某种能源的实耗数量，再结合设备改造、改进操作和其他节能措施的实施，最后确定该设备（工序）的能耗定额。

5）原煤生产能耗定额制定具体方法

煤炭生产的工序能耗定额，如排水、通风等直接利用相关方法计算就行。原煤生产能耗定额具有耗费能源种类多、涉及领域多、影响因素复杂、环节复杂、地点变动等特点，因此，原煤生产能耗定额的制定比较复杂，除采用前面提到的方法外，可以采用下面的方法进行。

（1）工序能耗汇总法。首先利用统计分析、技术测定等方法，制定出某工序耗费某种能源的定额，用 H_{ij} 表示。煤炭生产通常分为基本生产能耗、辅助生产能耗、服务生产能耗；井工矿工序能耗包括通风、压气、排水、运输、提升、掘进、回采、矿井水处理等，条件更复杂的矿还包括瓦斯抽放、降温、防火等，因此对工序能耗划分要根据具体条件进行确定。露天矿也要根据具体条件进行确定。其二，折算为标准能耗定额（热值、标煤、标油等），$H_{ijb} = H_{ij} \times K_i$；$K_i$ 表示某种能源折算系数。其三，换算成工序能耗定额，$H_i = \sum_{j=1}^{m} H_{ijb}$，式中 m 表示该工序耗费的能源种类数。其四，计算某工序活动的原煤均量，利用统计分析、技术测定、经验估计等方法进行，比如吨煤排水量，$D_{si} = \dfrac{\sum\limits_{i=1}^{t} \dfrac{S_i}{G_i}}{t}$，式中，$t$ 代表年限；G_i 代表第 i 年的原煤产量，S_i 代表第 i 年排水量，通风、提升、运输、掘进等计算原理相同。该项指标最好利用技术测定法测定当期吨煤均量。其五，利用相关方法计算回采原煤能耗，用 H_h 表示。其六，计算原煤能耗定额，$H_y = \sum\limits_{i=1}^{s}(H_i \times D_{si}) + H_h$。$s$ 表示所考虑的工序或与原煤生产有直接关系的耗费能源环节数。

（2）利用耗能量制定。首先，计算历年耗费能源折标煤、标油或电力数量。其二，计算历年生产原煤实际能耗量，$H_{yi} = \dfrac{\sum\limits_{i=1}^{m} Q_{bi}}{G_t}$，式中 m 代表能源种类，Q_{bi} 代表第 t 年耗费的第 i 种能源的折标量。其三，利用统计分析法制定原煤能耗定额，比如利用移动平均法制定定额，$H_y = \dfrac{\sum\limits_{i=1}^{m} H_{yi}}{m}$，式中 m 表示移动期数，其他方法相同。

（3）直接利用实际完成定额进行制定。就是在已知实际完成定额的条件下，利用统计分析法进行制定。

3. 能耗标准制定

1）能耗标准确定原则

为了促使企业更好地使用和节约能源，促进生产不断发展，制定的能耗定额必须具有先进性和合理性的特点。定额的先进性是指在满足工艺需求的前提下，充分考虑所能实现的各项节能措施（包括技术措施和管理措施）所达到的效果，要求所制定的定额要比已达到的实际水平先进，不能简单地按企业上年度计划消耗和实际消耗相加平均计算。定额的合理性，是指定额必须是切实可行的、有科学依据的，是大多数企业经过努力可以达到的。因此，企业应参照本企业能耗的历史最高水平和现行的生产工艺状况按产品（或主要原料投料量、产值、炉、厂）核定能源消耗定额。凡已达到历史最高水平或同行业平均先进水平的，要求巩固提高。有重大节能措施项目的，要根据投产后的节能效益，合理修订定额。以产值核定定额的，要根据产品结构变化情况修订定额。核定燃料消耗定额时还应考虑企业在不同季节中的产量比重、生产条件、供应燃料的平均质量和合理运输、保管损耗等。

能耗定额的制定，应该包括"定质"与"定量"两个方面。定质是确定所需能源的品种、规格和质量要求；定量是确定能耗的所需的数量。

制定能耗定额必须贯彻勤俭节约的方针，反对浪费，促使企业更好地合理使用能源和节约能源，促进生产不断发展。企业燃料消耗定额原则上每年应按实际达到的新水平修订一次。

能耗定额制定时应遵循节约、实事求是、平均先进和综合效益的原则。

（1）节约原则。制定定额，必须认真贯彻节约的原则，要提倡精打细算，反对粗打毛估。要充分考虑工艺改革、设备改造和采用节省能源的新工艺、新技术、新设备和新材料的使用等因素。还要不断总结降低能耗的经验，分析超耗原因，采取有效措施，使定额达到先进水平。

(2) 实事求是原则。制定科学的能耗定额必须采取实事求是的态度,消耗定额定高了,轻而易举地就可以完成,不能激发生产人员的积极性和创造性,也就是对能源的浪费。定额定低了,多数人经过努力也完不成,将会挫伤广大生产人员的积极性,同时,也会影响生产任务的顺利完成,能耗定额也就失去了保证优质、高产的作用。所以,在制定定额的过程中,要始终坚持实事求是的原则,力求定额标准先进合理。

(3) 平均先进原则。为了节约能源,促进生产的发展,充分发挥企业职工生产的积极性,必须在制定消耗定额时,贯彻平均先进的原则。所谓平均先进定额,是找一个介于先进和一般之间的一种消耗水平,这种定额标准是向先进看齐的,又是大多数单位或个人经过努力能达到的。它要求先进水平更加先进,平均先进水平的达到先进,低于平均先进水平的赶上平均先进和先进的定额水平。平均先进定额就是根据现实消耗的原始记录,经过整理计算,再结合各种影响因素的变化,经过分析,最后加以制定的。

(4) 综合效益原则。所谓综合效益的原则,就是优质、高产、低消耗、改善环保等统一的原则。一般来说,低耗与优质、高产之间既是统一的,又是矛盾的。能耗定额的制定工作,必须进行综合分析,正确处理各种矛盾,使之向着有利的方面转化,从而达到优质、高产、低耗、改善环保四者统一的目的。要从全面加强企业管理,全面完成国家所要求的各项技术经济指标和经济核算的原则出发,而不能只片面地强调降低能耗。

2) 能耗标准确定的方法

正确制定能耗定额必须保证定额标准的先进、合理,只有使定额标准保持先进、合理,才能不断提高能源利用水平和企业的经济效益。计算平均先进定额标准可参考以下几种计算方法:

(1) 比例法,其计算公式为

$$M = \frac{a + 4m + b}{6}$$

式中　M——平均先进能耗定额;
　　　a——先进面上平均能耗;
　　　b——保守面上平均能耗;
　　　m——总体面上平均能耗。

(2) 三面统筹法,其计算公式为

$$M = 0.3a + 0.5m + 0.2b$$

式中　M——平均先进能耗定额;
　　　a——先进面上平均能耗;
　　　b——保守面上平均能耗;
　　　m——总体面上平均能耗。

(3) 跃进法,其计算公式为

$$M = \frac{m + n}{2}$$

式中　M——平均先进能耗定额;
　　　m——总体面上平均能耗;

n——比平均值先进的平均能耗。

在机械化自动化程度较高,定额完成情况的差距不大的企业或车间,也可采用另一个计算公式,即

$$M = \frac{m + e}{2}$$

式中　M——平均先进能耗定额;

　　　m——总体面上平均能耗;

　　　e——总体面上的最优值。

3) 能耗标准确定的依据

为了考核能源利用情况,对能源实际消耗进行定量分析,以及挖掘节能潜力,就必须依据煤炭企业的实际情况,并对照限额国家标准,本行业的能源消耗,制定适合于本企业的各种能耗定额指标。

制定能耗定额的目的是为了有效地控制和降低企业的能耗,因此所制定的定额必须具有先进性。也就是在制定定额时,要考虑到在采取各项节能措施后所能收到的节能效果,要求制定的消耗定额比已达到的实际耗能指标有所进步,使完成定额成为提高煤炭企业能源利用率的现实目标。

所制定的定额还应该是合理的。这是指定额必须切实可行,有科学依据,是经过努力可以达到的。如一味只求定额先进,但距离实际情况太远,根本无法达到,则只能使定额失去作用。

为了有效地监督企业的能耗,贯彻执行能耗定额,就必须把企业的能耗总定额分解成若干分定额,层层落实到工区、班组、各道工序和主要耗能设备。否则,各生产环节必将目标不清、责任不明,定额指标的完成就会落空。

4) 能耗定额的检查分析

(1) 能耗定额在贯彻执行进程中,必须经常检查分析,目的是为了解消耗定额在实际生产过程中的执行情况及取得的效果,同时检查消耗定额在执行过程中的缺点和不足,找出问题,及时采取措施,改进能耗定额,使之越做越好。

(2) 检查的方法采取统计分析和实际查定相结合的办法,力求符合实际和更加全面,及时发现能耗定额存在的问题。

(3) 在检查定额的基础上,进行定额分析,目的是为了揭露矛盾,找出节约和浪费的原因,从而采取有效措施,推动设计和工艺方面的改进,积极采用节能新技术、新材料,从而使生产水平不断提高,定额消耗不断降低。

具体分析原理与工序能耗分析相同。

5) 能耗定额的修订

(1) 由于生产技术和管理水平在不断提高,影响能耗定额的各种因素也在不断变化,因此能耗定额必须定期修改或临时修改。一般单项定额每年修改一次,遇到下述情况时,可作必要的临时修改:①在能耗定额执行过程中,发现定额脱离实际或计算错误时;②产品结构、用能设备和生产工艺有重大改变时;③提高了生产或改进了操作时;④能源品种、规格、质量等发生重大变动时。

(2) 在一定时期内影响生产某产品消耗能源的主要因素,还是具有相对稳定性的,

由于能耗规律的作用，要求能耗定额具有相对稳定的性质，故能耗定额一经审查批准生效后，不宜经常改动，只作定期（如一年）修订，以便于贯彻执行。

6）能耗定额的考核和奖惩

（1）定额考核是定额管理的又一重要环节，以对比分析的方法进行定额考核，即将制定的能耗定额与执行消耗定额的实际结果进行比较，从而找出偏差的幅度，并分析研究产生偏差的原因，以便及时采取必要的措施。

（2）能耗定额考核的目的如下：①通过生产实践的检验，考察制定的能耗定额是否合理；②通过定额考核，与企业历史最高水平比，与国内外先进水平比，找出差距，力争赶上国内外先进水平；③通过定额考核，积累完整的历史资料，为指导生产和有效地进行能源管理提供科学的依据；④通过定额考核，促进能耗定额管理工作的加强。

（3）为进一步调动企业和职工节能降耗的积极性，达到节能降耗，提高经济效益，促进生产发展的目的，能耗定额考核必须与严格的奖惩制度相结合。

（4）节能奖惩可按节能承包经济责任制的形式进行：①按生产任务、耗能量和节能量承包计奖；②按能耗定额承包，实行分等计奖；③按节能技术改造项目工程工期，资金和工程质量承包计奖；④按用能总量承包计奖；⑤节能目标承包计奖。

各部门要将定额管理作为节能管理的重要工具，不断强化，提高定额的覆盖性和定额的合理性，将定额管理与能源管理基准、标杆、指标、目标管理相协调和配套，提高煤炭行业能源管理的整体水平。

5.7.5 能源供需平衡分析

企业能源供需平衡分析，主要是分析企业能源可供量与企业预计需求量之间的比例关系是否协调，采用将可供量与需求量进行对比的方法。企业能源可供量即企业能源产品的生产量、收入（购入）量和库存量之和。企业能源可供量与需求量之间应有一个适度的数量界限，只有比例适当，企业的生产经营才算合理。具体分析时，可采用以下分析式：

$$能源需求比率 = 能源可供量/能源预计需求量$$

若能源需求比率等于1（或100%），则说明企业能源供需基本平衡。若能源需求比率大于1（或100%），则说明企业能源供大于求。若能源需求比率小于1（或100%），则说明企业能源可供量满足不了企业生产对能源的需要。后两种情况，均说明企业能源供需不够平衡。

为了分析企业能源供需平衡的差距及供需相差程度，可分别计算能源供需差数和能源供需差率。其分析式分别为

$$能源供需差数 = 企业能源可供量 - 企业能源预计需求量$$

若企业能源供需差数为正数，说明企业能源供大于求，且可具体说明供大于求的数量。若企业能源供需差数为负数，说明企业能源供不应求，即企业能源供应缺口的大小。

$$能源供需差率 = 能源供需差数/能源预计需求量 = 能源需求比率 - 1$$

若能源供需差率为正数，则可具体说明企业能源供大于求的程度；若能源供需差率很小，则可认为企业供需是基本平衡；若能源供需差率为负数，则可具体说明企业能源供不应求的程度，应尽快采取措施，改变企业能源供需矛盾。

总之，能源需求比率是用来分析企业能源供求状况的，能源供需差数可用于分析供需缺口的大小，能源供需差率则用于分析供需之间的相差程度。

5.7.6 能耗经济效益分析

企业能耗经济效益分析，主要是对企业单位能源变动情况及其效果变动原因的分析。

企业能耗的经济效益，就数量而言，是指企业能耗与所取得成果之间的对比关系，通过比较反映能耗取得效益的大小。能耗经济效益既可表述为等量能耗取得成果的多少，也可表述为取得同等成果所消耗的能源的多少，二者互为倒数，但本质一致，单位消耗是最基本的能耗经济效益指标。此外，能源利用率、回收率、加工转换效率、节能率等也间接地反映了能耗经济效益的高低。

1. 单位能耗变动状况分析

该分析可通过企业报告期能耗情况与基期比较或与同行业其他企业比较，也可与本企业历史水平比较进行分析，但主要的分析是通过对单位能耗定额执行情况或完成情况所进行的分析，基本方法是将实际单位能耗与单位能耗定额对比。将实际单位能耗与之比较分析，可达到如下目的：为编制和检查能源供应计划提供依据；按时按质按量组织能源供应，并对能耗进行有效控制，从而保证生产正常进行；监督和促进企业开展节能活动，有效促进企业单位产品能耗不断下降；促进企业提高用能技术和能源管理水平。

单位能耗指标有单位产品产量（工作量）单项能耗量、单位产品产量（工作量）综合能耗量和单位产值综合能耗量等多种表现形式。但分析时，均可采用与定额比较的方法，以观察能耗计划的完成程度及能耗的实际节约或消耗情况，采取对策，达到上述目的。

2. 单位能耗变动原因分析

引起单位能耗变动原因很多，这里仅从能耗构成和耗能过程两个主要方面分析引起变动的具体原因。

1）从能耗的构成要素进行分析

构成能耗的要素是产品本身的消耗、加工损耗、工艺性损耗和废品损耗等，将这些方面的实际值与定额（或基期）值对比分析，就可找出影响能耗变动的具体原因。

2）耗能过程的环节分析

产品生产过程亦为能耗过程，能耗的多少与整个生产过程各环节（阶段）耗能水平直接相关。因此，研究能源变动原因，不仅要从构成上分析，还应从生产过程的各环节上进行研究，弄清能耗的节约或浪费主要发生在哪个环节。

3. 能耗经济效果的分析

分析能耗的经济效果，可从不同角度进行。

（1）用万元产值能耗降低率分析。把本企业不同期万元产值能耗量进行对比分析，可说明万元产值能耗变化的程度；还可用报告期的万元产值能耗与本企业历史水平对比，也可与国内外同行业的万元产值能耗的先进水平对比，以分析本企业的能耗水平的差距及原因，促使企业总结经验，采取措施，赶超先进水平。

（2）用企业能源利用率分析。它是从企业用能水平的角度考察企业能源消耗的经济效果，包括设备能效率、装置能源利用率、回收率等指标。企业能源利用率可反映企业能源转换设备和用能设备能效率的高低以及企业能量回收利用多少，企业生产管理的完善程度也可从企业能源利用率体现出来。因此，能源利用率是衡量一个企业用能水平的综合指标，它不仅在同行业间具有可比性，对不同行业企业，也可用其比较能源利用程度的优劣，从这个意义上讲，用它分析企业能耗经济效果比能源指标更优越。

用于分析能耗经济效果的指标还有很多，这里只介绍几个常用公式。

由于节能或超耗而增加的利润＝由于节能或超耗而增加的生产作业量×单位产品盈利率

由于节能或超耗而直接增减的利润＝能源节约或超耗量×单位能源价格

能耗经济效果的变化受多种因素影响，主要有以下几点：

(1) 劳动生产率的提高。在一般情况下，如果劳动生产率提高一倍，则耗用相同多的能源所生产的产品产量就可增加一倍，单位能耗可节省一半。

(2) 产品质量的提高。以工作质量看，如果废次品减少，则在能耗量一定的情况下，单位能耗就会降低。

(3) 其他原材料利用率的提高。能耗实际上是指被构成产品实际的原材料所利用，即通常所说的物料产出能。实践证明，若原材料利用率提高一倍，则消耗同样数量能源所完成的作业量也相应增加；反之，若有一半的原材料未被有效利用，随之浪费原材料而损失的能源约占能源损失量的一半左右。

(4) 更新改造，提高设备利用率。设备陈旧，不仅直接消耗能源多，且间接消耗也多，这是因为陈旧设备运行状况及其加工精度都比较差，必然导致废品增多，工艺损耗增大。

5.7.7 节能潜力分析

目前，我国煤炭企业产业链有：煤—电模式，煤—电—化模式，煤—电—铝模式，煤—电—建模式等。

以某大型煤炭企业为例，该企业采用煤—电—铝—运产业一体化模式，能源消费结构为煤炭、汽油、柴油、电力、液化气和蒸汽等。图5-2所示为该企业能源消费结构。

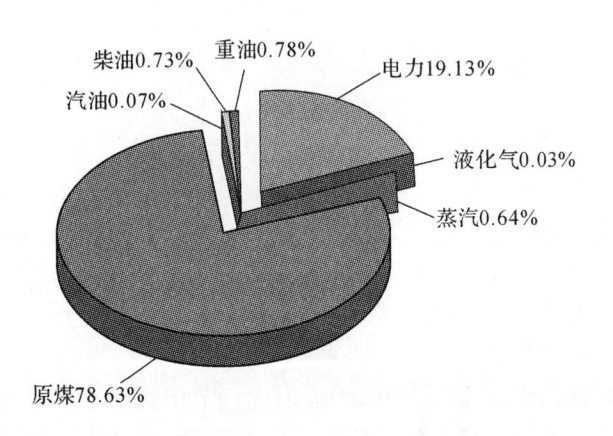

图5-2 某大型煤炭企业能源消费结构

图5-3、图5-4和图5-5所示为该企业二级单位原煤生产、电力生产、电解铝生产能源消费。就能源消费去向来说，原煤主要用于电力生产和供热，电力主要用于电解铝，重油主要用于电解铝中阳极生产。通过准确把握该企业能源消费状况以及能源流向，可为下一步对其各项能源消耗指标计算和能源利用效果评价提供合理依据。

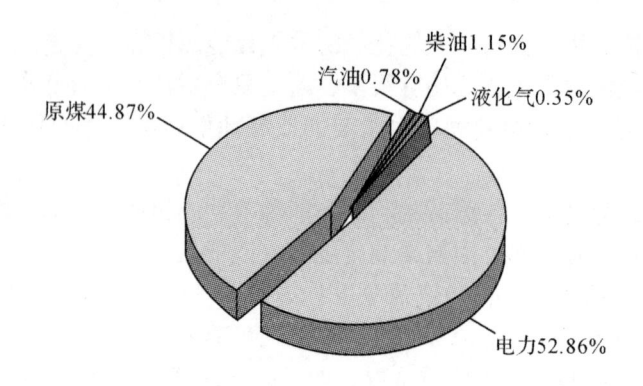

图 5-3 原煤生产能源消费结构

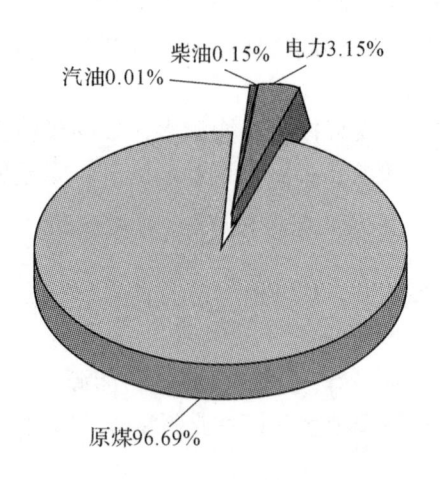

图 5-4 电力生产能源消费结构 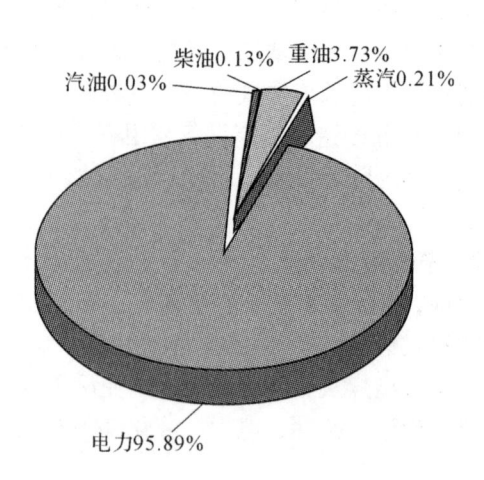　　　　图 5-5 电解铝生产能源消费结构

因此，针对该大型煤炭企业进行节能潜力分析后，首先，要优化企业能源管理系统，加强制度建设实现管理节能。其次，要查清主要耗能设备运行状况，寻求节能突破点。再次，需要统计主要耗能设备的能耗种类、耗能量和运行效率，评价设备的运行状况的优劣。对淘汰期限已到或能源利用效率达不到国家最低要求的设备限期整改，通过查找浪费能源的环节，分析节能潜力，针对性提出整改意见和建议，促进企业加强技术改造，杜绝能源的浪费，提高能源的利用效率。

煤炭企业电力消耗占煤矿总耗能的 60% 以上，节电潜力较大，是煤矿节能的重点。一是加强用电管理，减少设备空负荷运转；二是逐步淘汰国家明令禁止的高耗能设备，减少"大马拉小车"用电设备；三是加强用电计量管理，制定用电消耗定额管理和节奖超罚激励措施；四是合理匹配用电负荷，积极推广应用节电技术。

5.8　能源利用状况报告

《中华人民共和国节约能源法》第 53 条规定：重点用能单位应当每年向管理节能工作的部门报送上年度的能源利用状况报告。能源利用状况报告包括能源消费情况、能源利用效率、节能目标完成情况和节能效益分析、节能措施等内容。

为建立重点用能单位能源利用状况报告制度，2008年国家发展改革委员会下发了《关于印发重点用能单位能源利用状况报告制度实施方案的通知》（发改环资〔2008〕1390号），其中的重点用能单位指年综合能源消费量10000 t标准煤以上，以及国务院有关部门或者省、自治区、直辖市人民政府管理节能工作的部门指定的年综合能源消费总量5000 t以上不满10000 t标准煤的用能单位。进入千家企业节能行动实施方案的钢铁、有色、煤炭、电力、石油石化、化工、建材、纺织、造纸等9个重点耗能行业规模以上独立核算的1008家企业均开展了能源利用状况报告工作。2014年，国家发展改革委在总结"十一五"重点用能单位能源利用状况报告工作基础上，调整完善了能源利用状况报告内容，下发了《国家发展改革委办公厅关于进一步加强万家企业能源利用状况报告工作的通知》（发改办环资〔2012〕2251号），要求进入万家企业节能低碳行动企业名单内的用能单位要按照通知要求定期填报能源利用状况报告。

实施重点用能单位能源利用状况报告制度，是国家对重点用能单位能源利用状况进行跟踪、监督、管理、考核的重要方式，也是编制重点用能单位能源利用状况公报、安排重点节能项目和节能示范项目、进行节能表彰的重要依据。政府管理节能工作的部门通过对重点用能企业报送的能源利用状况报告进行审查，发现企业节能管理制度不健全、节能措施不落实、能源利用效率低等情况，将开展现场调查，组织实施用能设备能源效率检测，责令实施能源审计，并提出书面整改要求，要求用能位限期整改。定期报送能源利用状况报告是煤炭重点用能单位的法定义务，也是煤炭企业节能管理的重要工作之一。

5.8.1 填报要求

按照《国家发展改革委办公厅关于进一步加强万家企业能源利用状况报告工作的通知》要求，国家发展改革委公告的万家企业节能低碳行动企业名单内的用能单位要按照通知要求定期填报能源利用状况报告。进入万家企业名单的煤炭企业要认真做好能源利用状况报告填报工作，安排专人负责，强化专业知识培训，提高能源利用状况报告质量。企业能源管理负责人负责组织对本单位用能状况进行分析、评价，编写能源利用状况报告，并对能源利用状况报告的完整性、真实性和准确性负责。

5.8.2 填报格式

煤炭企业需要填报的报表包括：企业基本情况表、能源消费结构表、能源消费结构附表、单位产品综合能耗情况表、进度节能量目标完成情况表、节能改造项目情况，工业企业能源利用状况报告表格样式及填报说明见表5-18、表5-19、表5-20、表5-21、表5-22、表5-23。

表5-18 基本情况表

单位名称： 年度：

所属地区		所属领域		行　业		单位类型	
单位详细名称				法人单位代码			
单位注册日期				单位注册资本(万元)			
法定代表人姓名				联系电话（区号）			

表 5-18（续）

是否央企		所属央企集团名称	
单位地址		邮政编码	
行政区划代码		电子邮箱	
能源管理机构名称		传真（区号）	
主管节能领导姓名		联系电话（区号）	
能源管理负责人姓名		手机	能源管理师证号	
是否通过能源管理体系认证		通过日期	认证机构	

指标名称	计量单位	本期值	上年值	同比变化率/%	产值及能源消费变化情况说明
工业总产值（可比价）	万元				
销售收入	万元				
上缴利税	万元				
从业人员	人				
能源管理师人数	人				
综合能源消费量（当量值）	10^4 t 标准煤				
生产成本	万元				
能源消费成本	万元				
能源消费占生产成本比例	%				
单位产值综合能耗	t 标准煤/万元				

主要产品名称	年产能		年产量		单位产品能耗	
	数量	计量单位	数量	计量单位	数值	计量单位

填报负责人：_____ 填报人：_____ 电话：_____ 填报日期：_____

说明：1. 所属地区填写用能单位所在的省（市、自治区）。
2. 未开展能源管理师试点的省（自治区、直辖市）能源管理师人数填 0，证号可不填。
3. 单位产值综合能耗 = 综合能源消费量 ÷ 工业总产值（可比价）
4. 若综合能源消费量、产值能耗指标与上年同比变化率超过 5% 时，要填写说明，字数在 100 个汉字以内。
5. 所列产品的能源消耗量不低于企业总能耗的 80%。
6. 年产能是指相应产品主体设备的年设计产能。

表5-19 能源消费结构表

单位名称：　　　　　　　　　　　　　　　　　　　　　　　　　年度：

能源名称	计量单位	代码	期初库存量	购进量 实物量	购进量 金额/千元	消费量 合计	消费量 工业生产消费	消费量 用于原材料	消费量 非工业生产消费	消费量 合计中：运输工具消费	期末库存量	采用折标系数	参考折标系数
甲	乙	丙	1	2	3	4	5	6	7	8	9	10	丁
原煤	t	01											0.7143
其中：1. 无烟煤	t	02											0.9428
2. 炼焦烟煤	t	03											0.9
3. 一般烟煤	t	04											0.7143
4. 褐煤	t	05											0.4286
洗精煤	t	06											0.9
其他洗煤	t	07											0.4643
煤制品	t	08											0.5286
焦炭	t	09											0.9714
其他焦化产品	t	10											1.1~1.5
焦炉煤气	10^4 m^3	11											5.714~6.143
高炉煤气	10^4 m^3	12											1.286
转炉煤气	10^4 m^3	13											2.714
发生炉煤气	10^4 m^3	14											1.786
天然气（气态）	10^4 m^3	15											13.3
液化天然气(液态)	t	16											1.7572
煤层气(煤田)	10^4 m^3	17											11
原油	t	18											1.4286
汽油	t	19											1.4714
煤油	t	20											1.4714
柴油	t	21											1.4571
燃料油	t	22											1.4286
液化石油气	t	23											1.7143
炼厂干气	t	24											1.5714
石脑油	t	25											1.5
润滑油	t	26											1.4331
石蜡	t	27											1.3648
溶剂油	t	28											1.4672
石油焦	t	29											1.0918
石油沥青	t	30											1.3307
其他石油制品	t	31											1.4

表 5 - 19（续）

能源名称	计量单位	代码	期初库存量	购进量 实物量	购进量 金额/千元	消费量 合计	消费量 工业生产消费	消费量 用于原材料	消费量 非工业生产消费	消费量 合计中：运输工具消费	期末库存量	采用折标系数	参考折标系数
甲	乙	丙	1	2	3	4	5	6	7	8	9	10	丁
热力	10^6 kJ	32											0.0341
电力	10^4 kW·h	33											1.229
煤矸石用于燃料	t	34											0.2857
城市生活垃圾用于燃料	t	35											0.2714
生物质废料用于燃料	t	36											0.5
余热余压	10^6 kJ	37											0.0341
其他工业废料用于燃料	t	38											0.4285
其他燃料	t标准煤	39											1
能源合计	t标准煤	40											

填报负责人：_____ 填报人：_____ 电话：_____ 填报日期：_____

说明：1. 主要逻辑审核关系：

（1）消费合计 = 工业生产消费 + 非工业生产消费。

（2）工业生产消费 ≥ 用于原材料。

（3）消费合计 ≥ 运输工具消费。

2. 企业只填写本企业消耗的有关能源品种数值。如本表未包括企业消耗的能源品种，企业应根据统计部门要求归并入相应能源品种内。

3. 能源合计 = ∑某种能源 × 某种能源折标准煤系数（不重复计算"其中"项）。

4. 综合能源消费量的计算方法：

（1）非能源加工转换企业：综合能源消费量 = 工业生产消费的能源折标量合计 - 回收利用折标量合计（表 5 - 20 中第 13 列）。

（2）能源加工转换企业：综合能源消费量 = 工业生产消费的能源折标量合计 - 能源加工转换产出折标量合计（表 5 - 20 中第 12 列）- 回收利用折标量合计（表 5 - 20 中第 13 列）。

表 5 - 20 能源消费结构附表

单位名称： 年度：

能源名称	计量单位	代码	工业生产消费量	加工转换投入合计	火力发电	供热	原煤入洗	炼焦	炼油	制气	天然气液化	加工煤制品	能源加工转换产出	能源加工转换产出折标量（tce）	回收利用	折标系数
甲	乙	丙	1	2	3	4	5	6	7	8	9	10	11	12	13	14
原煤	t	01														
其中：1. 无烟煤	t	02														
2. 炼焦烟煤	t	03														
3. 一般烟煤	t	04														
4. 褐煤	t	05														

表 5-20（续）

能源名称	计量单位	代码	工业生产消费量	加工转换投入合计	火力发电	供热	原煤入洗	炼焦	炼油	制气	天然气液化	加工煤制品	能源加工转换产出	能源加工转换产出折标量（tce）	回收利用	折标系数
甲	乙	丙	1	2	3	4	5	6	7	8	9	10	11	12	13	14
洗精煤	t	06														
其他洗煤	t	07														
煤制品	t	08														
焦炭	t	09														
其他焦化产品	t	10														
焦炉煤气	10^4 m³	11														
高炉煤气	10^4 m³	12														
转炉煤气	10^4 m³	13														
发生炉煤气	10^4 m³	14														
天然气（气态）	10^4 m³	15														
液化天然气（液态）	t	16														
煤层气（煤田）	10^4 m³	17														
原油	t	18														
汽油	t	19														
煤油	t	20														
柴油	t	21														
燃料油	t	22														
液化石油气	t	23														
炼厂干气	t	24														
石脑油	t	25														
润滑油	t	26														
石蜡	t	27														
溶剂油	t	28														
石油焦	t	29														
石油沥青	t	30														
其他石油制品	t	31														
热力	10^6 kJ	32														
电力	10^4 kW·h	33														
煤矸石用于燃料	t	34														
城市生活垃圾用于燃料	t	35														
生物质废料用于燃料	t	36														
余热余压	10^6 kJ	37														

表 5-20（续）

能源名称	计量单位	代码	工业生产消费量	加工转换投入合计	火力发电	供热	原煤入洗	炼焦	炼油	制气	天然气液化	加工煤制品	能源加工转换产出	能源加工转换产出折标量（tce）	回收利用	折标系数
甲	乙	丙	1	2	3	4	5	6	7	8	9	10	11	12	13	14
其他工业废料用于燃料	t	38														
其他燃料	t标准煤	39														
能源合计	t标准煤	40														

本年综合能源消费量（当量值）：＿＿万吨标准煤　上年综合能源消费量（当量值）：＿＿万吨标准煤

填报负责人：＿＿＿＿　　填报人：＿＿＿＿　　电话：＿＿＿＿　　填报日期：＿＿＿＿

说明：1. 计算"能源加工转换产出"、"回收利用"指标使用的折算系数同表 5-20。

2. 主要逻辑审核关系：

（1）工业生产消费量与表 5-20 的工业生产消费量数值一致。

（2）加工转换投入合计＝火力发电投入＋供热投入＋原煤入洗投入＋炼焦投入＋炼油及煤制油投入＋制气投入＋天然气液化投入＋加工煤制品投入。

3. 能源合计＝∑某种能源×某种能源折标准煤系数（不重复计算"其中"项）。

表 5-21　单位产品综合能耗情况表

单位名称：　　　　　　　　　　　　　　　　　　　　　　　　年度：

指标名称	计量单位			单位换算系数	代码	本年度			上年度			国家（地区）限额	影响指标变化因素的说明
	指标单位	子项单位	母项单位			指标值	子项值	母项值	指标值	子项值	母项值		
甲	乙	丙	丁	戊	己	1	2	3	4	5	6	9	10

填报负责人：＿＿＿＿　　填报人：＿＿＿＿　　电话：＿＿＿＿　　填报日期：＿＿＿＿

说明：1. 本表甲栏按照附件 3《工业企业单位产品能耗指标填报目录》填写。

2. 国家（地区）限额按照国家或地区能耗限额标准填写，如果没有能耗限额标准可不填写。

3. 对影响能耗指标变化的主要原因给予说明，字数在 100 个汉字以内。

表 5-22　进度节能量目标完成情况表

单位名称：　　　　　　　　　　　　　　　　　　　　　　　　年度：

项　目	计量单位	代码	2011—2013 年	2011—2014 年	2011—2015 年
甲	乙	丙	1	2	3
进度节能量目标	tce	01			
单位产品综合能耗实际完成进度节能量	tce	02			
产值综合能耗实际完成进度节能量	tce	03			
单位产品综合能耗进度节能量目标完成率	%	04			

表5-22（续）

项　　目	计量单位	代　码	2011—2013年	2011—2014年	2011—2015年
甲	乙	丙	1	2	3
产值综合能耗进度节能量目标完成率	%	05			
进度节能量目标完成情况说明					

填报负责人：_____ 填报人：_____ 电话：_____ 填报日期：_____

说明：1. 本表进度节能量目标指节能主管部门根据"十二五"节能量目标和时间进度要求核定的进度节能量目标。
2. 实际完成节能量指2011年至本年度累计完成节能量；各年节能量按年度环比计算。
3. 进度节能量目标完成率=（实际完成节能量÷进度节能量目标）×100%。
4. 对进度节能量目标完成情况给予说明，字数应在100个汉字以内。

表5-23　节能改造项目情况表

单位名称：　　　　　　　　　　　　　　　　　　　　　　　　　　　　　　年度：

序号	项目名称	主要改造内容	投资金额/万元	节能效果（节能量,tce/a）	是否合同能源管理模式	项目进度	审批部门

填报负责人：_____ 填报人：_____ 电话：_____ 填报日期：_____

说明：1. 填报期内完成的和正在实施的项目，年节能量500 tce以上节能改造项目均应填报。
2. 项目进度：已完成的项目填写完成日期，实施中项目填写执行情况和后续进度计划。
3. 项目名称字数在20个汉字以内，主要改造内容字数在100个汉字以内，项目进度字数在50个汉字以内。

5.8.3　填报方式

煤炭企业采用国家发改委开发的"万家企业能源利用状况报告网上填报系统"软件，利用网上直报方式填报能源利用状况报告。

5.8.4　报送时间

煤炭企业要于每年3月31日前将上一年度的能源利用状况报告报送当地节能主管部门。地方节能主管部门组织对辖区内企业能源利用状况报告进行审查，对审查不合格的，要求其限期整改，重新报送。省级节能主管部门负责汇总审核本地区万家企业能源管理利用状况报告，并填写汇总表，于每年4月30日前报送国家发改委。

6 能 效 对 标

6.1 对标管理概述

所谓对标就是比较、对照、对比,标就是标准、标尺、标杆,引申义是榜样、旗帜。对标的目的在于改进提高,提升企业的管理水平和绩效水平。其本质上是一种面向实践、面向过程的以方法为主的管理方式,它与流程再造的思路类似,基本思想是系统优化、不断完善和持续改进。

企业对标管理是一种相对较新的企业绩效管理方法,是指企业持续不断地将自己的产品、服务及管理实践活动与最强的竞争对手或那些被公认为是行业龙头企业的产品、服务及管理实践活动进行对比分析的绩效管理活动。对标管理的基本内涵是以领先企业作为标杆和标准,通过资料收集、分析比较、跟踪学习等一系列规范化的程序,改进绩效,赶上并超过竞争对手;因此,实施对标管理对实现企业竞争战略具有重要意义。

能效对标管理是对产生最佳节能效果的行业最优能源管理实践的一种探索,要求企业在能源管理实践方面"优中选优",达到最优能源管理模式和最优标准。在对能源集团和国内外同行业先进单位的能耗水平进行分析的基础上,结合煤炭企业实际情况,发现企业能效水平、能源管理需要改进之处,建立适合企业的能效改进措施,通过设定可达到的节能目标来改进企业的能源管理绩效。对标管理的原则主要有全面对标管理原则、动态比较原则和持续改进原则。

煤炭企业开展能效对标活动的意义,一是可以全面、客观地了解企业生产和能源使用实际情况,完善生产和能耗基础数据计量、统计等能源管理基础工作,建立涵盖企业能源使用各方面的能效指标体系,合理提出企业各项能效指标的定额水平,科学合理地分解落实企业节能目标责任;二是企业可以正确认识与能效先进企业的差距。通过分析能效指标差距,合理制定和完善企业中长期节能规划、年度节能计划,合理安排各种能效改进措施的先后顺序与轻重缓急;三是可以为企业提供各种被能效先进企业节能实践所证明的、行之有效的节能措施和方案选择,避免浪费不必要的时间和资源;同时有助于企业制定现实可行的能效改进工作方案,通过加强能源精细化管理和实施节能技术改造,推动企业能源管理水平和能效指标的持续改善和提高。

6.2 能效对标实施步骤

企业能效对标管理可以有多种不同的工作流程模型,但他们的精神和原则是一致的。企业能效对标管理大致可分为六个实施步骤(图6-1),能效对标管理的步骤是一个闭环过程。

(1)分析现状。企业首先要对自身能源利用状况进行深入分析,充分掌握本企业各类能效指标客观、翔实的基本情况;在此基础上结合企业能源审计报告、企业中长期发展计划，确定能效对标内容。

（2）选定标杆。企业根据确定的能效水平对标活动内容，初步选取若干个潜在标杆企业；组织人员对潜在标杆企业进行研究分析，并结合企业自身实际，选定标杆企业。企业选择标杆要坚持国内外一流为导向，最终达到国内领先或国际先进水平。

（3）制订方案。通过与标杆企业开展交流，或通过行业协会、互联网等收集有关资料，总结标杆企业在能效指标上先进的管理方法、措施手段及最佳节能实践；结合自身实际全面比较分析，真正认清标杆企业产生优秀能源管理绩效的过程，合理确定能效指标改进目标值，制订切实可行的指标改进方案和实施进度计划。

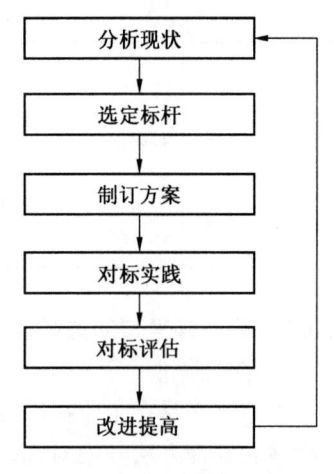

图 6-1 企业能效对标管理实施步骤

（4）对标实践。企业根据确定的能效指标改进目标、改进方案和实施进度计划，将改进指标的措施和指标目标值分解落实到相关部门、车间、班组和个人，把提高能效的压力和动力传递到企业中每一层级的管理人员和员工身上，体现对标活动的全过程性和全面性。在能效对标实践过程中，企业要修订完善规章制度，优化人力资源，强化能源计量器具配备、加强用能设备监测和管理，落实节能技术改造措施。

（5）对标评估。企业就某一阶段能效水平对标活动成效进行评估，对指标改进措施和方案的科学性和有效性进行分析，撰写对标指标评估分析报告。

（6）改进提高。企业将能效对标实践过程中形成的行之有效的措施、手段和制度等进行总结，制定下一阶段能效水平对标活动计划，调整能效标杆，进行更高层面的对标，将能效水平对标活动深入持续地开展下去。

6.3 对标管理方法

6.3.1 战略对标管理和营运对标管理

从对标层面的角度可分为战略对标管理和营运对标管理，具体见表 6-1。

表 6-1 战略对标管理和营运对标管理

层次	目的	方法
战略对标管理	寻找最佳战略，进行战略转变	收集各竞争者的财务、市场状况进行分析并比较，寻找绩优公司成功的战略和优胜竞争模式
营运对标管理	注重具体运作，找出达到同行最佳运作的方法	通过对环节、成本和差异 3 个方面进行比较，寻求最佳运作方法

营运对标管理从内容上可分为职能对标管理和流程对标管理，具体见表 6-2。

表6-2 职能对标管理和流程对标管理

层次	定义	对象	要求
职能对标管理	以优秀职能操作为基准进行的对标管理	职能或业务实践	通过合作的方式提供和分享技术市场信息
流程对标管理	以最佳工作流程为基准进行的对标管理	工作流程	企业对整个工作流程和操作系统有详细了解

6.3.2 静态瞄准与动态瞄准

1. 静态瞄准

静态瞄准是指企业在进行对标管理活动中，针对对标对象的一些长期的企业战略、企业绩效和管理办法开展对标活动。通常要求企业对某一领域或职能部门先进行优劣势分析，然后对其部门的相关活动进行对标以找到提升部门绩效的方法。

2. 动态瞄准

动态瞄准主要是针对对标对象的一些实时性、动态的企业活动和行为作出迅速、快捷的反应，并根据反馈的信息采取行动，改进和提升企业绩效。企业在进行动态瞄准的同时，也为静态瞄准流程提供有效的支撑，并促使静态瞄准项目得到切实改进。运用动态瞄准主要是针对一些具有动态反映的流程、技术、产品生产流程等，应该注意对标杆对象的各个方面进行严格瞄准，而不是把整个对标活动局限于对标对象的某一方面或某一领域。应该对企业所有关键流程、子流程及活动展开对标，将产品、制造流程、机器设备及业务流程全部纳入整个对标活动之中。

6.4 企业能效对标

6.4.1 能效对标定义

企业能效对标管理是一种科学、系统、规范的企业能源管理方法，是企业对标管理的一个重要方面，指企业为提高能效水平，与国际国内同行业先进企业能效指标进行对比分析，确定能效标杆指标，通过节能管理和技术措施，达到能效标杆指标或更高能效指标水平的能源管理活动。

与开展其他对标管理类似，企业能效对标管理涉及两个基本要素，最佳节能实践和能效度量标准。最佳节能实践是指国内外同行业节能先进企业在能源管理中所推行的最有效的节能管理和技术措施；能效度量标准则指能真实客观地反映企业能源管理绩效的一套能效指标体系，以及与之相应的作为标杆用的一套基准数据，如单位产品综合能耗指标、重点工序能耗指标等。

企业能效对标管理是对产生最佳节能效果的行业最优能源管理实践的一种探索，要求企业在能源管理实践方面"优中选优"，达到最优能源管理模式和最优标准，也就是盯住最佳能效水平，把企业节能的压力和动力传递到企业中各层次的员工和管理人员身上，从而提高企业节能工作的合力。企业要成功地开展能效对标管理，关键的一点在于适当选择和确定标杆企业和标杆指标。

6.4.2 能效标杆管理的目的

能效对标管理的目的就在于根据上层决策者的管理意志，以企业确定的各项指标为目

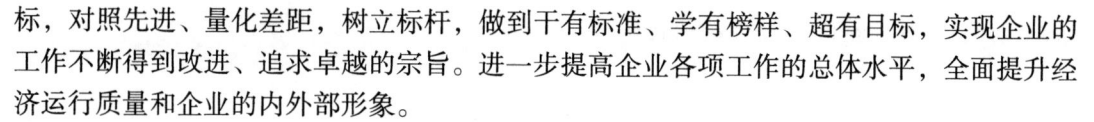

标，对照先进、量化差距，树立标杆，做到干有标准、学有榜样、超有目标，实现企业的工作不断得到改进、追求卓越的宗旨。进一步提高企业各项工作的总体水平，全面提升经济运行质量和企业的内外部形象。

对于企业来说，实施能效对标管理可以充分学习和借鉴国内外能效先进企业的能源管理理念和经验，促进企业建立健全内部节能良性循环机制，探索出一套适合本企业的能源管理基本方法、工作流程、指标体系和激励机制，持续推动企业能源管理水平的提升和能效指标的改进，不断提高企业节能经济效益。

通过开展能效对标管理，企业可以具体实现以下全部或部分目的：

（1）全面、客观地了解企业生产和能源使用的实际情况，完善生产和能耗基础数据计量、统计等能源管理基础工作，建立涵盖企业能源使用各方面的能效指标体系，合理提出企业各项能效指标的定额水平，科学合理地分解落实企业节能目标责任。

（2）正确认识与能效先进企业的差距。通过分析能效指标差距，明确企业节能的现实潜力、努力方向和工作重点。

（3）根据能效差距和节能目标责任要求，合理制定和完善本企业中长期节能规划、年度节能计划，合理安排各种能效改进措施的先后顺序与轻重缓急。

（4）为企业提供各种被能效先进企业节能实践所证明的、行之有效的节能措施和方案选择，避免浪费不必要的时间和资源，同时也可避免亲身经受各种不必要的节能工作失误和挫折。

（5）有助于企业制定现实可行的能效改进工作方案，通过加强能源精细化管理和实施节能技术改造，促进和推动企业能源管理水平和能效指标的持续改善和提高。

（6）有助于建立科学有效的能源管理体系；通过加强节能交流与合作，使各企业共享节能信息和资源，进一步促进企业能源管理制度的创新。

6.4.3 能效标杆确定的原则

为了能使确定的标杆更加切合企业生产的实际，并发挥出最大功效，必须有一个切实统一的标杆确定原则。

一是指标领先原则。标杆综合评价状况、专业指标在同行业、同规模的企业中必须处于领先地位，这样所确定的标杆才能真正代表行业最高水平，给其他落后企业树立一个榜样。

二是管理科学、经验突出原则。标杆参照单位的管理工作要体现先进、规范、精细、创新，典型经验达到"管理科学、流程规范、特色鲜明"的要求，对其他单位开展同业对标具备示范借鉴作用。

三是区域兼顾原则。为发挥标杆单位在不同区域的示范带动作用，按照不同区域划分适当考虑标杆单位的地域分布的平衡性。

在标杆的确定过程中，企业应根据实际情况，不断探索能使同业对标在企业管理方面发挥更大效力的途径，建立并完善对标工作体系，为对标工作的顺利开展奠定基础。

6.4.4 能效标杆确定的方法

1. 调查研究

根据企业自身实际情况，有针对性地对国内外、省内外、企业内部的生产系统能耗标杆情况进行调查研究，收集相关的能源耗费、能源管理等方面的具体材料，为能效标杆目标的选择奠定相应基础。调研表见表6-3。

表6-3 煤炭企业能耗标杆综合情况调研表

调研对象 \ 调研内容	能源耗费水平			
	原煤生产综合能耗	原煤生产电力单耗	选煤吨原煤综合能耗	选煤电力消耗
国内				
国外				
省内				
企业内部				

2. 选择确定目标

构建指标体系的第二步就是要确定哪些指标作为企业对标体系的对标指标，一般而言能效对标的指标包括3个层面的指标：一是反映企业整体能源利用状况和能效水平、能够涵盖全部生产流程的指标；二是能够反映企业主要工艺流程、环节或设备能效水平的指标；三是重要工序、设备等的关键性工艺参数指标。指标的选定是一个动态的过程，应按照循序渐进的原则根据对标工作的实际情况，对指标系列进行完善、充实和调整。

3. 明确指标统计口径和计算方法

在选择、确定本企业基本对标指标系列的基础上，沿用行业约定俗成的，最为熟悉的规定来制定某一项指标的定义、统计口径和范围。

4. 指标影响因素分析，设定对标基准

开展影响因素分析的主要目的是识别指标对比中的不可比因素并将其量化，剔除这些不可比因素后得到一个可比性大大提高的基准指标。

5. 建立能效对标信息数据库

在确定了对标对象及相关研究内容之后，相关对标数据的收集、计算与分析和存储就成为一个重要的环节，如何高效地利用分析数据，并系统地规整存储相关数据以备日后所用，那就是建立企业能效对标信息数据库，真正科学合理地收集、利用和存储相关数据，真正为具体标杆的选择提供依据、创造条件。

6. 实施指标改进途径分析

开展指标改进途径分析主要是为制定相应的改进措施和方案服务。指标改进途径分析，一方面是指标影响因素延续分析；另一方面是指标改进途径来自对先进节能企业最佳实践的分析。

6.4.5 能效标杆确定的方式

1. 企业纵向能耗标杆确定

1）企业自身标杆确定（综合能耗标杆、单项能耗标杆）

企业在制定自身标杆时应该分析目前企业运行时的能耗情况与标杆存在差距的原因，主要分析工艺技术的改进、节能技术的应用效果等，从而制定出相应的能效指标改进方案和具体实施计划。

（1）历年综合能耗情况见表6-4。

表6-4　×××矿历年实际综合能耗情况表

能耗种类（A）	××年	××年	××年	××年	××年	…
原煤生产综合能耗/(kgce·t^{-1})						
原煤生产电力单耗/(kW·h·t^{-1})						
选煤吨原煤综合能耗/(kgce·t^{-1})						
选煤电力消耗/(kW·h·t^{-1})						
…						

根据历年各项综合能耗标杆为生产当年选定一个合适的标杆，用以检验能耗情况，不一定要选历年能耗标杆最小值，但是一定要从实际情况出发。

（2）历年单项能耗情况见表6-5。

表6-5　×××矿历年实际单项能耗情况表

能耗种类（A）	××年	××年	××年	××年	××年	…
通风机工序能耗/(kW·h·Mm^{-3}·Pa^{-1})						
空压机工序能耗/(kW·h·m^{-3}·MPa^{-1})						
主排水系统工序能耗/(kW·h·t^{-1}·hm^{-1})						
提升机工序能耗/(kW·h·t^{-1}·hm^{-1})						
主提升带式输送机工序能耗/(kW·h·t^{-1}·hm^{-1})						

根据历年的各项单项能耗标杆为集团公司当年生产选定标杆，用以检验单项能耗情况。

2）集团公司内部标杆确定

集团公司内部在制定标杆时应该分析与同类企业能效差距存在的原因，主要分析管理水平、二次能源回收利用水平、节能技术的普及率和应用效果等方面存在的差距，从而制定相应的能效改进方案和实施计划（表6-6、表6-7）。

表6-6　各个煤矿同期的综合能耗标杆对比表

标杆名称	单位						
原煤生产综合能耗标杆	kgce/t						
原煤生产电耗标杆	kW·h/t						
选煤吨原煤综合能耗标杆	kgce/t						
选煤电力消耗标杆	kW·h/t						
…							

表6-7 各个煤矿同期的单项能耗标杆对比表

标 杆 名 称							
通风系统 工序能耗标杆/(kW·h·Mm^{-3}·Pa^{-1})							
空压系统 工序能耗标杆/(kW·h·m^{-3}·MPa^{-1})							
排水系统 工序能耗标杆/(kW·h·t^{-1}·hm^{-1})							
主提升系统 工序能耗标杆/(kW·h·t^{-1}·hm^{-1})							
带式输送系统 工序能耗标杆/(kW·h·t^{-1}·hm^{-1})							

各个煤矿在集团公司设定的标杆的基础上，再根据本矿的实际情况设定本矿的能效标杆，有可能因为生产工艺及生产设备先进程度等原因，本矿的能耗水平比集团公司设定的标杆低，所以有必要自己设定一个能耗标杆，用以自检。年度对标的时候检验一下实际能耗和本矿的标杆以及集团公司的标杆各差多少，再根据实际能耗和对标的差距进行改进。

2. 企业横向能耗标杆确定

集团公司能耗标杆的制定，不仅仅要根据自身情况来制定，也要根据国际及国内最低的能耗标杆来确定本企业的能耗标杆，所以要及时了解国际及国内煤炭行业的最低能耗标杆，以便克服自己标杆的滞后性（表6-8、表6-9）。

表6-8 国内综合能耗标杆

标 杆 名 称	国内标杆 A	企业标杆 B	与国内标杆差距（A-B）
原煤生产 综合能耗/(kgce·t^{-1})			
原煤生产电耗/ (kW·h·t^{-1})			
选煤吨原煤 综合能耗/(kgce·t^{-1})			
选煤吨煤电耗/ (kW·h·t^{-1})			
…			

表6-9 国内单项能耗标杆表

标 杆 名 称	国内标杆 A	企业标杆 B	与国内标杆差距(A-B)
通风机 工序能耗标杆/(kW·h·Mm^{-3}·Pa^{-1})			
空压机 工序能耗标杆/(kW·h·m^{-3}·MPa^{-1})			

表6-9（续）

标杆名称	国内标杆A	企业标杆B	与国内标杆差距(A-B)
主排水系统 工序能耗标杆/($kW \cdot h \cdot t^{-1} \cdot hm^{-1}$)			
提升机 工序能耗标杆/($kW \cdot h \cdot t^{-1} \cdot hm^{-1}$)			
主提升带式输送机 工序能耗标杆/($kW \cdot h \cdot t^{-1} \cdot hm^{-1}$)			

应当注意，由于煤炭生产能耗水平的高低与煤层赋存地质条件、埋藏深度、煤层厚度、开采工艺、开采方法、矿井水涌水量、瓦斯大小等因素有关，各企业之间原煤生产综合能耗、原煤生产电耗之间可比性较差。就某一矿井而言，随着开采深度增加和井下运输距离逐年增加，生产能耗一般也呈自然增长的趋势。煤炭企业开展能效对标时，可参照《煤炭井工开采单位产品能源消耗限额》（GB 29444—2012）等国家标准对相关系数进行折算调整后，计算单位产品综合能耗。

6.4.6 能效标杆修订

1. 能效标杆修订的程序

如果某个矿长期达不到能耗标杆的要求，或者长期远远地超越标杆，这就要修正能耗标杆，根据煤矿实际情况重新设定一个合理的能耗标杆。

标杆不能擅自改动，要提出标杆修正的原因，请专家评审团来鉴定，评审团鉴定后认为确实不再适合使用原来某一项或者某几项的能耗标杆了，提出修正意见，同意修正后，煤矿可根据实际情况及相关对标管理文件及制度确定或比原来高或者比原来低的能耗标杆。

2. 能效标杆修订的方法

煤炭企业能效标杆修正的过程中，主要结合PDCA理论及全面质量管理的思想进行。所谓PDCA理论，就是指P——计划（plan），包括煤炭生产系统能耗标杆体系的方针和目标的确定以及对标活动计划的制订；D——执行（do），在确定了具体的对标活动计划和目标等问题后，如何按照计划，有效地实施并完成计划，达到预期目标就显得尤为重要；C——检查（check），就是要总结执行原定对标计划后的结果，分清哪些对了，哪些错了，并注意对标的横向及纵向比较，寻找自身差距，明确优弱势，弥补差距；A——行动（action），相关部门对总结检查的结果进行处理，成功的经验加以肯定，并予以标准化，或指定作业指导书，便于以后工作时遵循；对失败的教训也要总结，并加以改正，能效标杆PDCA修正流程图如图6-2所示。

6.4.7 能效对标运行

1. 能效对标活动的组织

（1）挑选人员，组建能效对标实施小组，进行相应培训。

（2）对实施计划进行预测，详细估算其各方面的影响。

（3）对各项能效改进措施的成效和可能带来的问题进行详细评估。

（4）对项目实施及设计的员工进行及时培训，使其能在短期内适应新的工作方法和

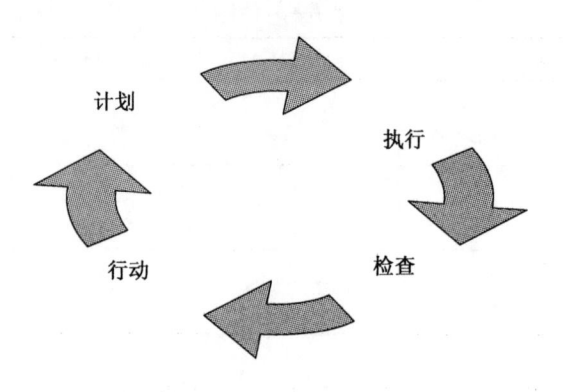

图 6-2　能效标杆 PDCA 修正流程图

流程。

（5）分阶段推行预先拟定的工作计划，针对执行中遇到的问题和情况，项目执行小组成员和具体的实施人员要及时沟通、商量对策。

（6）分阶段评估实施成果和问题，对下一步的具体行动计划进行研讨和修订。

（7）工作计划执行完成以后，要及时形成能效对标项目的实施效果报告，并报送能效对标领导小组。

（8）整理本次能效对标项目实施的相关数据和资料，对企业能效对标指标数据库、最佳节能实践库进行及时更新。

2. 对标活动结果分析、控制与调整

各个企业定期根据自己的实际生产耗能情况和集团公司下达的标杆做一个比较，针对对标活动开展的结果，检查是否达到标杆要求，如果达到了就要根据国内同行的最少能耗再制定一个本矿的新标杆，而不仅仅以集团公司的标杆为目标；如果没有达到标杆要求，就要分析总结原因，是哪一个环节浪费能源了，还是哪一部分的生产环境改变了导致耗能增加，从而有的放矢，及时做出正确有效的调整，加强对生产环节的控制，一定要及时找到实际生产能耗不达标的原因，为以后重新设定标杆、超越标杆做好准备工作。

7 能源审计

审计是一种科学管理的手段和方法，具有很强的监督与管理作用。企业能源审计是对一个企业的能源利用和损失的综合搜集，也就是对企业能源情况进行全面的审查、统计、计量、测算和评审。能源审计是一种专业性审计活动，是管理审计的延伸，是企业内部审计中的高层次审计，是对企业管理素质的审计，同时也是评价管理活动的审计。

7.1 能源审计的含义

7.1.1 煤炭企业能源审计含义

煤炭企业能源审计是指能源审计机构依据国家有关的节能法规和标准，对煤炭企业和其他用能单位能源利用的物理过程和财务过程进行的检验、核查和分析评价。

能源审计是一套集企业能源系统审核分析、用能机制考察和企业能源利用状况核算评价为一体的科学方法，它科学规范地对用能单位能源利用状况进行定量分析，对用能单位能源利用效率、消耗水平、能源经济与环境效果进行审计、监测、诊断和评价，从而寻求节能潜力与机会。

7.1.2 能源审计分类

能源审计是一种节约能源和加强能源科学管理的有效手段和方法。能源审计可以分为内部审计和外部审计。

1. 内部审计

企业内部审计部门应通过能源审计努力为企业提供节能服务，以实现企业自身经济效益和社会环境资源的双重可持续发展。

企业内部能源审计是顺应可持续发展的科学发展观及国家监管的客观要求，是合理规避风险的需要。通过内部审计人员对企业能源体系风险进行评估，及时发现企业生产、经营、建设等过程中存在的风险，并积极采取措施，可以有效地规避风险及可能导致的巨大损失。

我国政府部门能源审计尚处于起步阶段，能够承担政府委托的专职机构也很缺乏，大量的审计工作需要企业配合完成。内部审计部门可以通过开展企业内能源审计摸索总结经验，更好地完成政府能源审计的配合工作。此外，由于企业的能耗是影响产品成本和企业经济效益的重要因素，因而内部能源审计还可以提高企业经济效益，实现内部审计增值服务的需要。

2. 外部审计

外部审计是指独立于政府机关和企事业单位以外的国家能源审计机构所进行的能源审计，以及独立执行业务能源审计机构接受委托进行的审计。外部审计实际上是对企业内部虚假、欺骗行为的一个重要而系统的检查，因此起着鼓励诚实的作用。

外部审计的优点是审计人员与管理当局不存在行政上的依附关系，无须看企业的眼色行事，只需对国家、社会和法律负责，因而可以保证审计的独立性和公正性。但对于外来的审计人员不了解内部的组织结构、生产流程和经营特点，在对具体业务的审计过程中可能遇到困难。此外，处于被审计地位的内部组织成员可能产生抵触情绪，不愿积极配合，这也可能增加审计的难度。

3. 内部审计和外部审计的区别和联系

内部审计和外部审计总体目标是一致的，两者均是审计监督体系的有机组成部门。内部审计具有预防性、经常性和针对性，是外部审计的基础，对外部审计能起辅助和补充作用；而外部审计对内部审计又能起到支持和指导作用。由于内部审计机构和外部审计机构所处的地位不同，它们在独立性、强制性、权威性和公证作用方面又有较大的差别。

内部审计和外部审计的区别主要有以下几点：

（1）在能源审计性质上，内部能源审计属于内部能源审计机构或专职能源审计人员履行的内部能源审计监督，只对本单位负责；外部能源审计则是由独立的外部机构以第三者身份提供的鉴证活动，对国家权力部门或社会公众负责。

（2）在能源审计独立性上，内部能源审计在组织、工作、经济等方面都受本单位的制约，独立性受到局限；外部能源审计在经济、组织、工作等方面都与被能源审计单位无关，具有较强的独立性。

（3）在能源审计方式上，内部能源审计是根据本单位的安排进行能源审计工作的，具有一定的任意性；外部能源审计大多则是受委托施行的。

（4）在工作范围上，内部能源审计的工作范围涵盖单位管理流程的所有方面，包括风险管理、控制和治理过程等；外部能源审计则集中在企业的耗能流程及与能耗信息有关的内部控制方面。

（5）在能源审计方法上，内部能源审计的方法是多样的，应结合组织的具体情况，采取不同的方法，其中也可以包括外审的一些程序；外部能源审计的方法则侧重报表能源审计程序。

（6）在服务对象上，内部能源审计的服务对象是单位负责人；外部能源审计的服务对象是国家权力机关或各相关利益方。

（7）在能源审计报告的作用上，内部能源审计报告只能作为本单位进行能源管理的参考，对外不起鉴证作用，可以不向外界公开；国家能源审计除涉及商业秘密或其他不宜公开的内容外，能源审计结果要对外公示；社会能源审计报告则要向外界公开，对投资者、债权人及社会公众负责，具有社会鉴证的作用。

（8）在能源审计监督的性质上，国家能源审计属于行政监督，具有强制性；社会能源审计属于社会监督，国家法律只能规定哪些企业必须由社会能源审计组织验证，而被能源审计企业与社会能源审计组织之间则是双向自愿选择的关系；内部能源审计是用能单位的自我监督。

7.1.3 能源审计目的

能源审计的目的如下：

（1）完成国家、省、市节能主管部门能源审计任务。

（2）为政府加强能源管理，提高能源利用效率，促进经济增长方式转变，持续发展经济，保护环境，落实科学发展观，提供真实可靠的决策依据。

(3) 促进企业节能降耗增效，提高企业综合素质。

(4) 企业能源审计与清洁生产、结构调整、资源综合利用相结合。

(5) 优化生产过程中的能耗管理，提升技术水平和能源利用效率，实现资源的循环利用。

7.1.4 能源审计作用

能源审计是按照国家的能源法律、法规、标准规定的程序和方法对煤炭企业的能源生产、转换和消费进行全面检查和监督，以促进节能，制止浪费，不断提高能源利用率和经济效益，从而实现"节能、降耗、增效"的目的。为了规范节能市场，推进节能向产业化发展，充分调动煤炭企业加强用能管理和进行节能技改的积极性，应积极推行能源审计。通过能源审计来建立节能确认机制，确认用能单位节能目标的实现情况，为实施合同能源管理、制定节能奖励办法奠定基础，也可以为用能单位取得政府节能优惠政策、基金援助和节能技改优惠贷款提供依据。

(1) 能源审计是用能单位提高经济效益和社会效益的重要途径。实现经济、社会和环境的统一，提高用能单位的市场竞争力，是用能单位发展的根本要求和最终归宿。开展能源审计可以使用能单位及时分析掌握本单位能源管理水平及用能状况，排查问题和薄弱环节，挖掘节能潜力，寻找节能方向。能源审计的本质就在于实现能耗的降低和能源使用效率的提高，开展能源审计可以为用能单位带来经济、社会和资源环境效益，从而实现"节能、降耗、增效"的目的。

(2) 能源审计有利于节能管理向规范化和科学化转变。能源审计是以用能单位经营活动中能源的收入、支出的财务账目和反映用能单位内部消费状况的台账、报表、凭证、运行记录及有关的内部管理制度为基础，并结合现场设备测试，对用能单位的能源使用状况系统地审计、分析和评价。煤炭企业能源审计能够真实、全面地反映用能单位的能源消费指标、能源利用情况，能够全面查找煤炭企业能源利用的薄弱环节，提出节能技术改造的建议，避免节能技术改造盲目性，提高用能单位的能源利用效率，降低能耗，增强企业市场竞争力。

(3) 能源审计有利于促进计算机在能源管理中的应用，减少用能单位能源管理的日常工作量。对于用能单位来说，能源管理是一项重要而又复杂的工作，需要大量的人力物力。能源审计可以准确反映用能单位的能源计量统计情况，保证用能单位有目的地采取措施，用计算机开发适用于本企业的能源管理系统，减轻人工管理工作量，降低管理成本。

7.1.5 能源审计内容

企业能源审计的内容如下：

(1) 能源管理概况、用能管理概况及能源流程。

(2) 能源计量及统计状况。

(3) 主要用能设备运行效率监测分析。

(4) 能耗指标计算分析。

(5) 重点工艺能耗指标与单位产品能耗指标。

(6) 产值能耗指标与能源成本指标计算分析。

(7) 节能效果计算与考核指标计算分析。

(8) 影响能耗变化因素的分析。
(9) 节能技术改进项目的经济效益评价。
(10) 合理利用能源的建议与意见。

7.1.6 能源审计依据及参考标准

能源审计依据及参考标准参照《企业能源审计技术通则》(GB/T 17166)、《节能监测技术通则》(GB/T 15316)、《设备热效率计算通则》(GB/T 2588)、《综合能耗计算通则》(GB/T 2589)、《企业能耗计量与测试导则》(GB/T 6422)、《企业节能量计算方法》(GB/T 13234)、《工业企业能源管理导则》(GB/T 15587)、《用能单位能源计量器具配备与管理通则》(GB/T 17167)、《评价企业合理用热技术导则》(GB/T 3486)、《评价企业合理用电技术导则》(GB/T 3485)、《评价企业合理用水技术导则》(GB/T 7119)等有关标准及国家、地方政府或企业的能源消耗规划、计划等文件。

7.2 能源审计的基本方法

企业能源审计的基本方法是基于能源平衡和物料平衡的原理，对企业的能源利用状况进行统计分析，这需要对企业的基本情况、企业的生产情况和管理现场进行搜集统计，进行数据搜集、整理，并经审核后进行汇总，同时要对典型系统与设备的运行情况进行搜集，对重点耗能设备进行重点搜集，对能源与物料的盘存查账。必要时需要进行现场检测。

（1）对企业能源管理、能源计量和能源统计等各项内容的审计按相关国家标准执行。

（2）对企业的用能概况、能源流程和能源消费指标的计算分析，应按照国家标准《企业能量平衡表编制方法》进行。

（3）产品产量的核定。产品产量（或半成品产量）是计算单位产品能耗（或车间能耗）的基准，产品产量统计不准确，可导致能耗指标失真。由于多方面的原因（如物资盘存误差等），有的企业存在着产品产量统计失真现象。因此在核定产品产量时，应根据财务部门的账目、凭证，营销部门的相关资料与记录，成品车间的报表与记录，管理考核部门的记录，出厂登记，化验记录等关联性资料进行核对。

准确核定企业工序产量及最终产品产量是正确计算各项能耗指标的前提，为此可以利用质量平衡的原理，根据煤炭企业及各单位提供的从原材料的领用、生产加工、废料的产生到产品入库等环节所反映的整个投入产出过程的有关资料的核查，并且采取全面统计核算和对部分煤矿重点抽查验证的办法进行了数据验证，详细调阅审查了各单位的经济目标责任制中对应产量及关于产量考核的实际结果，并对部分单位各个工序的投入产出全过程进行了物料平衡分析，从而核定其产品最终的产量。

结果应满足下列关系式：

$$原材料投入 = 成品产量 + 半成品产量 + 库存变化 + 损耗$$

产品产量仅指合格品数量。产品产量核定时，要考虑到制成品、在制品或半成品的数量，在制品或半成品应折算为相当的制成品。此外，产品产量核定时要将非标准品与标准品区别开来，其中非标准品应折算为相当的标准品；同时，产品产量的核定必须通过仓库物资盘算和一个时期内的往来账目进行核定，并以产品产量核定表（表7-1）的形式展现。

表7-1　××××年产品产量核定表

生 产 单 位	产 品 名 称	产量/10^4 t
A 煤矿	原煤	
B 煤矿	原煤	
C 煤矿	原煤	
…	原煤	
总计		

(4) 能耗数据的核定方法。能耗数据的核定应遵循以下原则：

一是企业能耗数据和与之对应的产品（或半成品）产量的时间计算区段及所属范围应一致。

二是由于企业外购能源的品质对企业能耗产生的影响很大，因此应严格扣水扣杂，按照企业内部规章制度严格计量，准确化验、验收、结算，监督制约机制应非常完善。但大部分企业在这方面存在着一定的不足。对进厂能源的折算标煤系数，原则上应以实测值为准，无条件时可以以国家标准为准进行折算。

三是企业产品能耗的核定要考虑生产过程中外协加工部分的能源消耗。

四是企业能源审计时应编制企业能源网络图或能源消费实物平衡表。

五是企业能耗的数据核定应分品种进行非生产系统用能与损失能源量的计算，并对其合理性加以分析，采用合理的方式分摊到产品的企业能耗指标中去。

六是企业产品能耗分析必须具有可比性，不同原料、不同生产工艺、消耗不同能源等所生产的产品，不能进行简单的对比。在综合能耗无法进行简单对比时，可对主要生产工序或重点耗能设备的能源指标进行分析比较，寻找节能的潜力。

(5) 能源价格和成本的核定方法。企业能源审计所使用的能源价格与企业财务往来账目的能源价格相一致，在一种能源多种价格的情况下产品能源成本用加权平均价格计算。

(6) 工业增加值的核定。根据国家发展和改革委员会、国家能源领导小组办公室和国家统计局联合印发的《关于建立GDP能耗指标公报制度的通知》（发改环资〔2005〕2584号），国家统计局建立单位GDP能耗等相关指标的报送制度的有关规定，在企业能源审计中须增加对单位工业增加值能耗的核算。计算方法有生产法和分配法。

生产法：工业增加值 = 工业总产值 − 工业中间投入 + 本期应交增值税。

分配法：工业增加值 = 劳动者报酬 + 固定资产折旧 + 生产税净额 + 营业盈余。

(7) 企业能耗技术经济指标评价分析。企业能耗技术经济指标包括：生产系统单位产品能耗（车间单耗）、企业单位产品能耗（含辅助生产体系分摊）、企业单位产值能耗（产品计量单位不同时）、主要用能系统和设备的能源利用效率或消耗指标。对上述技术经济指标，主要是依据国家、行业、地方有关的标准及同行业本企业的先进水平相关能耗定额指标来进行评价分析。

(8) 企业能源利用状况的综合性评价。对企业能源利用状况的综合性评价，有以下几个方面：

一是企业能源转换系统或主要耗能设备能源转换效率与负荷调整的合理性评价。

二是企业生产组织与能源供应系统合理匹配的分析评价。

三是按照能源流程进行合理用热、用电、用水、用油的评价。

四是能源利用经济效益的比较分析。

五是企业用能设备及工艺系统的分析评价（某煤炭企业节能管理、技术改造方案一览表见表7-2）。

表7-2 某煤炭企业节能管理、技术改造方案一览表

序号		方案名称	方案内容	预计投资/万元	预计节约量计算 实物量	预计节约量计算 金额/万元	预计回收期/月	备注
一		矿井供电及电控方面						
	1							
	2							
	3							
	…							
二		矿井排水系统方面						
三		矿井提升运输系统优化改造方面						
四		矿井通风系统及风机改造方面						
五		矿井压风系统及风机改造方面						
六		矿井资源综合利用方面						
七		原煤分选系统及设备工艺改造方面						
八		矿井高耗能设备淘汰更新方面						
九		绿色照明节能工程						
十		采区开拓、采、掘、机电、运输系统优化						
…		…						

六是企业资源综合利用水平（或热电联产水平）及环境效益的评价分析。

用能企业通过能源审计可以掌握本企业能源管理状况及用能水平，排查节能障碍和浪费环节，寻找节能机会与潜力，以降低生产成本，提高经济效益。所以煤炭企业能源审计方法既适用于政府对煤炭企业用能的宏观监督与管理，也适用于煤炭企业对能源和物料的合理配置使用、节能降耗、降低成本、提高能效。

7.3 审计准备阶段

7.3.1 确定审计任务

能源审计，首先要明确政府是否开展能源审计。一般要求签订能源审计合同。政府监管的能源审计由政府节能主管部门向能源审计机构下达能源审计委托书和审计计划，审计机构根据政府要求开展能源审计。

能源审计由审计机构与企业签订能源审计合同，合同中要表明委托方和受委托方的责任、义务和审计范围等内容。

7.3.2 组建审计工作小组

计划开展能源审计的企业，首先要在本企业内组建一个有权威的审计工作小组，这是企业顺利实施能源审计的组织保证。审计工作小组人员包括审计小组组长、小组成员、外聘专家。审计工作小组机构可根据企业规模的大小，设置能源审计领导小组、工作小组和能源审计办公室。审计小组成员一般包括管理、技术、财务、生产、质量、设计、节能安全等方面的负责人。

7.3.3 制订能源审计工作计划

制订一个比较详细的能源审计工作计划，有助于审计工作按一定的程序和步骤进行，组织好人力与物力，各负其责，通力合作，这样审计工作才会获得满意的效果。编制审计工作计划表，内容包括审计过程的所有主要工作，如项目内容、进度、负责人、参与部门、参加人员、各项工作成果等。

7.3.4 开展能源审计宣传工作

（1）宣传、动员和培训。广泛开展宣传教育活动，争取得到企业各部门和广大职工的支持，尤其是能耗大的生产环节一线工人的积极参与，是能源审计工作顺利进行和取得更大成效的基础条件。宣传内容主要包括：企业实施能源审计的目的、意义；能源审计和清洁生产的内容；国内外企业能源审计的成功案例；能源审计中的障碍及克服的可能性；能源审计工作的内容与要求；企业本身鼓励能源审计的各种措施；开展能源审计可能或已经产生的绩效。宣传方式可多样化，如召开职工大会；利用企业内部的广播、电视、板报等媒体；也可召开专题研讨会，举办讲座、培训班等。

（2）克服障碍。企业开展能源审计会产生各种障碍，有观念障碍、技术障碍、经济障碍和管理障碍。观念障碍的表现是认为能源审计太麻烦，需要增加新的投入，很难产生经济效益；技术障碍的表现是缺乏本行业能源审计的可行技术，难以获得生产过程中的能耗确切数据，能源平衡统计困难；经济障碍的表现是缺乏实施能源审计方案的资金；管理障碍的表现是部门独立性强，协调困难。针对不同的障碍要采用不同的方法来克服和解决障碍，促进能源审计的顺利实施。

（3）物质准备。进行必要的物质准备是开展能源审计的基础和前提。物质准备主要包括对生产设备进行必要的检修，准备必要的能耗计量仪器、仪表和采样分析检测设备等。

7.4 预审计阶段

预审计是能源审计的第二阶段，是在对企业基本情况进行全面调查了解的基础上，通过定性和定量分析寻找能耗最大的部位，从而确定能源审计重点和能源审计目标，并提出和实施无费/低费节能方案的过程。能源审计的预审计可由能源审计小组组织并会同有关部门共同进行，所确定的能源审计重点通常是实施能源审计潜力最大的地方，它可能是一个工区，可能是一个工段或一个单元设备，也可能是设施等。

这一阶段的工作具体可分为6个步骤：现场调研—现场考察—评价能耗现状—确定审计重点—设置能源审计目标—提出和实施无费/低费节能方案。

7.4.1 现状调研

现状调研主要是对整个企业和所在区域基本概况和能源使用情况进行摸底调查，为下一步的现场考察作准备，主要通过收集资料、查阅档案及与有关人士座谈等方式来进行。收集的资料应包括企业基本概况、生产状况、能耗情况和管理状况等。

7.4.2 现场考察

如果调研收集的数据比较陈旧，就不能确切反映企业当前的运行情况，而且随着企业生产规模的不断扩大，一些工艺流程、设备装置和管线可能已改变，无法在图纸、说明书、设备清单及有关手册上反映出来。此外，实际生产操作和工艺参数控制等往往和原始设计及规程不同。因此，需要进行现场考察，进一步核对和充实所获得的有关资料，为确定审计对象提供准确可靠的依据。同时，可通过现场考察，在全厂范围内发现明显的无费/低费节能方案。

1. 现场考察的内容

现场考察重点包括以下内容：能耗较大的生产部位；生产设备陈旧和工艺落后的部位；操作控制难度大、容易引起生产波动的部位；设备容易出现故障和事故多发部位。

2. 现场考察方法

（1）现场考察最好沿产品生产线进行，一一对应分析和核对能源的输入、温度、压力、管辖布局等参数和信息，并记录有关的变化。

（2）查阅并核对有关的岗位记录，如生产报表、原料购置与消耗、能耗报告单、事故记录与报告表、检修记录、公众反映情况。

（3）检查岗位操作规程的执行情况，如是否准时准量添加能源、是否做好了记录。

（4）与工区负责人、技术人员和实际操作工人座谈，了解生产运行的实际情况。

（5）向行业专家咨询，了解国内外同行业生产情况，分析对比企业生产中存在的能耗问题和差距。

7.4.3 确定能源审计重点

通过前面几步的工作，审计小组已基本探明了企业生产中能耗方面存在的薄弱环节，可以从中确定本轮审计重点。审计重点的确定，应根据企业的实际情况及具备的条件而定，可以是企业的某一生产线、某一车间、某个工段，也可以是某个操作单元，还可以是某一类型产品等。对于工艺复杂、生产单元多、生产规模大的大中型企业要先进行备选审计重点的确定，确定的备选审计重点一般为 4~5 个，然后再按一定的原则确定审计重点。而对工艺简单、产品单一、生产规模小的中小型企业，可不必经过备选审计重点这一阶段，而依据定性分析，直接确定审计重点。

7.4.4 制定能源审计目标

能源审计重点确定后，要针对审计重点设置定量化的硬性指标，以便据此考核和检验，达到节约能源的目的。同时，还可激励企业今后开展能源审计工作。

设置能源审计目标考虑的因素包括：节能法规、标准；企业和所在区域能源发展远景和规划要求；国内外同行业的水平、本企业存在差距；审计重点的生产工艺技术水平和设备能力；企业的实力；有无资金支持等。

设置能源审计目标应与企业经营目标和方针相一致，而且要纳入企业的发展规划乃至企业所在区域的能源发展规划，成为企业发展的重要组成部分。能源审计目标主要是针对审计重点而提出的目标；要定量化并具灵活性，可以根据需要和实际情况适当调整；要具有可操作性，是切实可行的，易于被人理解、易于接受、易于实现；要具有激励作用，具有挑战性，又有明显的效益。经济增长目标不仅要有节能的绝对量，还要有相对量指标，当与现状对照具体设置时，可把目标分成近期目标和中远期目标。近期目标是能源审计某一阶段或某一个项目要达到的具体指标，一般到本轮审计结束时必须完成，而中远期目标则可成为企业长期发展规划的一个重要组成部分，更富挑战性，一般为2~3年，甚至可长达4~5年。

7.5 审计阶段

审计是企业能源审计工作的第三阶段，对审计重点进行能源的输入定量测算。对生产全过程即从原材料投入到产品产出全面进行审计。寻找能源使用与管理等方面存在的问题，分析能源、能量损失的原因。

工作重点是实测输入能流，建立能源平衡，分析能量损失产生的原因。审计与预审计的区别在于预审计需要了解企业所有生产过程，而审计仅仅关注预审计确定的审计重点。

这一阶段的工作具体可分为5个步骤：编制审计重点的工艺流程和能流图—确定能源输入—建立能量平衡图—能量损失原因分析—提出和实施无费/低费节能方案。

7.5.1 编制审计重点的工艺流程图和能流图

工艺流程图和能流图是以图解的方式整理、标示进入审计重点的能流的情况，它是分析生产过程中能源、能量损失产生原因的基础依据。在编制能流图前，审计重点的资料必须充足完善。因此，审计小组需进一步详细收集有关审计重点的资料，并对所有资料作认真综合分析，确保准确无误。

1. 准备审计重点资料

（1）工艺资料。包括工艺流程图，工艺设计的能源、热量平衡数据，工艺操作手册和说明，设备技术规范和运行维护记录，管道系统布局图，车间内平面布置图。

（2）原辅材料和产品资料。包括原辅料消耗统计表、消耗定额，原辅料进厂检验记录，产品检验及质量报表，产品和原辅材料库存记录。

（3）能耗资料。包括能量（水、电、气、燃料）使用记录，年度能耗报告，设备运行和维护费，余热数据报告。

（4）国内外同行业资料。包括国内外同行业单位产品能耗情况。

（5）其他资料。包括承担费用分析报告、财务报表、生产进度表等。

收集完这些资料，还必须到现场进行调查，进一步补充验证已有的数据。现场调查采用现场提问、现场考察、追踪记录等方式进行，调查不同操作周期的取样、化验。现场考察的重点是各项能源使用管理制度的落实情况；各种设备和主要生产工艺流程；仪器仪表的配备、安装的位置与工作状态；其他有疑问的环节。现场调查要求调查时间与生产周期相协调，同一生产周期内应不同班次取样。现场调查最好能请厂内外专家、顾问参加，使他们充分发现问题。现场调查时还应与现场操作人员多讨论，征求和收集合理化建议。现场调查越充分，能源审计机会就越多。

2. 编制审计重点的工艺流程图和能流图

要在收集审计重点有关资料、调查掌握其情况的基础上，编制审计重点的工艺流程图和能流图，并了解审计重点所有单元操作的功能和它们的相互关系，以及单元操作和工艺之间的关系。如果单元操作比较复杂，则应在审计重点工艺流程图和能流图的基础上分别编制各单元操作的详细工艺流程图、能流图和功能说明表。

除了编制工艺流程图和能流图外，对于工艺复杂的操作单元，还应编制工艺设备流程图。设备流程图要求按工艺流程，分别标明重点设备的输入能流及监测点。

7.5.2 建立能量平衡

进行能源平衡的目的是准确地判断审计重点的输入能流，定量确定能耗的数量以及去向，从而发现过去未被注意的能源流失，并为产生和研制能源审计方案提供科学依据。

1. 预测平衡测算

根据实测或核算的输入数据，考察输入能流的总量和能量转换、分配与传输的情况。一般说来，如果输入总量与转换总量之间的偏差在5%以内，则可以用能源平衡的结果进行随后的有关评价与分析；反之，则需检查造成较大偏差的原因，可能是实测数据不准或存在漏算等情况，这种情况下应重新实测或补充监测。

2. 编制能流平衡图

在预测平衡测算的基础上根据生产工艺流程图绘出能流平衡图。能流平衡图是针对审计重点编制的，即用图解的方式将预平衡测算结果标示出来。能流平衡图以单元操作为基本单位，各单元操作用方框图表示，输入画在左边，分配按流程标示，而转换和损耗则画在右边。

3. 能源平衡结果

在实测输入能流及能源平衡的基础上，寻找能耗大和损耗多的部位，阐述能源平衡结果，对审计重点的生产过程作出评价。主要内容包括能源平衡的偏差，实际能源利用率，能源流失部位、环节。

7.5.3 评价能耗状况

1. 能耗结构分析

能耗结构分析是对煤矿企业生产过程中所耗费的能源的种类、用途、折标系数等做出的客观真实有效分析。格式一般如下：

××煤矿矿井生产过程主要以消耗电力为主，蒸汽主要用于冬季井口保温，办公楼采暖、浴池、食堂等，本次审计中，电力的折标系数采用的是当量折标系数0.1229，蒸汽折标系数0.1286，煤的折标系数0.7143，汽油折标系数1.4714，柴油折标系数1.4571。

2. 主要产品各项能耗指标

煤矿企业主要列示：年煤产量及各类能耗包括电力、蒸汽、原煤、柴油等的年消耗总量；吨煤各类能耗主要是各类能源的单耗和综合单耗。

以上信息除了可以通过文字表述外，还可以通过能耗结构表来更直观地显示出煤炭企业的各能耗指标，具体见表7-3。

3. 主要耗能设备的工序能耗

工序能耗指企业的某一生产环节（生产工序）在统计期内的综合能耗。它根据该工序的能耗及能耗工质实物量消耗的统计计量折算成一次能源后进行计算。

当工序有外供二次能源时，则按规定的折算系数折算成一次能源后，从能耗中扣除相应的量。

表7-3　20××年××煤矿生产矿井能耗结构表

能源种类	实物量	当量值	
		吨标煤	%
煤/t			
蒸汽/t			
电/(10^4 kW·h)			
柴油/t			
汽油/t			
自来水/m^3			
其他			
合计			100

煤矿主要工序能耗是指煤炭生产过程中，通风、排水、压风、提升及锅炉能耗设备在一定时间内所消耗的能源量与其工作量的比值，即单位工作量的能耗量。

4. 能源成本与能源利用效果评价

(1) 企业使用外购能源费用的计算应考虑审计期内购入能源产品的输入、输出、库存及消费关系，只计算企业自己消费的部分。

(2) 直接生产过程单位产品能源成本。

直接生产过程单位产品能源成本按照单位产品所消耗的各种能源实物量及其单位价格进行计算。

单位产品实物能耗量可根据企业在审计期内生产系统的实物能耗量和合格产品产量来计算。

(3) 间接能耗和能源损耗。

企业能源审计应考虑企业间接能耗水平，分析间接能耗在企业总能耗中所占的比例。

企业能源审计应分析能源损耗的大小和原因。

在计算企业产品单位综合能耗和企业出厂产品的单位能源成本时，应将间接能耗和能源损耗按产品直接生产能耗的比例分摊到各产品能耗指标中。

7.5.4 能源管理状况审计

能源管理是企业管理的一项重要内容。建立和完善能源管理系统，制定并严格落实各项管理制度，对企业节能降耗、提高效益起着重要的作用。

1. 能源管理系统审计

企业能源审计阶段，应建立健全企业的能源管理系统，包括完善组织机构，落实管理职责，配备计量器具，制定和执行有关文件，开展各项管理活动。该系统应能保证安全稳定地供应生产所需能源，及时发现能耗异常情况，予以纠正，并不断挖掘节能潜力。审计时应考核以下内容：

(1) 是否确定了本单位的能源管理方针。

(2) 组织机构是否完善。

（3）管理职责是否落实。
（4）有关文件的制定是否完备并得到贯彻执行。
（5）其他管理活动。

2. 能源输入管理审计

企业应该对能源输入进行严格管理，保证输入的能源满足生产需要，准确掌握控制输入能源的数量和质量，为合理使用能源和核算总的能耗量提供依据。审计时应考核以下内容：

（1）是否合理选择能源供方。
（2）能源采购合同是否全面规范。
（3）输入能源的计量是否全面准确。
（4）输入能量质量的检测是否符合要求。
（5）储存管理是否合理。

3. 能源转换管理审计

企业所用能源需要通过转换时，应重点审计转换设备的运行、维护检测、定期检修等管理措施。主要的内容包括：

（1）是否有使转换设备保持最佳工况的运行调度规程。
（2）是否制定全面、合理的操作规程并严格执行。
（3）是否定期测定转换设备的效率并确定其最低基限。
（4）是否制定并执行检修规程和检修验收技术条件。

4. 能源分配和传输管理审计

为保障能源安全连续供给，降低损耗，企业应该制定和执行能源分配和传输管理文件。审计时应考核以下内容：

（1）是否制定了分配和传输管理的文件，内容是否明确界定了其范围，规定了有关单位和人员的职责和权限，以及管理工作原则和方法。
（2）能源分配传输系统布局是否合理，是否进行合理调度，优化分配，适时调整，以减少传输损耗。
（3）是否对输配管线定期巡查，测定其损耗，是否根据运行状况，制订计划，合理安排检修。
（4）是否有能源领用制度并制订用能计划，对于各有关部门用能是否准确计量，建立台账，定期统计。

5. 能源使用管理审计

能源使用管理是企业能源管理的主要环节，要通过优化工艺、耗能设备经济运行和定额管理，合理有效地利用能源。审计时应考核以下内容：

（1）生产工艺的设计和调整中是否考虑到合理安排工艺过程，充分利用余能使加工过程能耗量最小；各工序是否通过优化参数、加强监测调控、改进产品加工方法来降低能耗。
（2）耗能设备是否为节能型设备，是否使耗能设备在最佳工况下运行，是否严格执行操作规程并加强维护和检修。
（3）是否合理地制定能耗定额并将能耗定额层层分解落实；是否对实际用能量进行

计量、统计和核算；是否对定额完成情况进行考核和奖惩，是否对定额进行及时修订。

6. 能源计量器具的配置与管理审计

能源计量器具的配置与管理审计，主要考察企业配备的能源计量器具是否充分考虑现行国家标准、行业标准和企业标准的指导作用，并满足生产工艺和使用环境的具体要求，具体如下：

（1）是否满足能源分类计量的要求。

（2）是否满足企业实现能源分级分项考核的要求。

（3）是否满足关于企业设备能源利用监测的要求。

（4）是否配备必要的便携节能检测仪表，以满足对主要用能部位自检自查的要求。

（5）用能单位能源计量器具的配备要求。

（6）对于从事能源加工、转换、输送性质的企业，其所配置的能源计量器应满足评价其能源加工、转换、输运效率的要求。

（7）对从事能源生产的企业，其所配置的能源计量器具应满足评价其单位产品能源自耗率的要求。

7.5.5 审计结论与建议

能源审计工作完成后，需要对被审计单位能源情况进行评价，评价内容包括能源管理体系建立与运行、设施设备运行与维护、耗能系统与环节分析、淘汰落后产品、设施设备、节能技术开发利用、能源供给、能源转换与分配、耗能总量、工序能耗、原煤综合能耗、洗煤能耗、能效、对标、定额完成情况、节能潜力等方面，并给出相应结论。

要对审计发现的问题进行分析，找出原因，提出改进建议，包括改进完善能源管理体系、提高管理水平、提高能效节约能源、提高设施设备管理与运行效率、研发引进新技术、淘汰落后产品与技术、设施设备、开展能源综合利用等方面。

7.6 能源审计报告

7.6.1 能源审计报告的目的

编写能源审计报告的目的是总结能源审计成果，汇总分析各项调查、实测结果，寻找废弃物的产生原因和能源审计的机会，实施并评价能源审计方案，为企业持续实施能源审计提供一个重要的平台。

7.6.2 能源审计报告的内容

根据能源审计任务的要求，能源审计报告应包含以下全部或部分内容：

（1）摘要部分，简要说明用能单位的概况、主要能耗指标和审计结果等内容（2000字以内）。

（2）能源审计的依据及有关事项说明。

（3）用能单位概况及主要生产工艺概况。

（4）用能概况、主要用能系统及设备状况说明、工艺流程与能源流程说明及流向图。

（5）能源管理状况及评价分析、节能培训持证上岗情况。

（6）能源计量和统计状况及评价。

（7）主要设备运行效率及监测情况、技术装备的产业政策评价、通用用能设备的更新淘汰评价。

（8）能耗指标、重点工艺与单位产品能耗指标计算分析。

（9）产值能耗指标与能源成本指标计算分析。

（10）节能量指标计算与考核指标计算分析。

（11）影响能耗指标变化的因素与节能潜力分析。

（12）拟实施节能技改项目的技术、节能效果与经济评价。

（13）存在的问题与合理用能的建议。

（14）审计结论。

7.6.3 能源审计报告的编制

企业能源审计报告分为摘要与正文两部分，摘要放在正文前面，字数应在2000字以内，而且一般不使用图表。

编制能源审计报告的基本要求如下：

（1）证据充分，定性准确。审计报告要用事实和证据说话，以国家的政策和法律、法规为判断是非的标准，做到证据充分，定性准确。所运用的证据材料必须确凿充分，足以支持审计意见。定性引用的法律、法规依据要恰当、准确，引文时应写明文件名称和文号，以及具体引用的有关条文。

（2）事实清楚，数据真实。审计报告所列的事实必须清楚，数据必须准确可靠。要把事情的来龙去脉、因果关系交代清楚。只有这样，才能使政府节能主管部门对企业能源工作作出正确的评价和结论。

（3）内容完整，重点突出。审计报告要对被审计单位一定时期内的能源工作作出评价和结论，为了完整、正确地反映审计结果，客观上要求审计报告的内容要完整：一是审计报告要素要齐全，内容结构要符合规范；二是审计报告的内容要完整，要如实反映被审计单位的实际情况；三是编写审计报告要抓主要问题，突出重点。不能面面俱到，主次不分。

（4）层次清晰，结构合理。审计报告的内容要归类和条理化，做到段落清楚，层次清晰。同类性质的问题应集中在一段或一节中表述，不能将互不关联的问题放在一个段落，造成内容交叉。审计报告的内容应主次分明，排列有序，结构合理，一般主要问题在前，次要问题在后；先摆情况和问题，后评价或定性，再提出建议。

7.6.4 煤炭企业能源审计报告基本格式

煤炭企业能源审计报告基本格式如下：

××煤矿能源审计报告

摘要

第一章　能源审计事项说明

　　第一节　审计目的

　　第二节　审计依据及参考标准

　　第三节　审计期

　　第四节　审计内容

　　第五节　审计范围

第二章　××煤矿基本情况
　　　第一节　生产矿井概况
　　　第二节　矿井主要生产工艺概况
　　　第三节　矿井生产用能系统概况
　　第三章　矿井生产能源管理系统
　　　第一节　能源管理状况
　　　第二节　能源计量管理
　　　第三节　能源统计管理
　　第四章　企业能源利用分析
　　　第一节　企业能耗指标计算
　　　第二节　产品能耗指标的核算与评价
　　　第三节　产值能耗指标与能源成本指标计算分析
　　　第四节　节能量计算
　　　第五节　影响能耗指标变化的因素
　　第五章　××煤矿合理利用能源的建议
　　　第一节　能源管理利用存在的问题
　　　第二节　合理利用能源的建议
　　第六章　节能技术改进项目的经济效益评价
　　　第一节　部分节能管理、技术改造方案汇总
　　　第二节　主要节能项目分析
　　　第三节　环境效益分析
　　第七章　审计结论

7.7　能源审计报告的验收

7.7.1　能源审计报告验收的含义和分类

　　能源审计报告验收是指能源审计中介服务机构在完成用能单位的能源审计工作后，其能源审计报告必须通过验收。

　　企业能源审计报告验收分为政府验收和委托验收两类。政府验收是指由相关政府机构组织的验收，包括专项验收、阶段验收和专家评审验收。委托验收是指由相关政府机构委托具有节能执法资质的单位对能源审计报告的验收，验收结果应及时报送相关机构备案，并对验收结果负责。

7.7.2　能源审计报告验收程序

　　能源审计工作完成后，能源审计中介服务机构应当填报《能源审计完成情况表》，并将《能源审计完成情况表》报送被审计单位所在地市相关机构。所在地市相关机构应该掌握本区域重点耗能企业能源审计工作进展情况，对能源审计中介服务机构的从业条件、工作标准、审计行为进行监督管理。相关机构根据能源审计工作的进展情况，组织对能源审计报告的评审验收工作。用能单位及能源审计中介服务机构可以向相关机构提出对能源审计报告进行验收的申请，相关机构根据其能源审计工作开展情况，组织评审验收。

　　能源审计中介服务机构从事能源审计工作及报告编写人员不得参与本单位能源审计报

告的验收工作。能源审计报告的验收标准以国家《企业能源审计技术通则》（GB/T 17166—1997）和行业相关规定为准。

　　能源审计报告验收工作完成后，由验收机构出具验收报告。对未能通过验收的能源审计报告，验收机构应当明确不予通过的理由、存在的问题及整改意见。能源审计中介服务机构应当根据整改意见，进行补充审计或重新审计，工作完成后，重新申请验收。能源审计报告验收合格后，能源审计中介服务机构将报告报送被审计单位所在地节能主管部门备案。用能单位或能源审计中介服务机构提交的验收资料不真实导致验收结论有误的，由提交不真实验收资料的单位承担责任；委托验收单位不按规定验收，出具虚假验收结论的取消委托验收资格，并对相关责任单位予以通报批评。

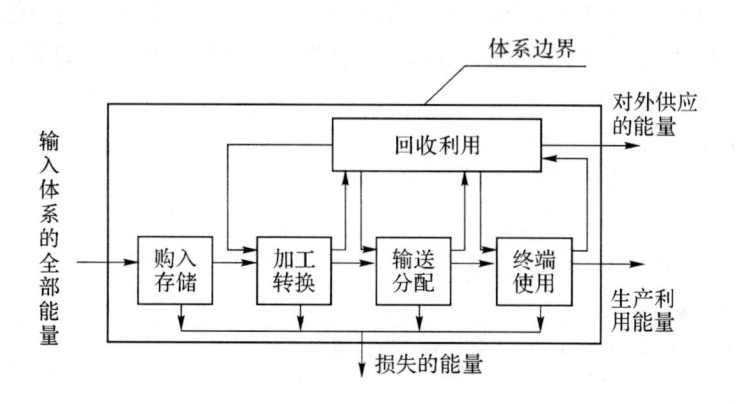

8 企业能量平衡

企业能量平衡以企业为体系,研究进入企业的能量与从企业中排出的能量之间的平衡关系和状况。通过能量平衡,可以了解进入与排出能量的构成,了解用能水平和各种能量损失,寻求合理用能和节约用能的方向。目前企业能量平衡主要考查能量的数量关系,尚未考虑能量质量。企业能量平衡主要包括企业热平衡、企业电平衡和企业水平衡等内容。

8.1 企业能量平衡的内容

8.1.1 企业能量平衡模式

企业消耗的能量主要包括各个部门设备所消耗的能量。用热设备消耗的能量占企业消耗能量的绝大部分,但用热设备的能量利用水平往往很低。因此,能量平衡的重点是热平衡,即以热能为重点、以热量单位为基础的能量平衡。目前我国很多企业进行能量平衡,首先是从热平衡开始,然后根据条件逐渐进行局部能量的平衡或进行节能诊断。因此在有条件的单位可以进行全部能量平衡,在尚不具备条件的单位可以先进行热平衡。

1. 企业能量平衡

企业能量平衡如图 8-1 所示。

图 8-1 企业能量平衡

2. 企业能量平衡方程

企业能量平衡方程如下:

$$E_r = -E_c \tag{8-1}$$

式中 E_r——输入体系的全部能量;
E_c——输出体系的全部能量。

$$E_r = E_{cy} + E_{cg} + E_{cs} \tag{8-2}$$

式中 E_{cy}——生产利用的能量；
E_{cg}——对外供应的能量；
E_{cs}——损失的能量。

8.1.2 企业能量平衡方法

我国 1980 年开始的企业能量平衡工作，是以耗能设备的测试为重点，逐步汇总出车间或分厂，直至全企业的能量平衡方法。该方法存在着测试工作量大，耗费人力、物力和财力多，工作时间过长，测试计算结果与企业日常用能状况偏离大等缺点。随后的国家标准已将企业能量平衡分析从以测试计算为主，转变为以统计计算为主的企业能量平衡方法。

以统计计算为主的企业能量平衡方法是采用系统工程的方法，将企业划定为一个用能系统作为研究对象，而不是以耗能设备的能量平衡作为研究重点。即将企业能量平衡系统划分为能源购入贮存、加工转换、输送分配直至最终使用 4 个环节，沿着企业用能的流程进行系统平衡与分析；企业能量平衡期选为企业用能的全部期间，而不是测试时间；选用统计数据是全部运行期间的数据，而不是测试期间的典型、抽样数据；所取的工况也是实际工况而不是典型抽样工况，这在能源计量系统完善和能源管理较好的企业是可以实现的。取得可靠的、齐全的企业能源统计数据，进行企业能源综合平衡与分析，寻找节能方向，制定节能措施，实现企业用能优化调度和科学决策。把企业能量平衡工作与企业日常能源管理工作结合起来，更准确地反映出企业用能状况。在此基础上，引入计算机技术，建立企业能源管理信息系统，实现用计算机辅助管理企业能源系统。

企业能量平衡是利用统计计算与测试计算相结合，以统计计算为主的综合分析方法。以统计期内的能源计量数据为基础进行综合统计计算。在统计资料不足，统计数据需要校核及特殊需要时，应进行测试。测试结果应折算为统计期运行状态下的平均水平。

8.1.3 能量平衡计算的基准

1. 基准温度

基准温度的选取有以下两种：

（1）以环境温度为基准温度。

（2）采用其他基准温度应另行说明。

2. 燃料发热量

燃料发热量以其低（位）发热量为基准计算。

3. 二次能源的能量计算

在用能设备能量平衡计算中，二次能源的能量按当量值计算。

注：做功用的载能工质算作二次能源。

4. 助燃用空气组分

原则上采用下列空气组分：

（1）按体积比：O_2，21.0%；N_2，79.0%。

（2）按质量比：O_2，23.2%；N_2，76.8%。

8.1.4 能量平衡的指标

能耗分为单位能耗、综合能耗、可比能耗三类。它是考核生产单位产品或单位产值所消耗的能源量。

8 企业能量平衡

(1) 单位能耗：

$$单位产品能耗 = \frac{某种能源总耗量}{某种产品产量}$$

$$单位产值能耗 = \frac{某种能源总耗量}{工业增加值(工业总产值)}$$

(2) 综合能耗：

$$单位(产品)综合能耗 = \frac{各种能源总耗量}{产品产量}$$

$$单位(产值)综合能耗 = \frac{各种能源总耗量}{工业增加值(工业总产值)}$$

(3) 可比能耗：

$$可比能耗 = \frac{各种能源总耗量}{标准产品产量}$$

$$可比能耗 = \frac{标准工序总耗能量}{产品产量}$$

式中各种能源的总耗量是指所消耗的各种能源，按等价热值折算成相当于一次能源的能量的总和，参见 GB/T 2589—2008。综合能耗是考核能源利用水平的重要指标，不断地降低单位综合能耗是能源管理的中心环节，在计算时要注意 3 个问题：产值计算应取净产值，而不是总产值；产量计算时应是合格品，而不包括次品、等外品和废品；对于生产多种产品的企业应考虑实际情况，合理分摊能源消耗量。

采用综合能耗指标既便于能源管理，又便于能源的统计和计划管理。但是也要注意到单项能耗指标的优点和作用，它可以直观地反映出所有的能源种类、品位和结构，又可了解企业能源的消费构成，节省优质能源，发现耗能过大的环节。单项能耗是制定综合能耗的基础，综合能耗又是各项单项能耗的综合反映，因此，它们在企业能源管理中，是相辅相成的两个方面。

能量平衡的基本指标是能量平衡表所描述的能量过程的广义投入产出效率，即各种类型的单位产出能耗。对于以产出某种二次能源为目的的用能单元，也可用过程的热力学效率为综合指标。

能量平衡的具体指标如下：

(1) 单位能耗指标是指产品单位产量某种实物能耗量(简称单位实物能耗)，计算公式为

$$E_m = \frac{E_i}{M} \tag{8-3}$$

式中 E_m——产品单位产量某种实物能耗量；

E_i——某种实物能耗量；

M——期内产出的某种产品的合格品产量。

(2) 单位产值（增加值）某种实物能耗量（简称单位产值实物能耗）计算公式为

$$E_g = \frac{E_i}{G} \tag{8-4}$$

式中 E_g——单位产值（增加值）某种实物能耗量；

E_i——某种实物能耗量；

G——期内产出的产值（增加值）。

此外，产品单位产量综合能耗（简称单位产品综合能耗）按 GB/T 2589 计算。企业单位产值综合能耗按 GB/T 2589 计算。

（3）余能资源指标：

余能资源量按 GB/T 728 计算。余能包括余热、余压、排放的可燃气体等。

余能资源率是余能资源量与企业消耗各种能源量总和的比值。

余能资源率计算公式如下：

$$\xi_{yu} = \frac{E_{yu}}{E_d} \qquad (8-5)$$

式中　ξ_{yu}——余能资源率；

　　　E_{yu}——余能资源量；

　　　E_d——企业综合能耗量。

（4）余能资源利用率：

余能资源利用率是企业的余能资源量中已利用的程度。

余能资源利用率计算公式如下：

$$\gamma_{yu} = \frac{E_{yt}}{E_{yu}} \qquad (8-6)$$

式中　γ_{yu}——余能资源利用率；

　　　E_{yt}——已利用的余能资源量；

　　　E_{yu}——余能资源量。

8.1.5　能量平衡报告

企业能量平衡报告应包括下列内容：

（1）企业能源消费总量与构成。

（2）企业能量平衡表。

（3）按 GB/T 2587、GB/T 2588 和能耗指标及工艺过程，进行用能情况分析。

（4）企业内余能资源量、余能资源率和余能资源利用情况。

（5）根据用能分析和余能利用情况，并按 GB/T 3485、GB/T 3486 指出可能的节能潜力及部位，提出节能措施方案。

8.1.6　有效利用能计算

1. 能源利用率

能源利用率是指一个体系（国家、地区、企业或单项耗能设备等）有效利用的能量与实际消耗能量的比率。它反映能耗水平和利用效果。企业能源利用率是一项综合性技术指标，它不仅反映了每个设备的运行状况，而且反映了包括管理、运行、操作、负荷、工艺、原料、产品、环境等多种因素与环节的影响。在计算时，往往是先计算各种用能系统的效率，然后再按各系统的耗能量进行加权平均。

$$\text{企业能源利用率} = \frac{\sum(\text{系统效率} \times \text{系统耗能量})}{\text{各系统耗能量之和}}$$

$$\text{系统效率} = \text{购入(贮存)效率} \times \text{转换效率} \times \text{传输效率} \times \text{使用效率}$$

即
$$\eta = \frac{\sum Q_{有效}}{\sum Q_{能源}} \times 100\%$$

2. 能源回收利用率

能源回收利用率表示企业由于采取余热回收和重复利用所带来的节能效果。

$$能源回收利用率 = \frac{回收利用总能量}{供入总能量} = \frac{回收利用总热量}{供入热量}$$

$$\eta_{回收} = \frac{\sum Q_{回收}}{\sum Q_{供入}} \times 100\%$$

综上所述，这些技术指标各有特点，分别从不同角度反映企业用能水平。其中，能耗直观性强，适用于考核产品的耗能水平，还便于比较；利用率体现企业和设备用能水平，通过对它的测试分析，可找出节能潜力与方向；回收利用率则反映企业余热利用程度，可以初步衡量一个企业的能源管理水平，为制定节能技术改造措施提供科学的依据。

8.1.7 工作程序

1. 准备工作

（1）人员的组织与培训。

（2）配备必要的计量与测试仪器仪表。

（3）统一测试、计算方法。

（4）统一记录和统计方法与编制表格。

（5）编制工作计划、确定测试与统计项目、日程安排与统一生产调度。

（6）收集有效资料。有效资料主要包括以下几种：

一是原始资料，包括设计参数、工艺规程、操作规程、设备性能及国内外情报资料。

二是运行资料，包括产品产量、原材料、能耗、负荷、参数、效率等项。

三是测试资料，包括投入能量、各项损失、有效能量、产品能耗、设备效率。

四是基础理论资料，包括理论能耗、计算方法、公式和实用图表、国家标准、定额考核指标等。

2. 测试工作

（1）主要耗能设备热平衡测试。

（2）动力管网输送损失测试。

（3）电力输送、分配损失测试。

3. 统计工作

（1）核对企业能源购销、收发凭证及库存量，统计企业实际消耗的外购能源量。

（2）核对动力站房运行记录与台账，统计各动力站房输入与输出能源量。

（3）核对用能单位原始记录与台账，统计企业用能单位与部门的能源消费总量。

（4）统计企业用能设备的工作时间，完成的工作量及能源消费量。

4. 整理计算工作

（1）统一各类能源、耗能工质的折算系数。

（2）计算外购、自产能源量及其构成。

（3）用能单位、耗能设备分类编组，绘制企业用能系统图。

（4）计算主要耗能设备、车间（分厂）、用能单位的能量利用率和主要耗能设备的效率。

（5）计算单位产品的能耗。

（6）计算企业能量利用率与企业能源利用率。

5. 分析总结

企业能量平衡工作中的分析总结十分重要，通过系统分析，对所获得的数据、资料进行系统平衡，从而了解企业能源利用是否合理、有效，并提出节能改造措施，达到节约能源的目的，其具体工作内容为：编写企业能量平衡工作报告，提出企业节能技术改造方案，制定、完善企业能源管理制度，资料归档。

通过企业能量平衡工作，我们取得了大量的统计与测试数据、资料，然而用什么办法去整理、分析这些能源数据呢？又要用什么方法把它们集中表示出来呢？应该对企业能源系统进行简明、科学的描述，做到概念清楚、结构灵活、使用方便，同时为进一步使用计算机技术建立企业能源管理信息系统提供方便。建议在采用国家标准 GB/T 3484—2009《企业能量平衡通则》所规定表格以外，再增加一张表和两个图形，即企业能量平衡表、企业能源网络图、企业能流图。

6. 主要结果整理

我国开展企业能量平衡工作已有十多年的历史，取得了很大的成绩，也积累了很多经验。大家普遍反映：企业能量平衡工作，要从以测试计算为主过渡到以统计计算为主，以便真正反映企业日常实际用能状况，并能指导企业能源管理工作。通过企业能量平衡工作，我们取得了大量的统计与测试数据、资料，然而用什么办法去整理、分析这些能源数据呢？又要用什么方法把它们集中表示出来呢？应该既要对企业能源系统进行简明、科学的描述，做到概念清楚、结构灵活、使用方便，同时为进一步使用电子计算机技术，建立企业能源管理信息系统提供方便。建议在采用国家标准 GB/T 3484—2009《企业能量平衡通则》所规定表格以外，再增加一张表和两个图形，即企业能量平衡表、企业能源网络图、企业能流图。

8.2 企业能量平衡表

8.2.1 企业能量平衡表的作用

企业能量平衡表是从企业能源统计表转化过来的，在国家标准 GB/T 3484—2009 中，已经给出了 5 个表格，其中企业能源收支平衡表、企业能耗量表和企业能量平衡表都是不同形式的企业能量平衡表。仔细分析上述 3 种表格，就会发现它们给出的能源消费信息都是静态的能源资源消费量。只能看到国家为企业提供的能源资源量的平衡关系，而看不到企业用能的流动过程。

企业能量平衡表是企业能源系统进行综合分析的一种有用工具，为改进企业能源管理、编制企业能源计划提供科学依据。企业能量平衡表的形式很多，出于各种不同目的，编制出许多类型的能量平衡表，其主要作用如下：

（1）分析企业能源系统状况、能量平衡关系，为企业能源管理、编制能源计划提供科学依据。

（2）分析企业节能潜力、明确节能方向、能源相互替代，确定节能技术改造方案。

(3) 计算企业能源利用率。
(4) 为绘制企业能源网络图与企业能流图提供了详细、可靠的数据。

8.2.2 企业能量平衡表的填写

由于受表格的限制,企业能量平衡表不能填写许多文字来说明复杂的用能过程,它必须附有一些必要的解释与说明,甚至要加一些附表。

(1) 说明企业能量平衡表的填写方法与表中各项的意义。
(2) 说明原始数据来源与数据处理。
(3) 说明平衡表正、负号的含义。
(4) 说明库存变化量。
(5) 企业平衡表的每一纵列应保持平衡,当出现不平衡时,把不平衡部分放入统计误差项,并加以说明。
(6) 标明能量折算系数表。
(7) 标明统计期。

编制能量平衡表时,必须填写能源统计表,能源统计表和能量平衡表不宜采用完全相同的形式,两者虽有内在联系,但却是不同的两种表格,两者的差别不仅在于能源计量单位不同,而且具有不同的功能和侧重点。能源统计表是能量平衡表的数据基础,而能量平衡表是能源统计表各项数据的综合;能源统计表本身也是一种平衡表,但它只是各类能源(如原煤、汽油、焦炭等)的实物量的单项平衡,一般使用原始计量单位。而能量平衡表要解决的问题,不是单一能源的平衡问题,而是所有能源的综合平衡问题,各种能源要通过所含能量彼此关联,所以能量平衡表必须使用通用计量单位,如万吨煤当量、万吨油当量、亿焦耳等。因此,两种表的填写方式,某些数字的含义是有所不同的。为使能源统计完整,使用方便,在编制能量平衡表的同时,应该建立完整的能源统计表。能源统计表各项数字都是填写实物量,表中所有数字均为正值。

企业能量平衡表见表 8-1。

表 8-1 企业能量平衡表

统计期:××××年 tce

	项目	购入贮存			加工转换				输送分配	最 终 使 用						
		实物量	等价值	当量值	发电站	制冷站	其他	小计		主要生产	辅助生产	采暖(空调)	照明	运输	其他	合计
能源名称		1	2	3	4	5	6	7	8	9	10	11	12	13	14	15
供入能量	蒸汽															
	电力															
	柴油															
	汽油															
	煤炭															
	冷煤水															
	热水															
	合计															

表 8-1（续） tce

项目	购入贮存			加工转换				输送分配	最终使用						合计
	实物量	等价值	当量值	发电站	制冷站	其他	小计		主要生产	辅助生产	采暖（空调）	照明	运输	其他	
能源名称	1	2	3	4	5	6	7	8	9	10	11	12	13	14	15
有效能量　蒸汽															
电力															
柴油															
汽油															
煤炭															
冷媒水															
热水															
合计															
回收利用															
损失能量															
合　计															
能量利用率															

8.2.3　企业能量平衡表格式

（1）企业能量平衡表的横行划分为购入贮存、加工转换、输送分配、最终使用 4 个环节。纵行划分为能源的供入能量、有效能量和损失能量、回收利用和能量利用率等项。

（2）最终使用划分为主要生产系统、辅助生产系统、采暖（空调）、照明、运输及其他 6 个用能单元。

（3）购入贮存环节等价值栏右侧为当量值。

8.2.4　编制企业能量平衡表数据

（1）企业能量平衡表的基础数据来源于企业能源统计资料。

（2）企业能量平衡表的数据，除各种能源的实物量及等价值栏外，均是能量的当量值。

（3）企业能量平衡表的结果应符合能量守恒定律。各种能源的当量值收支总量应保持平衡；供入能量与有效能量及损失能量之和保持平衡。

（4）非平衡项数值应使用方括号括住。

（5）购入贮存栏内数据，已扣除库存增量及外销量。

（6）有效能量的计算应符合 GB/T 3484。

（7）各种能源的折算应符合 GB/T 2589。

（8）能量利用率按下式计算：

$$\eta_e = \frac{Q_1}{Q_2} \tag{8-7}$$

式中　η_e——能量利用率；

Q_1——有效能量；

Q_2——供入能量。

8.2.5 文字说明

（1）说明原始数据来源。

（2）计算结果出现不平衡时，应说明原因。

（3）标明能源折算为标准煤量的折算系数。

（4）标明统计期。

（5）计算出企业能量利用率指标。企业能量利用率按下式计算：

$$\eta_{ce} = \frac{Q_{c1}}{Q_{c2}} \tag{8-8}$$

式中　η_{ce}——企业能量利用率；

Q_{c1}——企业有效能量；

Q_{c2}——企业消耗总能量。

8.3 企业能源网络图

8.3.1 企业能源网络图

能源网络图是评价企业用能效率、指出能耗薄弱环节、解决能源管理中存在问题的重要手段。企业能源网络图由图形、数据及必要的文字构成。企业能源网络图数据见表8-2。能源网络图中的字体、图线应符合 GB/T 4457.3 及 GB/T 4457.4 的规定。

表8-2　企业能源网络图数据表

厂名：　　　　　　　　　　　　　　　　　　　　　　　　　　　统计期：

能源种类	购入贮存			加工转换				生产用能单位						其他用能单位						外供	备注
	实物量	当量值	贮存损耗	锅炉房		煤气站															
				收	支	收	支	收	支	收	支	收	支	收	支	收	支	收	支		
一次能源																					
二次能源																					
耗能工质																					

表8-2（续）

能源种类	购入贮存			加工转换				生产用能单位						其他用能单位						外供	备注
	实物量	当量值	贮存损耗	锅炉房		煤气站				收	支	收	支	收	支	收	支	收	支		
				收	支	收	支	收	支											
回收利用能																				
合计																				

统计日期：　　　年　　月　　日

企业能源网络图把企业的能源系统从左至右划分为购入贮存、加工转换、输送分配、最终使用4个环节。每个环节包括一个或几个用能单元。购入贮存环节的各种能源用圆形图表示；加工转换环节中用能单元用方形图表示；生产过程回收的可利用能源用菱形图表示，列入购入贮存环节；最终使用环节的用能单元用矩形图表示。

能源网络图中能源流向规定自左向右。

（1）购入贮存环节的各种能源，在圆形图上半部标注能源名称、供入能源实物量的数字和单位。下半部标注等价值。圆形图左侧的箭头方向，指向圆形图表示购入或动用库存，离开圆形图表示外供或期末库存，箭头上方数字表示购入、外供或出入库存数量和单位。

从圆形图右侧绘出的箭头上方数字表示供入能源的等价值和当量值的标准煤量，箭头下方括号内数字表示占供入企业总能量的百分数。等价值和当量值之间用双线隔开，左侧数字为供入企业能源的等价值，右侧数字为当量值。购入贮存环节下部列出供入企业能源数据的总计。

（2）加工转换环节中，在方形图上半部标注转换单元名称，下半部表示其加工转换效率。左侧的箭头表示供入的能源，右侧表示供出的能源。箭头上方的数字表示供入或供出能源的标准煤当量值，下方括号内数字表示占供入企业总能量的百分数。

（3）每个用能单元左侧箭头上方标注投入能源的数量，下方括号内数字表示占供入企业能源总量的百分数。从右侧绘出的箭头上方数字表示该单元的有效能量，数字右侧括号内数字表示该有效能量占供入企业总能量的百分数。

（4）从用能单元右侧流出向下的箭头表示损失能量数字，括号内数字表示该损失能量占供入企业总能量的百分数。

（5）用矩形图表示的用能单元，其中标注用能单元名称，括号内数字是该用能单元的能量利用率。

（6）表示生产过程中回收可利用能源的菱形框图，上部标注回收能源名称，下部标注回收能源实物量的数字及单位。菱形框图右侧绘出的箭头上方的方括号内标注回收能源的标准煤当量数字。

（7）在各用能环节右方向下的箭头表示各环节的损失能量，并标注出该环节的能源损失总量，括号内数字表示占供入企业总能量的百分数。

（8）网络图右侧绘出箭头表示总有效能量，并标注表示有效能源总量的数字，括号内标注总有效能量占供入企业总能量的百分数。

8.3.2 企业能源网络图的含义

能源网络图是用网络的形式描述企业能源系统的图形，我们根据企业能源管理国家标准规定，运用网络的形式，由左向右描述企业能源系统的能源流动过程；其中包括物质流和信息流，而且满足热力学第一定律。它形象、直观地描述了企业能源系统由购入贮存、加工转换、输送分配直至最终使用等4个环节，每个环节中又分为若干单元。同时反映出每个环节的能源构成、能源的投入/产出关系和它们之间的错综复杂关联。加工转换环节包括热电站、动力站房等。其最终使用环节更为复杂，各行各业具有不同的特点，本来在这一环节中可以按最终用能的重点耗能设备、车间（分厂）或用能部门（采暖、运输、照明、生活及其他）来划分单元，但是都有一定的局限性。

能源网络图反映企业生产过程中各种能源使用或加工转换的流向和过程，是能量平衡结果的表示，通过能源网络图可以直观地看出企业能源利用系统的全貌、各用能环节的能源构成情况、能源的投入产出关系。对能源审计者而言，能源网络图能够清晰展现企业能源数据的审核主线，准确把握审核后数据的可靠性，同时能够较快发现企业能耗上的薄弱环节；对审核者而言，报告中的任何表单都无法替代能量网络图的作用，使审核者快速了解企业能耗特点，把握报告内容，发现主要问题，提高审核效率及质量；对企业而言，可利用能源网络图中包含的信息内容，指出企业用能特点、发掘节能潜力，能够有针对性地提出相关对策，解决企业在能源管理中存在的问题。

8.3.3 网络图的表示法

完成一个项目需要进行许多工作（活动、过程、工序）。用一个矢量表示工作，工作的名称写在箭杆上面，完成工作所需要的时间写在箭杆下面（小时、天、周），箭尾表示工作的开始，箭头表示工作结束。箭尾和箭头处分别画上圆圈和方框，叫工作箭号表示法，通常叫做双代号网络图，表示法如图8-2a所示。一个箭号代表一项工作，工作箭杆一般不是按比例绘制，它的长度及方向原则上可以任意。

(a) 工作箭号表示法　　　　　(b) 事件节点表示法

图8-2　网络图表示方法图例

但是在网络图上它们必须按完成的先后顺序排列。在网络图中箭杆的出发和交汇处画上圆圈和方框，用以表示前面（一个或若干个）工作的结束和允许后面（一个或若干个）工作的开始，把它叫做事件。事件与工作不同，它是工作完成或开始的瞬间，具有承上启下把工作衔接起来的作用，它不需要消耗时间或资源。箭杆出发的事件叫做起点（前面）

事件，箭杆进入的事件叫做终点（后面）事件，所以同一事件（整个网络计划的原始事件和结束事件除外）既是前面工作的终点事件，又是后面工作的起点事件。

在网络图中，可以有许多工作通向同一事件，也可以由同一事件出发的许多工作。每一个箭杆表示一个工作，也表示一条线路，线路只表明去向。从原始事件沿箭头方向到结束事件之间有很多线路，其长度决定于该线路上各项工作持续时间的总和，所以工作、事件、线路是双代号网络图的3个要素。

以节点表示事件，箭号表示事件与事件之间的顺序关系，事件与事件之间的时间间隔（简称时间）通常写在箭号的下面，这种表示方法叫事件节点表示法，用这种方法表示的网络图叫单代号网络图（图8-2b）。

8.3.4 企业能源网络图的绘制方法

按照《企业能源审计通则》的要求，企业能量平衡表的纵向是能源输入能量、有效能量和损失能量、回收能量和能量利用率等项；横向划分为购入贮存、加工转换、输送分配、最终使用4个环节。根据能量平衡的数据，绘制能源网络图（图8-3）。

1. 绘制原则

（1）企业能源网络图由图形、数据及必要的文字构成。

（2）能源网络图中的字体、图线应符合 GB/T 4457.3 及 GB/T 4457.4 的规定。

2. 绘制方法

（1）能源网络图将煤炭企业的能源系统从左至右划分为购入贮存、加工转换、输送分配、最终使用4个环节，加工转换和最终使用环节包括若干个用能单元。购入贮存的煤炭、蒸汽、电力、柴油、汽油等能源用圆形图表示；加工转换用方框表示；最终使用采用矩形表示。

（2）加工转换环节的用能单元包括发电厂、变电站、供水站、锅炉房等。最终使用环节包括主要生产、辅助生产、采暖（空调）、照明、运输和其他等。

（3）能源网络图中煤炭、电力、蒸汽、柴油等能源均由实物量折算为等价值和当量值。等价值和当量值之间用双线隔开，左侧数字为等价值，右侧数字为当量值。

（4）能源网络图中能源流向为由左向右。每个用能单元从左侧箭头上方标注投入能源的数量，下方括号内数字表示占供入集团公司能源总量的百分数。从右侧绘出的箭头上方数字表示该单元的有效能量，数字右侧括号内数字表示该有效能量占供入集团公司总能量的百分数。

（5）在各用能环节右方向下的箭头表示能源损失，并标出了该环节的能源损失总量，括号内数字表示占供入集团公司总量的百分数。

（6）能源网络图右侧的箭头汇总量表示煤电公司利用的总有效能量，括号内数据是总有效能量占供入集团公司总量的百分数。

能源网络图中煤炭、电力、蒸汽、柴油、水等能源和耗能工质的流入量与流出量平衡；各过程相互衔接的节点处，流入能量总和等于流出能量的总和；每个具体的用能单元的流入能量与流出能量也是平衡的。

8.3.5 企业能源网络图的作用

煤炭企业能源网络图和企业能量平衡表一样，也是企业能源管理的基础性工作，和它配套的有企业能量平衡表和企业能源网络图（图8-3），都是绘制企业能流图的依据，它

8 企业能量平衡

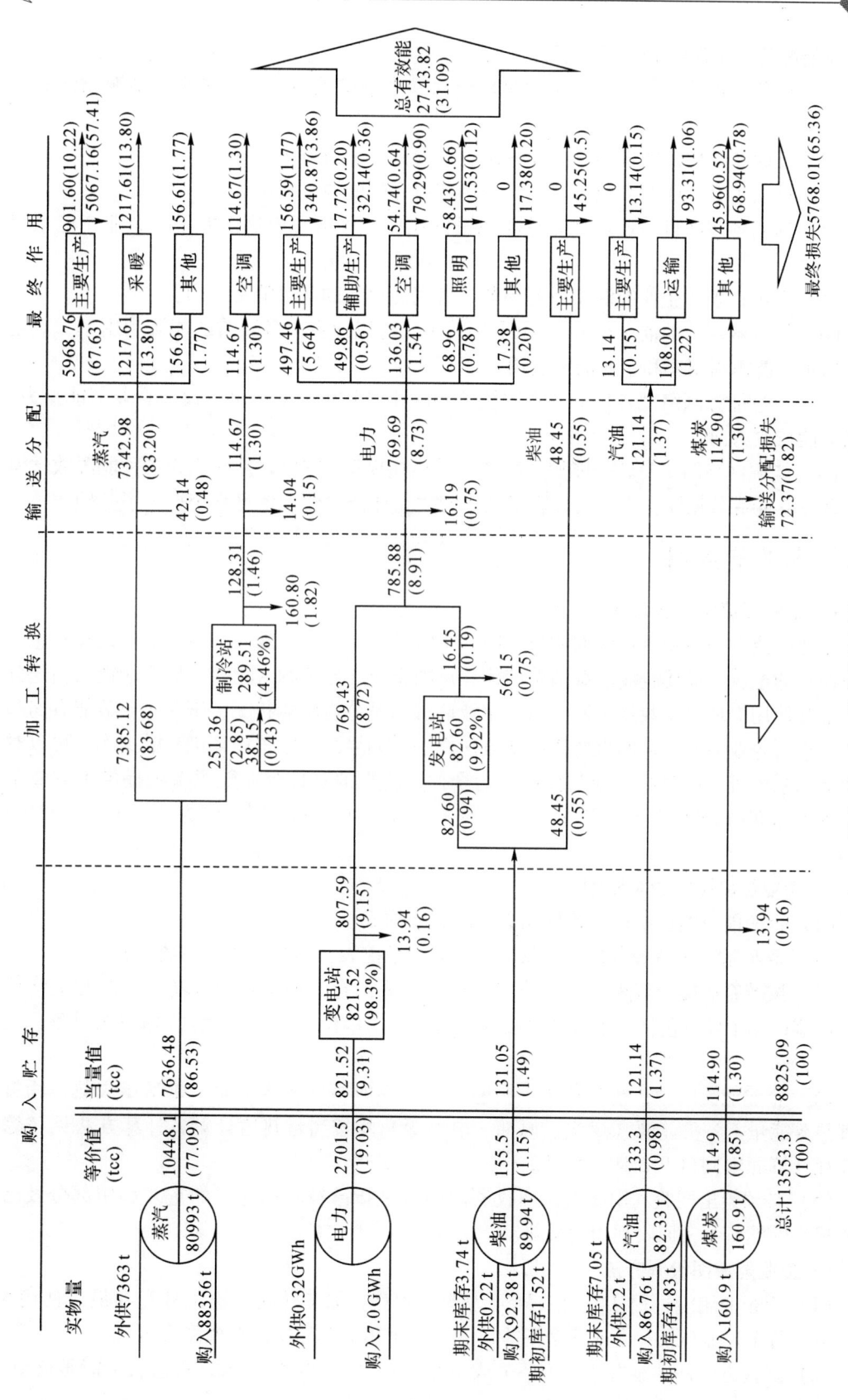

图 8-3 ××煤矿能源网络图

在企业能源管理工作中的作用如下：

（1）形象直观地描述了本企业能源系统的基本平衡关系，集中了企业能源物流和信息流。

（2）反映企业使用的各类能源在各结点上的流入量与流出量平衡关系。

（3）反映了企业能源系统各环节、各用能单元的能源量平衡关系。

（4）标明各用能量占投入企业总能源量的比例，可以看出这份能量在企业用能系统的重要性。

（5）系统地表明企业能源体系各环节、各用能单元的能源消费结构。

（6）根据各环节的能源投入/产出平衡关系，可以计算出各环节的能源利用率，直至推算出企业能源利用率和企业能量利用率。

（7）通过能源网络图各环节、各用能单元的能源利用分析，可以摸清企业节能潜力、明确节能技改方向。

（8）能源网络图本身就是能源系统的一种描述模型，它可以发展成为各种能源数学模型以及建立能源数据库，为利用计算机技术建立企业能源管理信息系统打下了基础。

8.4 企业能流图

8.4.1 企业能流图及其用途

企业能流图是表示企业内部能量流向、平衡的图形。它直观、简洁、形象地概括企业能源系统的全貌。描述企业能源消费结构，反映企业在能源购入贮存、加工转换、输送分配、最终使用等环节的数量平衡关系。企业能流图是分析用能状况，研究企业节能方向和途径，进行企业能源管理的重要依据和方法之一。如果配置电子计算机和数据库，可以对企业能源系统进行适时的管理与控制，为全面、科学地管理企业能源系统提供了方便条件。国家标准局1986年5月27日发布了国家标准《企业能流图绘制方法》（GB 6421—1986）。

8.4.2 企业能流图的绘制原则

（1）企业能流图由图形、数据和必要的文字构成。

（2）企业能流图的基本数据来源于企业能量平衡表，即企业能流图数据表。

（3）按着企业能量流程特点，分成能源的购入贮存、加工转换、输送分配和最终使用等环节；每个环节包括一个或几个独立的能源使用单位（称为单元），如用能设备、装置、动力站房、车间等。

（4）企业能流图中，包括常规一次能源、二次能源、耗能工质、化学反应热、物料物理热等能量。各类能源（煤炭、原油、电力等）均按当量热值计算，计算方法见《综合能耗计算通则》（GB 2589—1985）。

（5）必须绘出回收利用能量。回收利用能量是指已被利用能量的重复利用部分及已计入损失的能量而又回收利用的余热。

8.4.3 企业能流图绘制方法

（1）把企业用能过程从左至右划分为购入贮存、加工转换、输送分配和最终使用4个环节。每个环节包括一个或几个用能单元。每个用能单元用矩形框图表示。

（2）能流方向从左至右。每个环节或单元，左边表示能量流入，右边表示能量流出。

损失能量是从右边流出并转向图形的下方。

（3）化学反应热量均在反应单元绘出，化学反应放热为本单元的流入能量，化学反应吸热为本单元的流出能量。

（4）能源消费总量是确定各种能源量百分比的基础，在能流图中取能源总量占据图形宽度为70%。各环节、各单元在能流图中的宽度尺寸，按该种能量所占比例绘制。

（5）能流图中各种能量形式必须标注清楚，可用不同的颜色或剖面符号加以区别。

（6）能流图中要标出流入的各类能源的实物量及其当量值和百分比。

（7）某一种类能源流入量小于能源总量2%者。可与其他能源合并成一项绘出。

（8）根据需要可按能源种类、用能单元或某种产品绘制局部能流图。局部能流图是企业能流图中某一部分的详图，其绘制方法同上。

8.4.4 文字说明

（1）要标出进入企业的各类能源的实物量、总综合能耗、各类能源的当量值与百分比。

（2）标明统计期和数字单位（焦耳、千焦耳、吨标准煤等）。

（3）标出企业能源利用率和企业能量利用率。

（4）图面右下侧应说明各种剖面符号意义。

8.4.5 非标准煤炭企业能流图

目前流行着各种各样的企业能流图，凡是不符合国家标准 GB 6421—1986 规定者，都认为是非标准煤炭企业能流图，都应该废除。

8.5 能量平衡测算

8.5.1 能量平衡测算基本要求

能量平衡考察的内容主要包括进入用能设备的能量，产品生产利用的能量、输出的能量和损失的能量，以及在体系内物质化学反应放出或吸收的热量，要求得到数量上的平衡。

能量平衡测试的用能设备应处于正常工作情况。测试时应记录测试的日期、地点、开始时间与结束时间，以及环境状态、温度、湿度、大气压力等参数。

8.5.2 输入能量

输入能量通常包括外界供给用能设备的能量，进入体系的物料或工质带入的能量，除了燃料以外体系内的其他化学反应放热。包含的项目如下：

（1）进入体系的燃料的发热量和显热。

（2）输入的电能。

（3）输入的机械能。

（4）进入体系的工质带入的能量。

（5）物料带入的显热。

（6）外界环境对体系的传热量。

（7）化学反应放热。

（8）输入的其他形式的能量。

（9）其他。

8.5.3 输出能量

输出能量通常包括离开用能设备的产品或工质带出的能量，体系向外界排出的能量，体系内发生的化学反应吸热、蓄热及其他热损失。包含的项目如下：

（1）离开体系的产品带出的能量。

（2）离开体系的工质带出的能量。

（3）输出的电能。

（4）输出的机械能。

（5）能量转换产生的其他形式的能量。

（6）化学反应吸热。

（7）体系排出的废物带出的能量。

（8）体系对环境的散热量。

（9）用能设备的蓄热。

（10）能量转换中其他形式的能量损失。

（11）其他热损失。

8.5.4 有效利用能量和损失能量

1. 有效利用能量

在输出能量中，输出的电能、输出的机械能、能量转换产生的其他形式的能量和化学反应吸热属于有效利用能量。离开体系的产品带出的能量和离开体系的工质带出的能量，哪些属于有效利用能量，由相应设备或产品的能量平衡标准另行规定。

2. 损失能量

在输出能量中，体系排出的废物带出的能量、体系对环境的散热量、用能设备的蓄热、能量转换中其他形式的能量损失和其他热损失属于损失能量（又称损耗）。

离开体系的产品带出的能量和离开体系的工质带出的能量中，哪些属于损失能量，也由相应设备或产品的能量平衡标准另行规定。

9 节能技术经济评价

企业用能的各环节，如能源购入库存、加工转换、输送分配，直至最终使用的每一个环节，无论是主要生产，还是辅助生产以及非生产用能，都可以通过许多途径实现节能。有的环节只需要通过加强用能设备的维修，改善操作，保持最佳运行状态等简单的手段就能达到节能的目标。这些节能措施不需要很多的财力、物力和人力。

但为了进一步节约能源，对现有的设备、生产工艺进行技术改造，提高企业能源利用率就需要投入大量的财力、物力和人力。许多技术改造项目，并不一定都具有较好的节能效果。因此，企业技术改造必须选择那些投资少、见效快、效果明显的节能方案来实施，技术经济评价方法就是一种选择最佳节能方案的手段。我国规定对建设项目必须开展技术经济评价，保证决策科学化、民主化，减少和避免投资的失误，提高经济效益。

9.1 节能技术经济评价原则

节能技术经济评价是对拟建项目的投入、产出各种经济因素进行调查、研究、预测、计算和论证，运用定量分析和定性分析相结合、动态分析与静态分析相结合、宏观效益分析与微观效益分析相结合的方法，评选出最佳节能方案。

1. 定量分析与定性分析中以定量分析为主

数量经济学、运筹学和计算机技术的发展，扩大了经济因素的数量化范围，为对项目的经济效益进行定量分析提供了条件，减少了对一些主要经济指标只能平行罗列、分项进行比较的定性分析。但是对一些复杂的项目，总有一些经济因素不易做定量的描述，不可能直接进行定量分析，对此该做好定性分析工作。

2. 动态分析与静态分析中以动态分析为主

静态分析中一些经济指标比较简便、直观，通常可以用作辅助分析，过去的评价方法以静态分析为主；而动态分析则是对资金的时间价值做了动态的数量化评价，在动态计算中采用复利计算方法考虑资金的时间特性，又使用资金的等值概念，将不同时间的资金流入与流出换算成同一时间的价值进行比较。这样可以对不同方案、不同项目进行定量的比较与选择，这对投资者和决策者树立资金周转、利息、投入、产出的观念和合理使用资金、提高经济效益具有十分重要的意义。

3. 宏观效益分析与微观效益分析中以宏观效益分析为主

对项目进行经济分析时，不仅要看项目本身获利大小，有无财务生存能力，而且还要看该项目对国民经济的影响与贡献，所以项目评价分为财务评价与国民经济评价两个层次。

财务评价是站在企业的立场上，以企业取得净收入最大化为目标的评价方法；国民经济评价是站在国民经济的立场上，进行以全社会的资源获得最佳配置，使国民经济收入最大化为目标的评价方法。财务评价中的费用和收益由财务评价目标决定，凡是增加企业收入的就是财务收益，凡是减少企业收入的就是财务费用。同理，国民经济评价中的费用和

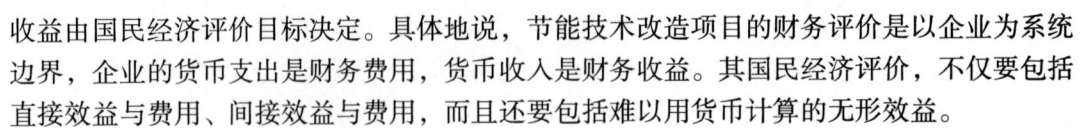

收益由国民经济评价目标决定。具体地说，节能技术改造项目的财务评价是以企业为系统边界，企业的货币支出是财务费用，货币收入是财务收益。其国民经济评价，不仅要包括直接效益与费用、间接效益与费用，而且还要包括难以用货币计算的无形效益。

使用以上两个层次的评价，结果不外乎4种情况：两者均可行应予以通过；两者均不可行则不能通过；财务评价不可行，国民经济评价可行，一般应采取经济优惠政策；财务评价可行，国民经济评价不可行，应该否定，重新选取方案。

9.2 节能技术经济效果评价体系

节能技术经济效果评价目的是对推行节能技术改造的投资方案所取得的节能成果与投资费用进行比较，从而得出该项目的经济效果指标，以判断对该项节能技术改造项目的取舍。由于节能技术改造投资的最终效果往往体现为能源使用的减少、产值能耗的节省等多个方面，因而节能技术改造项目具有不同于一般项目的特性，很难用固定的模式对经济效果进行评价，煤炭企业节能技术改造经济效果评价，主要应从以下3个方面来进行。

9.2.1 从能量补偿角度评价

评价节能技术改造的基本条件是该技术提供的总节能量要大于投资该技术所消耗的总能量，即 $E_0/E_c > 1$，能量回收期 T_0 按下式计算：

$$T_0 = (E_0/E_c)t$$

式中　　t——节能技术改造投资方案的预计经济寿命；

　　　　E_0——该节能技术改造在 t 年内节约的总能量；

　　　　E_c——包括制造、安装、运行、维护及其他投资该方法的投入在 t 年消耗能量总和（原材料、投资、能耗等）。

显然，$T_0 < t$，即能量回收期小于节能方案投资的经济寿命期，是评价节能技术改造成立的基本条件。

9.2.2 从生产经营效益角度评价

从生产经营效益方面来评价节能技术改造方案，一般从单位产品成本能耗节约额和投资回收期两个方面进行。

1. 单位产品成本能耗节约额

单位产品成本能耗节约额的计算公式为

$$\Delta C_e = (E_0 - E_1)P_0$$

式中　E_0——原单位产品能耗；

　　　E_1——节能技术改造方案投入后的单位产品能耗；

　　　P_0——该能源的单位价格。

ΔC_e 乘以年产量 Q 就是该种能源的年度成本能耗节约额。这里指的是一种能源，如果生产中使用几种能源，应分别计算，最后的综合节能量可用等价热量将各种能源折算成某一种能源，如折算成吨标准油或吨标准煤等。

2. 节能投资回收期

节能技术改造方案的投资回收期是反映节能技术改造项目真实节能能力的重要指标，它通过项目的净收益（包括节能收益和节能设备折旧等）来回收总投资（包括节能固定资产投资和与此相关的技改改造投资）所需要的时间，这也是它与能量回收期的不同之处。主要有以下几种计算方法。

1）简单节能投资回收期

简单节能投资回收期的计算公式为

$$T_e = K_e / (\Delta C_e Q)$$

式中　　T_e——节能投资回收期；

　　　　K_e——投资该节能技术改造方案的总投资；

　　　　ΔC_e——单位产品成本能源节约额；

　　　　Q——年产量。

节能投资回收期 T_e 必须小于节能技术改造的预计经济寿命周期。

2）分析两个节能技术改造投资方案时，可计算相对回收期 T_r，其计算公式为

$$T_r = [(K_{e1} - K_{e2}) / (\Delta C_{e1} - \Delta C_{e2})C]Q$$

式中　　T_r——相对回收期；

　　　　K_{e1}、K_{e2}——方案Ⅰ、Ⅱ节能技术改造方案总投资；

　　　　$\Delta C_{e1} - \Delta C_{e2}$——方案Ⅰ、Ⅱ单位产品成本能源节约额；

　　　　Q——年产量；

　　　　C——每节约单位综合能耗所增加的成本。

这里没有考虑资金的时间因素，计算比较简单。

3）动态节能投资回收期 T_d

将节能技术改造投资的时间因素考虑进去，可计算出动态投资回收期 T_d。其方法是：先把各年节能的定额净收益 R 根据一定的折现率 i 都折算到投资现值，再把计算期内这些现值累加起来，其总值应等于节能改造技术方案的一次投资额 K，因而有：

$$K = R[(1+i)^{T_d} - 1] / [i(1+i)^{T_d}]$$

上式经过数学运算，可得投资的动态回收期 T_d：

$$T_d = \frac{\lg \frac{R}{R - Ki}}{\lg(1+i)}$$

式中　　T_d——动态回收期；

　　　　K——节能改造技术投资方案总投资；

　　　　R——各年节能的定额净收益；

　　　　i——折现率。

9.2.3　从投资效率的角度评价

对节能改造技术的投资效率评价，一般从投资节能收益率、节能投资率、节能投资的限值标准和节能成本率计算等4个方面进行。

1. 投资节能收益率

投资节能收益率的计算公式为

$$\eta_r = (\Delta R / K) \times 100\%$$

式中　　η_r——投资节能收益率；

　　　　ΔR——投资后所增加的年节能净收益；

　　　　K——节能管理方法投资方案的投资总额。

2. 节能投资率 K'

节能投资率即每节约单位价值的能源所需的投资值，其计算公式为
$$K' = (K/\Delta E) \times 100\%$$

式中　K'——节能投资率；

　　　K——节能管理方法投资方案投资总额；

　　　ΔE——投资后的节能总量。

3. 节能投资的限值标准

从企业偿还银行贷款的角度出发，节能投资的限值标准由下式表示：
$$K'_i \leqslant \frac{\Delta R'\left[(1+i)^{t-n}-1\right]}{i(1+i)^{t-n}}$$

式中　K'_i——每节约 1 t 标准煤，最大的投入极限；

　　　$\Delta R'$——每节约 1 t 标准煤，企业增加的年净收益；

　　　i——银行贷款年利率；

　　　t——经济寿命；

　　　n——节能技术改造施工期。

4. 节能成本率计算

节能成本率计算公式为
$$C = (C_1 - C_0)/(Q_0 - Q_1)$$

式中　C_0、C_1——实施节能技术改造方案前、后单位产品成本；

　　　Q_0、Q_1——实施节能技术改造方案前、后单位产品综合能耗；

　　　C——每节约单位综合能耗所增加的成本。

需要指出的是，在对节能技术改造方案进行经济效果评价时，上述 3 个方面并不要求面面俱到，而应该从实际需要出发，从中选择合理的指标进行评价。综合上述分析，对煤炭企业节能技术改造经济效果评价的指标体系如图 9-1 所示。

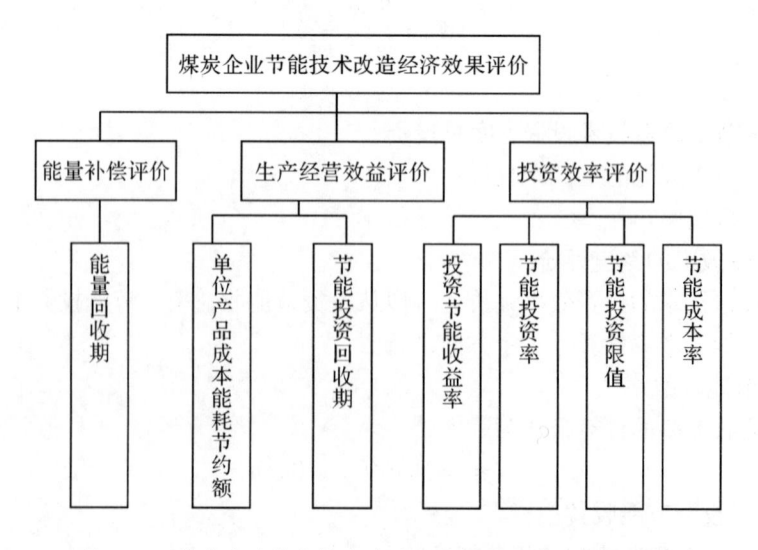

图 9-1　煤炭企业节能技术改造经济效果评价的指标体系

9.3 政府节能奖励资金申请

1）来源

中央财政和省级地方财政安排节能专项资金，支持节能技术研究开发、节能技术和产品的示范与推广、重点节能工程的实施等。这里提到的奖励主要是指国家财政方面的奖励资金，其来源主要有国家财政部、国土资源部、工信部等，也有各级地方政府的奖励。

2）奖励方式

目前主要包括在《节能技术改造财政奖励资金管理办法》（财建〔2011〕367 号）、《合同能源管理项目财政奖励资金管理暂行办法》（财建〔2010〕249 号）、《资源节约与环境保护中央预算内设备备选项目》（发改办环资〔2014〕668 号）、《循环经济发展专项资金管理暂行办法》（财建〔2012〕616 号）等文件中，对涉及节能项目给予专项奖励和资金扶持。

3）申请报告主要内容

(1) 企业基本情况表和项目基本情况表。

(2) 企业能源管理情况。

(3) 项目实施前用能状况。

(4) 项目拟采用的节能技术措施。

(5) 项目节能量测算和监测方法。

(6) 其他需要说明的事项。

(7) 附件：包括项目可行性研究报告，项目审批（备案、核准）、能评审批、环评批复、土地预审、规划选址等文件（审批部门、文件名称、文号）。

4）申请程序

(1) 对节能或改造项目进行分析调查，收集有关材料，编制项目可行性报告等。

(2) 根据有关奖励资金管理办法规定要求，编制有关申请材料和填写有关报表。

(3) 组织有关专家对申请材料进行评审。

(4) 根据有关文件要求，按照规定程序逐级上报政府主管部门审核、审批。

10 能源管理监督与检查

我国的能源监督管理与检查工作起源于20世纪70年代末,1986年国务院发布了《节约能源管理暂行条例》。2007年,全国人民代表大会常务委员会第三十次会议通过了修订后的《中华人民共和国节约能源法》。新修订的《节能法》提出,国务院管理节能工作的部门主管全国的节能监督管理工作。国务院有关部门在各自的职责范围内负责节能监督管理工作,并接受国务院管理节能工作的部门的指导。县级以上地方各级人民政府管理节能工作的部门负责本行政区域内的节能监督管理工作。煤炭企业节能管理监督与检查主要由受政府节能主管部门委托的节能监测机构实施,是行政执法活动。通过对用能企业进行定期的能源利用状况监测以及对重点设备进行单项监测,加强对企业节约能源管理的宏观管理,促进节能降耗,提高经济效益,保证国民经济的可持续发展。

10.1 监督与检查的含义和原则

煤炭企业能源管理监督与检查是指依靠国家有关节约能源的法规(或行业、地方规定)和标准,对煤炭企业的能源利用状况所进行的监督、检查、测试和评价工作。

通过设备测试,能质检验等技术手段,能够对用能单位的能源利用状况进行定量分析,依据国家有关能源法规和技术标准对用能单位的能源利用状况作出评价。对浪费能源的行为提出处理意见,加强政府对用能单位合理利用能源的监督。

能源管理监督与检查应当遵循公开、公正、效能以及监督与服务、教育与处罚相结合的原则。

10.2 监督与检查的内容及要求

10.2.1 用能设备的技术性能和运行状况

通用用能设备应采用节能型产品或效率高、能耗低的产品,已明令禁止生产、使用的和能耗高、效率低的设备应限期淘汰更新。用能设备或系统的实际运行效率或主要运行参数应符合该设备经济运行的要求。

10.2.2 能源转换、输配与利用系统的配置与运行效率

供热、发电、制气、炼焦等供能系统,设备管网和电网设置要合理,能源效率或能量损失应符合相应技术标准的规定,能源转换、输配系统的运行应符合 GB/T 3485、GB/T 3486 两个标准中关于合理用电、合理用热等能源合理使用方面的要求,同时应符合 GB/T 1028 标准中关于余热、余能资源回收利用方面的要求。

10.2.3 用能工艺和操作技术

对用能工艺进行评价,包括先进、合理性和实际状况(工艺能耗或工序能耗)等方面。用能工艺技术装备应符合国家产业政策导向目录的要求,单位产品能耗指标应符合能耗限额标准的要求。主要用能工艺技术装备应有能源性能测试记录,偏离设计指标的应进行原因分析，采取技术改进措施。对主要用能设备的运行管理人员应进行操作技术培训及考核，做到持证上岗，并对其是否称职作出评价。

10.2.4　企业能源管理技术状况

用能单位应有完善的能源管理机构，应收集和及时更新国家和地方有关能源方面的法律、法规以及相关的国家、行业、地方标准，并对有关人员进行宣讲、培训。应建立完善的能源管理规章制度（如岗位责任、人员培训、耗能定额管理、奖罚等制度）。用能单位的能源计量器具的配备和管理应符合《用能单位能源计量器具配备和管理通则》（GB 17167—2006）及《煤炭企业能源计量器具配备和管理要求》（GB/T 29453—2012）的相关规定。能源记录台账、统计报表应真实、完整、规范。应建立完善的能源技术档案。

10.2.5　能源利用的效果

用能单位应按照 GB/T 9723 的要求制定单位产品能耗限额并贯彻实施。单位产品产量综合能耗及实物单耗，应符合国家标准、行业标准或地方标准中强制性能耗限额的规定。

10.2.6　供能质量与用能品种

供能质量应符合国家政策规定并与提供给用户的报告单一致。用能单位使用的能源品种应符合国家政策规定和分类合理使用的原则。

10.3　节能监督检查的技术条件

监督检查应在生产正常、设备运行工况稳定的条件下进行。测试工作要与生产过程相适应。

监督检查应按照相关的国家标准进行，尚未制定出国家标准的监督和检查项目，可按行业标准或地方标准进行监督和检查。

监督检查过程所用的时间，应根据监督和检查项目的技术要求确定。

定期监督和检查周期为 1~3 年，不定期监督和检查时间间隔根据被监督和检查对象的用能特点确定。

监督和检查用的仪表、量具，其准确度应保证所测结果具有可靠性，测试误差应在相关标准所规定的允许范围以内。

10.4　节能检查项目和测试项目

10.4.1　节能检查项目

节能监督和检查测试前应先进行节能监督和检查项目的检查，符合要求后方可进行节能监督和检查测试。对节能监督和检查测试复杂、测试周期较长、标准或规范规定测试时间间隔长的项目，可以不列为节能监督和检查的直接测试控制指标而列为节能监督和检查的检查项目。保证被监督和检查设备或系统能正常生产运行的项目（包括符合安全要求的项目）应列为节能监督和检查的检查项目。国家节能法律、法规、政策有明确要求的项目应列为节能监督和检查的检查项目。

10.4.2　节能测试项目

节能监督和检查测试项目应具有代表性，能反映被监督和检查对象的实际运行状况和能源利用状况，同时又便于现场直接测试。

10.5 监督和检查方法

10.5.1 监督方法

煤炭企业应建立与项目相适应的节能监督和检查体系、监督和检查方法及计算统计的档案管理制度，以确保项目实施过程中和建成后，可以持续性地获取所有必要数据，且这些数据相关的计量统计能够被核查。监督和检查方法应符合《节能监督和检查技术通则》（GB/T 15316）的要求，监督和检查设备应符合《用能单位能源计量器具配备与管理通则》（GB 17167）的要求。

10.5.2 检查方法

煤炭企业应建立对能源管理进行检查的制度，规定检查的范围、频次和方法。根据对企业能源管理工作的影响和过去检查的结果，对能源管理检查进行策划并形成检查实施方案。按策划的时间间隔对企业能源管理状况进行检查。检查的重点：一是判定能源管理体系是否建立，是否符合煤炭企业实际需要以及与能源管理体系标准要求的符合性；二是检查能源管理体系实施情况及其运行绩效；三是能源目标和指标的完成情况，重点用能设备和系统的运行效率、单位产品综合能耗、节能量等。将检查情况进行记录，对检查结果进行分析，并向企业管理者报告。同时将检查发现的问题和结果通知相关部门和人员，以便采取必要的改进和纠正措施。

10.5.3 控制方法

煤炭企业应建立、实施并保持一个或多个程序，用于以下方面的监视、测量和评价：能源目标、指标和能源管理方案的日常运行情况；对照能源管理基准和（或）标杆对能源管理绩效进行评价；对能源消耗、能源利用效率具有重大影响的关键特性的变化；定期对适用法律法规、标准及其他要求的遵循情况进行评价。

煤炭企业应保存监视、测量和评价结果的记录。

10.5.4 协调方法

煤炭企业应建立、实施并保持一个或多个程序，用来处理实际或潜在的不符合项，并采取纠正和预防措施。

程序中应规定以下要求：

（1）识别和纠正不符合项，并采取措施减少其造成的影响。

（2）对不符合项进行调查，确定其产生原因，采取纠正措施，并避免重复发生。

（3）对于潜在的不符合项，评价采取预防措施的需求，若需要，制定并实施预防措施，以避免不符合项的产生。

（4）记录采取纠正和预防措施的结果。

（5）评审所采取的纠正和预防措施的有效性。

（6）所采取的措施应与问题的严重性相适应。

煤炭企业应确保对纠正和预防措施涉及的能源管理体系文件进行必要的修改。

附录一

综合能耗计算通则

General principles for calculation of the comprehensive energy consumption

(GB/T 2589—2008)

1 范围

本标准规定了综合能耗的定义和计算方法。

本标准适用于用能单位能源消耗指标的核算和管理。

2 规范性引用文件

下列文件中的条款通过本标准的引用而成为本标准的条款。凡是注日期的引用文件，其随后所有的修改单（不包括勘误的内容）或修订版均不适用于本标准，然而，鼓励根据本标准达成协议的各方研究是否可使用这些文件的最新版本。凡是不注日期的引用文件，其最新版本适用于本标准。

GB 17167 用能单位能源计量器具配备和管理通则。

3 术语和定义

下列术语和定义适用于本标准。

3.1

耗能工质 energy-consumed medium

在生产过程中所消耗的不作为原料使用，也不进入产品，在生产或制取时需要直接消耗能源的工作物质。

3.2

能量的当量值 energy calorific value

按照物理学电热当量、热功当量、电功当量换算的各种能源所含的实际能量。按国际单位制，折算系数为1。

3.3

能源的等价值 energy equivalent value

生产单位数量的二次能源或耗能工质所消耗的各种能源折算成一次能源的能量。

3.4

用能单位 energy consumption unit

具有确定边界的耗能单位。

3.5

综合能耗 comprehensive energy consumption

用能单位在统计报告期内实际消耗的各种能源实物量，按规定的计算方法和单位分别折算后的总和。

对企业，综合能耗是指统计报告期内，主要生产系统、辅助生产系统和附属生产系统的综合能耗总和。企业中主要生产系统的能耗量应以实测为准。

3.6

单位产值综合能耗 comprehensive energy consumption for unit output value

统计报告期内，综合能耗与期内用能单位总产值或工业增加值的比值。

3.7

产品单位产量综合能耗 comprehensive energy consumption for unit output of product

统计报告期内，用能单位生产某种产品或提供某种服务的综合能耗与同期该合格产品产量（工作量、服务量）的比值。

产品单位产量综合能耗简称单位产品综合能耗。

注：产品是指合格的最终产品或中间产品；对某些以工作量或原材料加工量为考核能耗对象的企业，其单位工作量、单位原材料加工量的综合能耗的概念也包括在本定义之内。

3.8

产品单位产量可比综合能耗 comparable comprehensive energy consumption for unit output of product

为在同行业中实现相同最终产品能耗可比，对影响产品能耗的各种因素加以修正所计算出来的产品单位产量综合能耗。

4 综合能耗计算的能源种类和范围

4.1 能源种类

4.1.1 综合能耗计算的能源指用能单位实际消耗的各种能源，包括：

一次能源，主要包括原煤、原油、天然气、水力、风力、太阳能、生物质能等；

二次能源，主要包括洗精煤、其他洗煤、型煤、焦炭、焦炉煤气、其他煤气、汽油、煤油、柴油、燃料油、液化石油气、炼厂干气、其他石油制品、其他焦化产品、热力、电力等。

4.1.2 耗能工质消耗的能源也属于综合能耗计算种类。耗能工质主要包括新水、软化水、压缩空气、氧气、氮气、氩气、乙炔、电石等。

4.1.3 综合能耗计算包括的能源种类，应满足填报国家能源统计报表的要求。各种能源不得重计、漏计。能源的计量应符合 GB 17167 的要求。

4.2 计算范围

指用能单位生产活动过程中实际消耗的各种能源。对企业，包括主要生产系统、辅助生产系统和附属生产系统用能以及用作原料的能源。

能源及耗能工质在用能单位内部储存、转换及分配供应（包括外销）中的损耗，也应计入综合能耗。

5 综合能耗的分类与计算方法

5.1 综合能耗的分类

综合能耗分为四种，即综合能耗、单位产值综合能耗、产品单位产量综合能耗、产品单位产量可比综合能耗。

5.2 综合能耗的计算
5.2.1 综合能耗的计算
综合能耗按式（1）计算：

$$E = \sum_{i=1}^{n}(e_i \times p_i) \quad\cdots\cdots\cdots\cdots\cdots\cdots(1)$$

式中：
E——综合能耗；
n——消耗的能源品种数；
e_i——生产和服务活动中消耗的第 i 种能源实物量；
p_i——第 i 种能源的折算系数，按能量的当量值或能源等价值折算。

5.2.2 单位产值综合能耗的计算
单位产值综合能耗按式（2）计算：

$$e_g = \frac{E}{G} \quad\cdots\cdots\cdots\cdots\cdots\cdots(2)$$

式中：
e_g——单位产值综合能耗；
G——统计报告期内产出的总产值或增加值。

5.2.3 产品单位产量综合能耗的计算
某种产品（或服务）单位产量综合能耗按式（3）计算：

$$e_j = \frac{E_j}{P_j} \quad\cdots\cdots\cdots\cdots\cdots\cdots(3)$$

式中：
e_j——第 j 种产品单位产量综合能耗；
E_j——第 j 种产品的综合能耗；
P_j——第 j 种产品合格产品的产量。

对同时生产多种产品的情况，应按每种产品实际耗能量计算；在无法分别对每种产品进行计算时，折算成标准产品统一计算，或按产量与能耗量的比例分摊计算。

5.2.4 产品单位产量可比综合能耗的计算
产品单位产量可比综合能耗只适用于同行业内部对产品能耗的相互比较之用，计算方法应在专业中和相关的能耗计算办法中，由各专业主管部门予以具体规定。

6 各种能源折算标准煤的原则

6.1 计算综合能耗时，各种能源折算为一次能源的单位为标准煤当量。

6.2 用能单位实际消耗的燃料能源应以其低（位）发热量为计算基础折算为标准煤量。低（位）发热量等于 29 307 千焦（kJ）的燃料，称为 1 千克标准煤（1 kgce）。

6.3 用能单位外购的能源和耗能工质，其能源折算系数可参照国家统计局公布的数据；用能单位自产的能源和耗能工质所消耗的能源，其能源折算系数可根据实际投入产出自行计算。

6.4 当无法获得各种燃料能源的低（位）发热量实测值和单位耗能工质的耗能量时，可参照附录 A 和附录 B。

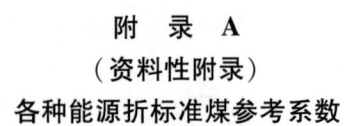

附 录 A
（资料性附录）
各种能源折标准煤参考系数

能源 名 称		平均低位发热量	折标准煤系数
原煤		20 908 kJ/kg（5 000 kcal/kg）	0.714 3 kgce/kg
洗精煤		26 344 kJ/kg（6 300 kcal/kg）	0.900 0 kgce/kg
其他洗煤	洗中煤	8 363 kJ/kg（2 000 kcal/kg）	0.285 7 kgce/kg
	煤泥	8 363 kJ/kg～12 545 kJ/kg（2 000 kcal/kg～3 000 kcal/kg）	0.285 7 kgce/kg～0.428 6 kgce/kg
焦炭		28 435 kJ/kg（6 800 kcal/kg）	0.971 4 kgce/kg
原油		41 816 kJ/kg（10 000 kcal/kg）	1.428 6 kgce/kg
燃料油		41 816 kJ/kg（10 000 kcal/kg）	1.428 6 kgce/kg
汽油		43 070 kJ/kg（10 300 kcal/kg）	1.471 4 kgce/kg
煤油		43 070 kJ/kg（10 300 kcal/kg）	1.471 4 kgce/kg
柴油		42 652 kJ/kg（10 200 kcal/kg）	1.457 1 kgce/kg
煤焦油		33 453 kJ/kg（8 000 kcal/kg）	1.142 9 kgce/kg
渣油		41 816 kJ/kg（10 000 kcal/kg）	1.428 6 kgce/kg
液化石油气		50 179 kJ/kg（12 000 kcal/kg）	1.714 3 kgce/kg
炼厂干气		46 055 kJ/kg（11 000 kcal/kg）	1.571 4 kgce/kg
油田天然气		38 931 kJ/m^3（9 310 kcal/m^3）	1.330 0 kgce/m^3
气田天然气		35 544 kJ/m^3（8 500 kcal/m^3）	1.214 3 kgce/m^3
煤矿瓦斯气		14 636 kJ/m^3～16 726 kJ/m^3（3 500 kcal/m^3～4 000 kcal/m^3）	0.500 0 kgce/m^3～0.571 4 kgce/m^3
焦炉煤气		16 726 kJ/m^3～17 981 kJ/m^3（4 000 kcal/m^3～4 300 kcal/m^3）	0.571 4 kgce/m^3～0.614 3 kgce/m^3
高炉煤气		3 763 kJ/m^3	0.128 6 kgce/kg
其他煤气	a）发生炉煤气	5 227 kJ/m^3（1 250 kcal/m^3）	0.178 6 kgce/m^3
	b）重油催化裂解煤气	19 235 kJ/m^3（4 600 kcal/m^3）	0.657 1 kgce/m^3
	c）重油热裂解煤气	35 544 kJ/m^3（8 500 kcal/m^3）	1.214 3 kgce/m^3
	d）焦炭制气	16 308 kJ/m^3（3 900 kcal/m^3）	0.557 1 kgce/m^3
	e）压力气化煤气	15 054 kJ/m^3（3 600 kcal/m^3）	0.514 3 kgce/m^3
	f）水煤气	10 454 kJ/m^3（2 500 kcal/m^3）	0.357 1 kgce/m^3
粗苯		41 816 kJ/kg（10 000 kcal/kg）	1.428 6 kgce/m^3
热力（当量值）		—	0.034 1 2 kgce/MJ
电力（当量值）		3 600 kJ/(kW·h)[860 kcal/(kW·h)]	0.122 9 kgce/(kW·h)
电力（等价值）		按当年火电发电标准煤耗计算	
蒸汽（低压）		3 763 MJ/t（900 Mcal/t）	0.128 6 kgce/kg

附 录 B
（资料性附录）
耗能工质能源等价值

品　种	单位耗能工质耗能量	折标准煤系数
新水	2.51 MJ/t（600 kcal/t）	0.085 7 kgce/t
软水	14.23 MJ/t（3 400 kcal/t）	0.485 7 kgce/t
除氧水	28.45 MJ/t（6 800 kcal/t）	0.971 4 kgce/t
压缩空气	1.17 MJ/m^3（280 kcal/m^3）	0.040 0 kgce/m^3
鼓风	0.88 MJ/m^3（210 kcal/m^3）	0.030 0 kgce/m^3
氧气	11.72 MJ/m^3（2 800 kcal/m^3）	0.400 0 kgce/m^3
氮气（做副产品时）	11.72 MJ/m^3（2 800 kcal/m^3）	0.400 0 kgce/m^3
氮气（做主产品时）	19.66 MJ/m^3（4 700 kcal/m^3）	0.671 4 kgce/m^3
二氧化碳（气）	6.28 MJ/m^3（1 500 kcal/m^3）	0.214 3 kgce/m^3
乙炔	243.67 MJ/m^3	8.314 3 kgce/m^3
电石	60.92 MJ/kg	2.078 6 kgce/kg

附录二

企业能量平衡通则

The general principles for energy balance of enterprise

(GB/T 3484—2009)

1 范围

本标准规定了企业能量平衡的基本原则。

本标准适用于企业和企业内部独立用能单元。其他用能单位也可参照使用。

2 规范性引用文件

下列文件中的条款通过本标准的引用而成为本标准的条款。凡是注日期的引用文件，其随后所有的修改单（不包括勘误的内容）或修订版均不适用于本标准，然而，鼓励根据本标准达成协议的各方研究是否可使用这些文件的最新版本。凡是不注日期的引用文件，其最新版本适用于本标准。

GB/T 1028　工业余热术语、分类、等级及余热资源量计算方法
GB/T 2587　用能设备能量平衡通则
GB/T 2588　设备热效率计算通则
GB/T 2589　综合能耗计算通则
GB/T 3485　评价企业合理用电技术导则
GB/T 3486　评价企业合理用热技术导则

3 术语和定义

下列术语和定义适用于本标准。

3.1

企业能量平衡　energy balance of enterprise

以企业（或企业内部的独立用能单元）为对象，对输入的全部能量与输出的全部能量在数量上的平衡关系的研究，也包括对企业能源在购入存储、加工转换、输送分配、终端使用各环节与回收利用和外供各能源流的数量关系进行的考察，定量分析企业用能情况。

4 企业能量平衡模型

4.1 企业能量平衡框图

企业能量平衡框图见图1。

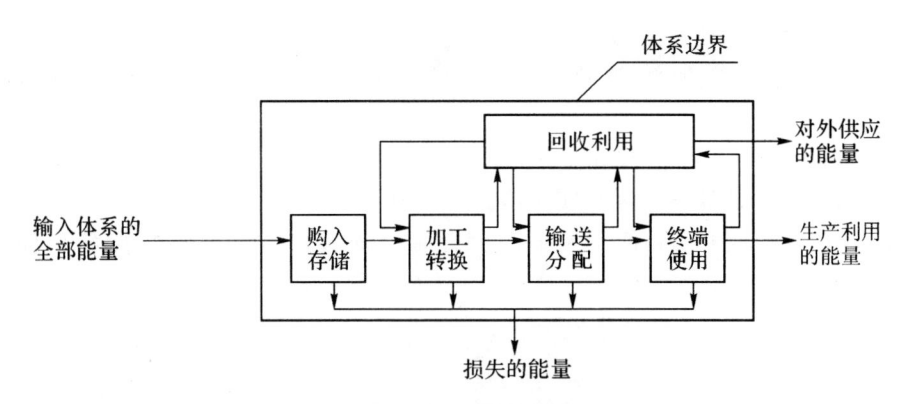

图1 企业能量平衡框图

4.2 企业能量平衡方程

企业能量平衡方程用式（1）或式（2）表示：

$$E_r = E_c \qquad\qquad (1)$$

式中：

E_r——输入体系的全部能量；
E_c——输出体系的全部能量。

$$E_r = E_{cy} + E_{cg} + E_{cs} \qquad\qquad (2)$$

式中：

E_{cy}——生产利用的能量；
E_{cg}——对外供应的能量；
E_{cs}——损失的能量。

5 企业能量平衡的方法

5.1 企业能量平衡是利用统计计算与测试计算相结合，以统计计算为主的综合分析方法。
5.2 以统计期内的能源计量数据为基础进行综合统计计算。
5.3 在统计资料不足，统计数据需要校核及特殊需要时，应进行测试。测试结果应折算为统计期运行状态下的平均水平。

6 企业能量平衡的指标

6.1 能量平衡的基本指标

能量平衡的基本指标是能量平衡表所描述的能量过程的广义投入产出效率，即各种类型的单位产出能耗。对于以产出某种二次能源为目的的用能单元，也可用过程的热力学效率为综合指标。

6.2 单位能耗指标

6.2.1 产品单位产量某种实物能源消耗量

产品单位产量某种实物能源消耗量（简称单位实物能耗）按式（3）计算：

$$E_m = \frac{E_i}{M} \qquad\qquad (3)$$

式中：

E_m——产品单位产量某种实物能源消耗量；

E_i——某种实物能源消耗量，单位为吨（t），千瓦时（kW·h），或吨标准煤（tce）等；

M——期内产出的某种产品的合格品产量。

6.2.2 单位产值（增加值）某种实物能源消耗量

单位产值（增加值）某种实物能源消耗量（简称单位产值实物能耗）按式（4）计算：

$$E_\mathrm{g} = \frac{E_\mathrm{i}}{G} \quad\quad\cdots\cdots\cdots\cdots\cdots(4)$$

式中：

E_g——单位产值（增加值）某种实物能源消耗量，单位为吨/万元（t/万元），千瓦·时/万元（kW·h/万元），或吨标准煤每万元（tce/万元）等；

G——期内产出的产值（增加值），单位为万元。

6.2.3 产品单位产量综合能耗

产品单位产量综合能耗（简称单位产品综合能耗）按 GB/T 2589 计算。

6.2.4 企业单位产值综合能耗

企业单位产值综合能耗（简称单位产值综合能耗）按 GB/T 2589 计算。

6.3 余能资源指标

6.3.1 余能资源量

余能资源量按 GB/T 1028 计算。余能包括余热、余压、排放的可燃气体等。

6.3.2 余能资源率

余能资源率是余能资源量与企业消耗各种能源量总和的比值。

余能资源率按式（5）计算：

$$\xi_\mathrm{yu} = \frac{E_\mathrm{yu}}{E_\mathrm{d}} \times 100\% \quad\quad\cdots\cdots\cdots\cdots\cdots(5)$$

式中：

ξ_yu——余能资源率；

E_yu——余能资源量，单位为吨标准煤（tce）；

E_d——企业综合能源消耗量，单位为吨标准煤（tce）。

6.3.3 余能资源利用率

余能资源利用率是企业的余能资源量中已利用的程度。

余能资源利用率按式（6）计算：

$$\gamma_\mathrm{yu} = \frac{E_\mathrm{yt}}{E_\mathrm{yu}} \times 100\% \quad\quad\cdots\cdots\cdots\cdots\cdots(6)$$

式中：

γ_yu——余能资源利用率；

E_yt——已利用的余能资源量，单位为吨标准煤（tce）。

7 企业能量平衡报告

企业能量平衡报告应包括下列内容：

a) 企业能源消费总量与构成；
b) 企业能量平衡表；
c) 按 GB/T 2587、GB/T 2588 和能耗指标及工艺过程，进行用能情况分析；
d) 企业内余能资源量、余能资源率和余能资源利用情况；
e) 根据用能分析和余能利用情况，并按 GB/T 3485、GB/T 3486 指出可能的节能潜力及部位，提出节能措施方案。

附录三

企业节能量计算方法

Calculating methods of energy saved for enterprise

（GB/T 13234—2009）

1 范围

本标准规定了企业节能量的分类、企业节能量计算的基本原则、企业节能量的计算方法以及节能率的计算方法。

本标准适用于企业节能量和节能率的计算。其他用能单位、行业（部门）、地区、国家宏观节能量的计算也可参照采用。

2 术语和定义

下列术语和定义适用于本标准。

2.1

节能量 energy saved

满足同等需要或达到相同目的的条件下，能源消费减少的数量。

2.2

企业节能量 energy saved of enterprise

企业统计报告期内实际能源消耗量与按比较基准计算的能源消耗量之差。

2.3

产品节能量 energy saved of productions

用统计报告期产品单位产量能源消耗量与基期产品单位产量能源消耗量的差值和报告期产品产量计算的节能量。

2.4

产值节能量 energy saved of output value

用统计报告期单位产值能源消耗量与基期单位产值能源消耗量的差值和报告期产值计算的节能量。

2.5

技术措施节能量 energy saved of technique

企业实施技术措施前后能源消耗变化量。

2.6

产品结构节能量 energy saved of product mix variety

企业统计报告期内，由于产品结构发生变化而产生能源消耗变化量。

2.7

单项能源节能量 energy saved by energy types

企业统计报告期内，按能源品种计算的能源消耗变化量。

2.8

节能率 energy saving rate

统计报告期比基期的单位能耗降低率，用百分数表示。

3 企业节能量的分类

企业节能量一般分为产品节能量、产值节能量、技术措施节能量、产品结构节能量和单项能源节能量等。

4 企业节能量计算的基本原则

4.1 节能量计算所用的基期能源消耗量与报告期能源消耗量应为实际能源消耗量。

4.2 节能量计算应根据不同的目的和要求，采用相应的比较基准。

4.3 当采用一个考察期间能源消耗量推算统计报告期能源消耗量时，应说明理由和推算的合理性。

4.4 节能量计算值为负时表示节能。

5 企业节能量的计算

5.1 产品节能量

5.1.1 单一产品节能量

生产单一产品的企业，产品节能量按式（1）计算：

$$\Delta E_c = (e_b - e_j) M_b \quad \cdots\cdots (1)$$

式中：

ΔE_c——企业产品节能量，单位为吨标准煤（tce）；

e_b——统计报告期的单位产品综合能耗，单位为吨标准煤（tce）；

e_j——基期的单位产品综合能耗，单位为吨标准煤（tce）；

M_b——统计报告期产出的合格产品数量。

5.1.2 多种产品节能量

生产多种产品的企业，企业产品节能量按式（2）计算：

$$\Delta E_c = \sum_{i=1}^{n} (e_{bi} - e_{ji}) M_{bi} \quad \cdots\cdots (2)$$

式中：

e_{bi}——统计报告期第 i 种产品的单位产品综合能耗，单位为吨标准煤（tce）；

e_{ji}——基期第 i 种产品的单位产品综合能耗或单位产品能源消耗限额，单位为吨标准煤（tce）；

M_{bi}——统计报告期产出的第 i 种合格产品数量；

n——统计报告期内企业生产的产品种类数。

5.2 产值节能量

产值节能量按式（3）计算：

$$\Delta E_{\mathrm{g}} = (e_{\mathrm{bg}} - e_{\mathrm{jg}})G_{\mathrm{b}} \quad \cdots\cdots\cdots\cdots\cdots\cdots\cdots\cdots\cdots\cdots\cdots (3)$$

式中：

ΔE_{g}——企业产值（或增加值）总节能量，单位为吨标准煤（tce）；

e_{bg}——统计报告期企业单位产值（或增加值）综合能耗，单位为吨标准煤每万元（tce/万元）；

e_{jg}——基期企业单位产值（或增加值）综合能耗，单位为吨标准煤每万元（tce/万元）；

G_{b}——统计报告期企业的产值（或增加值，可比价），单位为万元。

5.3 技术措施节能量

5.3.1 单项技术措施节能量

单项技术措施节能量按式（4）计算：

$$\Delta E_{\mathrm{ti}} = (e_{\mathrm{th}} - e_{\mathrm{tq}})P_{\mathrm{th}} \quad \cdots\cdots\cdots\cdots\cdots\cdots\cdots\cdots\cdots\cdots\cdots (4)$$

式中：

ΔE_{ti}——某项技术措施节能量，单位为吨标准煤（tce）；

e_{th}——某种工艺或设备实施某项技术措施后其产品的单位产品能源消耗量，单位为吨标准煤（tce）；

e_{tq}——某种工艺或设备实施某项技术措施前其产品的单位产品能源消耗量，单位为吨标准煤（tce）；

P_{th}——某种工艺或设备实施某项技术措施后其产品产量。

5.3.2 多项技术措施节能量

多项技术措施节能量按式（5）计算：

$$\Delta E_{\mathrm{t}} = \sum_{i=1}^{m} \Delta E_{\mathrm{ti}} \quad \cdots\cdots\cdots\cdots\cdots\cdots\cdots\cdots\cdots\cdots\cdots (5)$$

式中：

ΔE_{t}——多项技术措施节能量，单位为吨标准煤（tce）；

m——企业技术措施项目数。

5.4 产品结构节能量

产品结构节能量按式（6）计算：

$$\Delta E_{\mathrm{cj}} = G_{\mathrm{z}} \times \sum_{i=1}^{m} (K_{\mathrm{bi}} - K_{\mathrm{ji}}) \times e_{\mathrm{jci}} \quad \cdots\cdots\cdots\cdots\cdots\cdots\cdots\cdots\cdots\cdots\cdots (6)$$

式中：

ΔE_{cj}——产品结构节能量，单位为吨标准煤（tce）；

G_{z}——统计报告期总产值（总增加值，可比价），单位为万元；

K_{bi}——统计报告期替代第 i 种产品产值占总产值（或总增加值）的比重，%；

K_{ji}——基期第 i 种产品产值占总产值（或总增加值）的比重，%；

e_{jci}——基期第 i 种产品的单位产值（或增加值）能耗，单位为吨标准煤每万元（tce/万元）；

n——产品种类数。

5.5 单项能源节能量

5.5.1 产品单项能源节能量

产品单项能源节能量按式（7）计算：

$$\Delta E_{cn} = \sum_{i=1}^{n} (e_{bci} - e_{jci}) M_{bi} \quad \cdots\cdots\cdots\cdots\cdots\cdots\cdots (7)$$

式中：

ΔE_{cn}——产品某单项能源品种能源节能量，单位为吨（t）、千瓦时（kW·h）等；

e_{bci}——统计报告期第 i 种单位产品某单项能源品种能源消耗量，单位为吨（t）、千瓦时（kW·h）等；

e_{jci}——基期第 i 种单位产品某单项能源品种能源消耗量或单位产品某单项能源品种能源消耗限额，单位为吨（t）、千瓦时（kW·h）等；

M_{bi}——统计报告期产出的第 i 种合格产品数量；

n——统计报告期企业生产的产品种类数。

5.5.2 产值单项能源节能量

产值单项能源节能量按式（8）计算：

$$\Delta E_{gn} = \sum_{i=1}^{n} (e_{bgi} - e_{jgi}) G_{bi} \quad \cdots\cdots\cdots\cdots\cdots\cdots\cdots (8)$$

式中：

ΔE_{gn}——产品某单项能源品种能源节能量，单位为吨（t），千瓦时（kW·h）等；

e_{bgi}——统计报告期第 i 种产品单位产值（或单位增加值）某单项品种能源消耗量，单位为吨/万元（t/万元）、千瓦时/万元（kW·h/万元）等；

e_{jgi}——基期第 i 种产品单位产值某单项品种能源消耗量，单位为吨/万元（t/万元）、千瓦时/万元（kW·h/万元）等；

G_{bi}——统计报告期第 i 种产品产值（或增加值，可比价），单位为万元；

n——统计报告期企业生产的产品种类数。

6 节能率的计算

6.1 产品节能率

产品节能率按式（9）计算：

$$\xi_c = \left(\frac{e_{bc} - e_{jc}}{e_{jc}} \right) \times 100\% \quad \cdots\cdots\cdots\cdots\cdots\cdots\cdots (9)$$

式中：

ξ_c——产品节能率，%；

e_{bc}——统计报告期单位产品能耗，单位为吨标准煤（tce）；

e_{jc}——基期单位产品能耗或单位产品能源消耗限额，单位为吨标准煤（tce）。

6.2 产值节能率

产值节能率按式（10）计算：

$$\xi_g = \left(\frac{e_{bg} - e_{jg}}{e_{jg}} \right) \times 100\% \quad \cdots\cdots\cdots\cdots\cdots\cdots (10)$$

式中：

ξ_g——产值节能率,%；

e_bg——统计报告期单位产值能耗,单位为吨标准煤每万元（tce/万元）；

e_jg——基期单位产值能耗,单位为吨标准煤每万元（tce/万元）。

6.3 累计节能率

累计节能率分为定比节能率和环比节能率。

6.3.1 定比节能率

定比节能率按式（9）或式（10）计算。

6.3.2 环比节能率

环比节能率按式（11）计算：

$$\xi_\mathrm{h} = \left(\sqrt[n]{\frac{e_\mathrm{b}}{e_\mathrm{j}}} - 1 \right) \times 100\% \quad\quad\quad\quad (11)$$

式中：

ξ_h——环比节能率,%；

e_b——统计报告期单位产品能耗或单位产值能耗,单位为吨标准煤（tce）或吨标准煤每万元（tce/万元）；

e_j——基期单位产品能耗或单位产值能耗,单位为吨标准煤（tce）或吨标准煤每万元（tce/万元）；

n——统计期的个数。

附录四

用能单位能源计量器具配备和管理通则

General principle for equipping and managing of the measuring instrument of energy in organization of energy using

(GB 17167—2006)

1 范围

本标准规定了用能单位能源计量器具配备和管理的基本要求。

本标准适用于企业、事业单位、行政机关、社会团体等独立核算的用能单位。

2 规范性引用文件

下列文件中的条款通过本标准的引用而成为本标准的条款。凡是注日期的引用文件，其随后所有的修改单（不包括勘误的内容）或修订版均不适用于本标准，然而，鼓励根据本标准达成协议的各方研究是否可使用这些文件的最新版本。凡是不注日期的引用文件，其最新版本适用于本标准。

GB/T 6422 企业能耗计量与测试导则

GB/T 15316 节能监测技术通则

GB/T 18603—2001 天然气计量系统技术要求

3 术语和定义

本标准采用下列术语和定义。

3.1

能源计量器具 measuring instrument of energy

测量对象为一次能源、二次能源和载能工质的计量器具。

3.2

能源计量器具配备率 equipping rate of energy measuring instrument

能源计量器具实际的安装配备数量占理论需要量的百分数。

注：能源计量器具理论需要量是指为测量全部能源量值所需配备的计量器具数量。

3.3

次级用能单位 sub-organization of energy using

用能单位下属的能源核算单位。

4 能源计量器具配备

4.1 能源计量的种类及范围

本标准所称能源，指煤炭、原油、天然气、焦炭、煤气、热力、成品油、液化石油气、生物质能和其他直接或者通过加工、转换而取得有用能的各种资源。

能源计量范围：
a) 输入用能单位、次级用能单位和用能设备的能源及载能工质；
b) 输出用能单位、次级用能单位和用能设备的能源及载能工质；
c) 用能单位、次级用能单位和用能设备使用（消耗）的能源及载能工质；
d) 用能单位、次级用能单位和用能设备自产的能源及载能工质；
e) 用能单位、次级用能单位和用能设备可回收利用的余能资源。

4.2 能源计量器具的配备原则

4.2.1 应满足能源分类计量的要求。

4.2.2 应满足用能单位实现能源分级分项考核的要求。

4.2.3 重点用能单位应配备必要的便携式能源检测仪表，以满足自检自查的要求。

4.3 能源计量器具的配备要求

4.3.1 能源计量器具配备率按下式计算：

$$R_\mathrm{p} = \frac{N_\mathrm{s}}{N_\mathrm{l}} \times 100\%$$

式中：
R_p——能源计量器具配备率，%；
N_s——能源计量器具实际的安装配备数量；
N_l——能源计量器具理论需要量。

4.3.2 用能单位应加装能源计量器具。

4.3.3 用能量（产能量或输运能量）大于或等于表1中一种或多种能源消耗量限定值的次级用能单位为主要次级用能单位。

主要次级用能单位应按表3要求加装能源计量器具。

表1 主要次级用能单位能源消耗量（或功率）限定值

能源种类	电力	煤炭、焦炭	原油、成品油、石油液化气	重油、渣油	煤气、天然气	蒸汽、热水	水	其他
单位	kW	t/a	t/a	t/a	m³/a	GJ/a	t/a	GJ/a
限定值	10	100	40	80	10 000	5 000	5 000	2 926

注1：表中 a 是法定计量单位中"年"的符号。
注2：表中 m³ 指在标准状态下，表2同。
注3：2 926 GJ 相当于 100 t 标准煤。其他能源应按等价热值折算，表2类推。

4.3.4 单台设备能源消耗量大于或等于表2中一种或多种能源消耗量限定值的为主要用能设备。

主要用能设备应按表3要求加装能源计量器具。

表2 主要用能设备能源消耗量（或功率）限定值

能源种类	电力	煤炭、焦炭	原油、成品油、石油液化气	重油、渣油	煤气、天然气	蒸汽、热水	水	其他
单位	kW	t/h	t/h	t/h	m³/h	MW	t/h	GJ/h

表2（续）

能源种类	电力	煤炭、焦炭	原油、成品油、石油液化气	重油、渣油	煤气、天然气	蒸汽、热水	水	其他
限定值	100	1	0.5	1	100	7	1	29.26

注1：对于可单独进行能源计量考核的用能单元（装置、系统、工序、工段等），如果用能单元已配备了能源计量器具，用能单元中的主要用能设备可以不再单独配备能源计量器具。

注2：对于集中管理同类用能设备的用能单元（锅炉房、泵房等），如果用能单元已配备了能源计量器具，用能单元中的主要用能设备可以不再单独配备能源计量器具。

4.3.5 能源计量器具配备率应符合表3的要求。

表3 能源计量器具配备率要求   单位：%

能 源 种 类		进出用能单位	进出主要次级用能单位	主要用能设备
电力		100	100	95
固态能源	煤炭	100	100	90
	焦炭	100	100	90
液态能源	原油	100	100	90
	成品油	100	100	95
	重油	100	100	90
	渣油	100	100	90
气态能源	天然气	100	100	90
	液化气	100	100	90
	煤气	100	90	80
载能工质	蒸汽	100	80	70
	水	100	95	80
可回收利用的余能		90	80	—

注1：进出用能单位的季节性供暖用蒸汽（热水）可采用非直接计量载能工质流量的其他计量结算方式。

注2：进出主要次级用能单位的季节性供暖用蒸汽（热水）可以不配备能源计量器具。

注3：在主要用能设备上作为辅助能源使用的电力和蒸汽、水等载能工质，其耗能量很小（低于表2的要求）可以不配备能源计量器具。

4.3.6 对从事能源加工、转换、输运性质的用能单位（如火电厂、输变电企业等），其所配备的能源计量器具应满足评价其能源加工、转换、输运效率的要求。

4.3.7 对从事能源生产的用能单位（如采煤、采油企业等），其所配备的能源计量器具应满足评价其单位产品能源自耗率的要求。

4.3.8 用能单位的能源计量器具准确度等级应满足表4的要求。

表4 用能单位能源计量器具准确度等级要求

计量器具类别	计 量 目 的	准确度等级要求
衡器	进出用能单位燃料的静态计量	0.1
	进出用能单位燃料的动态计量	0.5

表 4（续）

计量器具类别	计量目的		准确度等级要求
电能表	进出用能单位有功交流电能计量	Ⅰ类用户	0.5
		Ⅱ类用户	0.5
		Ⅲ类用户	1.0
		Ⅳ类用户	2.0
		Ⅴ类用户	2.0
	进出用能单位的直流电能计量		2.0
油流量表（装置）	进出用能单位的液体能源计量		成品油 0.5
			重油、渣油 1.0
气体流量表（装置）	进出用能单位的气体能源计量		煤气 2.0
			天然气 2.0
			蒸汽 2.5
水流量表（装置）	进出用能单位水量计量	管径不大于 250 mm	2.5
		管径大于 250 mm	1.5
温度仪表	用于液态、气态能源的温度计量		2.0
	与气体、蒸汽质量计算相关的温度计量		1.0
压力仪表	用于气态、液态能源的压力计量		2.0
	与气体、蒸汽质量计算相关的压力计量		1.0

注 1：当计量器具是由传感器（变送器）、二次仪表组成的测量装置或系统时，表中给出的准确度等级应是装置或系统的准确度等级。装置或系统未明确给出其准确度等级时，可用传感器与二次仪表的准确度等级按误差合成方法合成。

注 2：运行中的电能计量装置按其所计量电能量的多少，将用户分为五类。Ⅰ类用户为月平均用电量 500 万 kW·h 及以上或变压器容量为 10 000 kV·A 及以上的高压计费用户；Ⅱ类用户为小于Ⅰ类用户用电量（或变压器容量）但月平均用电量 100 万 kW·h 及以上或变压器容量为 2 000 kV·A 及以上的高压计费用户；Ⅲ类用户为小于Ⅱ类用户用电量（或变压器容量）但月平均用电量 10 万 kW·h 及以上或变压器容量为 315 kV·A 及以上的计费用户；Ⅳ类用户为负荷容量为 315 kV·A 以下的计费用户；Ⅴ类用户为单相供电的计费用户。

注 3：用于成品油贸易结算的计量器具的准确度等级应不低于 0.2。

注 4：用于天然气贸易结算的计量器具的准确度等级应符合 GB/T 18603—2001 附录 A 和附录 B 的要求。

4.3.9 主要次级用能单位所配备能源计量器具的准确度等级（电能表除外）参照表 4 的要求，电能表可比表 4 的同类用户低一个档次的要求。

4.3.10 主要用能设备所配备能源计量器具的准确度等级（电能表除外）参照表 4 的要求，电能表可比表 4 的同类用户低一个档次的要求。

4.3.11 能源作为生产原料使用时，其计量器具的准确度等级应满足相应的生产工艺要求。

4.3.12 能源计量器具的性能应满足相应的生产工艺及使用环境（如温度、温度变化率、湿度、照明、振动、噪声、粉尘、腐蚀、电磁干扰等）要求。

5 能源计量器具的管理要求

5.1 能源计量制度

5.1.1 用能单位应建立能源计量管理体系，形成文件，并保持和持续改进其有效性。

5.1.2 用能单位应建立、保持和使用文件化的程序来规范能源计量人员行为、能源计量器具管理和能源计量数据的采集、处理和汇总。

5.2 能源计量人员

5.2.1 用能单位应设专人负责能源计量器具的管理，负责能源计量器具的配备、使用、检定（校准）、维修、报废等管理工作。

5.2.2 用能单位应设专人负责主要次级用能单位和主要用能设备能源计量器具的管理。

5.2.3 用能单位的能源计量管理人员应通过相关部门的培训考核，持证上岗；用能单位应建立和保存能源计量管理人员的技术档案。

5.2.4 能源计量器具检定、校准和维修人员，应具有相应的资质。

5.3 能源计量器具

5.3.1 用能单位应备有完整的能源计量器具一览表。表中应列出计量器具的名称、型号规格、准确度等级、测量范围、生产厂家、出厂编号、用能单位管理编号、安装使用地点、状态（指合格、准用、停用等）。主要次级用能单位和主要用能设备应备有独立的能源计量器具一览表分表。

5.3.2 用能设备的设计、安装和使用应满足 GB/T 6422、GB/T 15316 中关于用能设备的能源监测要求。

5.3.3 用能单位应建立能源计量器具档案，内容包括：
 a) 计量器具使用说明书；
 b) 计量器具出厂合格证；
 c) 计量器具最近两个连续周期的检定（测试、校准）证书；
 d) 计量器具维修记录；
 e) 计量器具其他相关信息。

5.3.4 用能单位应备有能源计量器具量值传递或溯源图，其中作为用能单位内部标准计量器具使用的，要明确规定其准确度等级、测量范围、可溯源的上级传递标准。

5.3.5 用能单位的能源计量器具，凡属自行校准且自行确定校准间隔的，应有现行有效的受控文件（即自校计量器具的管理程序和自校规范）作为依据。

5.3.6 能源计量器具应实行定期检定（校准）。凡经检定（校准）不符合要求的或超过检定周期的计量器具一律不准使用。属强制检定的计量器具，其检定周期、检定方式应遵守有关计量法律法规的规定。

5.3.7 在用的能源计量器具应在明显位置粘贴与能源计量器具一览表编号对应的标签，以备查验和管理。

5.4 能源计量数据

5.4.1 用能单位应建立能源统计报表制度，能源统计报表数据应能追溯至计量测试记录。

5.4.2 能源计量数据记录应采用规范的表格式样，计量测试记录表格应便于数据的汇总与分析，应说明被测量与记录数据之间的转换方法或关系。

5.4.3 重点用能单位可根据需要建立能源计量数据中心，利用计算机技术实现能源计量数据的网络化管理。

5.4.4 重点用能单位可根据需要按生产周期（班、日、周）及时统计计算出其单位产品的各种主要能源消耗量。

附录五

煤炭企业能源计量器具配备和管理要求

Specificatian for equipping and managing of the measuring
instrument of energy in coal enterprise

(GB/T 29453—2012)

1 范围

本标准规定了煤炭企业用能单位能源计量的种类、范围，能源计量器具配备和管理的基本要求。

本标准适用于煤炭行业煤炭生产及分选企业。

2 规范性引用文件

下列文件对于本文件的应用是必不可少的。凡是注日期的引用文件，仅注日期的版本适用于本文件。凡是不注日期的引用文件，其最新版本（包括所有的修改单）适用于本文件。

GB/T 6422　用能设备能量测试导则
GB/T 15316　节能监测技术通则
GB 17167　用能单位能源计量器具配备和管理通则
GB/T 18603—2001　天然气计量系统技术要求

3 术语和定义

GB 17167 界定的以及下列术语和定义适用于本文件。

3.1

煤炭企业用能单位　energy-using units of coal enterprise

煤炭企业具有独立法人地位的企业和具有独立核算能力的用能单位。

3.2

煤炭企业次级用能单位　sub organization of energy using in coal enterprises

煤炭企业用能单位下属的地面能源核算单位。

3.3

煤炭企业用能单元　basic cell of energy using in coal enterprises

煤炭企业用能单位所属的井下工艺生产系统，包括：采煤、掘进、皮带运输、照明、辅助运输等。

3.4

煤炭企业主要用能设备 major energy-using equipment of coal enterprise

煤炭生产主要用能设备为主（副）井提升机、主提升皮带、主通风机、主排水泵、空气压缩机、工业锅炉等。

4 能源计量器具配备

4.1 能源计量的种类及范围

本标准所称能源，指煤炭、原油、天然气、焦炭、煤气、热力、成品油、液化石油气、生物质能和其他直接或者通过加工、转换而取得有用能的各种资源。

能源的计量范围：

a) 输入煤炭企业用能单位、次级用能单位、用能单元和主要用能设备的能源及载能工质；

b) 输出煤炭企业用能单位、次级用能单位、用能单元和主要用能设备的能源及载能工质；

c) 煤炭企业用能单位、次级用能单位、用能单元和主要用能设备使用（消耗）的能源及载能工质；

d) 煤炭企业用能单位、次级用能单位、用能单元和主要用能设备自产的能源及载能工质；

e) 煤炭企业用能单位、次级用能单位、用能单元和主要用能设备可回收利用的余能资源。

4.2 能源计量器具的配备原则

4.2.1 煤炭企业用能单位应加装能源计量器具。

4.2.2 应满足能源分类计量的要求。

4.2.3 应满足煤炭企业用能单位实现能源分级分项考核的要求。

4.2.4 应满足评价其单位产品能源消耗率的要求。

4.2.5 应配备必要的便携式能源监测仪表，以满足自检自查的要求。

4.2.6 对实行用电峰谷分时计价的单位，应安装峰谷分时计量器具。

4.3 能源计量器具配备率

4.3.1 能源计量器具配备率按式（1）计算：

$$R_\mathrm{p} = \frac{N_\mathrm{s}}{N_\mathrm{t}} \times 100\% \quad \cdots\cdots\cdots\cdots\cdots\cdots\cdots（1）$$

式中：

R_p——能源计量器具配备率，%；

N_s——能源计量器具实际的安装配备数量；

N_t——能源计量器具理论需要安装量。

4.3.2 用能单位、次级用能单位和用能单元应配备能源计量器具。

4.3.3 用能单位、次级用能单位和用能单元应按表2要求配备能源计量器具。所配备能源计量器具的计量性能应满足表3的要求。

4.3.4 单台设备能源消耗量大于或等于表1中一种或多种能源消耗量限定值的为主要用能设备。

表1 主要用能设备配备能源计量器具的能源消耗量（或功率）限定值

能源种类	电力	固体燃料	成品油、石油液化气	重油	煤气、天然气	蒸汽、热水	水	其他
单位	kW	t/h	t/h	t/h	m³/h	MW	t/h	GJ/h
限定值	50	1	0.5	1	50	7	1	29.26

注1：表中h是法定计量单位中"[小]时"的符号。
注2：表中m³指在标准状态下。
注3：2 926 GJ相当于100 tce。其他能源按等价热值折算。

主要用能设备应按表2要求配备能源计量器具。主要用能设备所配备能源计量器具的计量性能应满足表3的要求。

4.3.5 能源计量器具配备率应符合表2的要求。

表2 能源计量器具配备率 %

能源种类		进出用能单位	进出次级用能单位	进出用能单元	主要用能设备
电力		100	100	100	95
固态能源	煤炭	100	100	100	90
固液混合能源	水煤浆	100	100	100	90
液态能源	成品油	100	100	100	95
	重油	100	100	100	90
	渣油	100	100	100	90
气态能源	天然气	100	100	100	90
	液化气	100	100	100	90
	煤气	100	100	100	80
载能工质	蒸汽	100	100	80	70
	水	100	100	95	—
	压缩空气及其他	100	90	—	70
回收利用的余热（能）		100	100		

注1：对于进出用能单位的季节性供暖用蒸汽（热水）可采用非直接计量载能工质流量的其他计量结算方式。
注2：对于进出次级用能单位和用能单元的季节性供暖用蒸汽（热水）可以不配备能源计量器具。
注3：对于在主要用能设备上使用的蒸汽、水等载能工质，其耗能量小于表1规定值的，可以不配置专用能源计量器具。
注4：对于可单独进行能源计量考核的用能单元，如果用能单元已配备了能源计量器具，用能单元中的主要用能设备可以不再单独配备能源计量器具。
注5：对于集中管理同类用能设备的用能单元，如果用能单元已配备了能源计量器具，用能单元中的主要用能设备可以不再单独配备能源计量器具。

4.3.6 煤炭企业用能单位的能源计量器具准确度等级应满足表3的要求。

表3 煤炭企业用能单位能源计量器具准确度等级要求

计量器具类别	计量目的		准确度等级要求
衡器	进出煤炭企业用能单位燃料的静态计量		0.1
	进出煤炭企业用能单位燃料的动态计量		0.5
电能表	进出煤炭企业用能单位有功交流电能计量	Ⅰ类用户	0.5 S
		Ⅱ类用户	0.5
		Ⅲ类用户	1.0
		Ⅳ类用户	2.0
		Ⅴ类用户	2.0
	进出煤炭企业用能单位的直流电能计量		2.0
油流量表（装置）	进出煤炭企业用能单位的液体能源计量	成品油	0.5
		重油、渣油	1.0
气体流量表（装置）	进出煤炭企业用能单位的气体能源计量	煤气	2.0
		天然气	2.0
		蒸汽	2.5
水流量表（装置）	进出煤炭企业用能单位的水量计量	管径不大于250 mm	2.5
		管径大于250 mm	1.5
温度仪表	用于液态、气态能源的温度计量		2.0
	与气体、蒸汽质量计算相关的温度计量		1.0
压力仪表	用于液态、气态能源的压力计量		2.0
	与气体、蒸汽质量计算相关的压力计量		1.0

注1：当计量器具是由传感器（变送器）、二次仪表组成的测量装置或系统时，表中给出的准确度等级应是装置或系统的准确度等级。装置或系统未明确给出其准确度等级时，可用传感器与二次仪表的准确度等级按误差合成方法合成。

注2：运行中的电能计量装置按其所计量电能量的多少，将用户分为五类。Ⅰ类用户为月平均用电量500万kW·h及以上或变压器容量为10 000 kV·A及以上的高压计费用户；Ⅱ类用户为小于Ⅰ类用户用电量（或变压器容量）但月平均用电量100万kW·h及以上或变压器容量为2 000 kV·A及以上的高压计费用户；Ⅲ类用户为小于Ⅱ类用户用电量（或变压器容量）但月平均用电量10万kW·h及以上或变压器容量为315 kV·A及以上的计费用户；Ⅳ类用户为负荷容量为315 kV·A及以下的计费用户。

4.3.7 用于成品油贸易结算的计量器具的准确度等级应不低于0.2（加油站可能达不到要求，按规程）。

4.3.8 用于天然气贸易结算的计量器具的准确度等级应符合GB/T 18603—2001附录A和附录B的要求（不同等级的计量系统不一样）。

4.3.9 煤炭企业主要次级用能单位、用能单元和主要用能设备所配备能源计量器具的准确度等级（电能表除外）参照表 3 的要求，电能表可比表 3 的同类用户低一个档次的要求。

4.3.10 煤炭企业用能单元和主要用能设备的设计、安装和使用应满足 GB/T 6422、GB/T 15316 关于用能设备的节能监测要求。

4.3.11 能源计量器具的计量性能应满足相应生产工艺和使用环境（如温度、温度变化率、湿度、照明、振动、噪声、粉尘、腐蚀、辐射、防爆、电磁干扰等）的要求。

5 能源计量器具的管理要求

5.1 能源计量管理制度

5.1.1 煤炭企业用能单位，应建立能源计量管理体系并形成文件，保持和持续改进其有效性。

5.1.2 煤炭企业用能单位，应建立、保持和使用文件化的程序，规范能源计量人员行为、能源计量器具管理和能源计量数据的采集、处理和汇总。

5.2 能源计量人员

5.2.1 煤炭企业用能单位，应设专人负责能源计量器具的管理，负责能源计量器具的配备、使用、检定（校准）、维修、报废等管理工作。

5.2.2 煤炭企业用能单位，应设专人负责煤炭企业主要次级用能单位、用能单元和主要用能设备能源计量器具的管理。

5.2.3 煤炭企业用能单位的能源计量、管理人员，应通过相关部门的培训考核，持证上岗；煤炭企业用能单位应建立和保存能源、计量管理人员的技术档案。

5.2.4 能源计量器具检定、校准和维修人员，应具有相应的资质。

5.3 能源计量器具管理

5.3.1 煤炭企业用能单位，应备有完整的能源计量器具一览表，表中应列出计量器具的名称、型号规格、准确度等级、测量范围、生产厂家、出厂编号、煤炭企业用能单位管理编号、安装使用地点、状态（指合格、准用、停用等）。主要次级用能单位、用能单元和主要用能设备有独立的能源计量器具一览表分表。

5.3.2 煤炭企业用能单位，应建立能源计量器具档案，内容包括：
  a) 计量器具使用说明书；
  b) 计量器具出厂合格证；
  c) 计量器具最近两个连续周期的检定（测试、校准）证书；
  d) 计量器具维修记录；
  e) 计量器具其他相关信息。

5.3.3 煤炭企业用能单位，应备有能源计量器具量值传递或溯源图，其中作为内部标准计量器具使用的，要明确规定其准确度等级、测量范围、可溯源的上级传递标准。

5.3.4 煤炭企业用能单位的能源计量器具，凡属自行校准且自行确定校准间隔的，应有现行有效的受控文件（即自校计量器具的管理程序和自校规范）作为依据。

5.3.5　在用的能源计量器具，应在明显位置粘贴与能源计量器具一览表编号对应的标签，以备查验和管理。

5.4　能源计量数据

5.4.1　煤炭企业用能单位，应建立能源统计报表制度。能源统计报表数据，应能追溯至计量测试记录。

5.4.2　能源计量数据记录，应采用规范的表格式样，计量测试记录表格，应便于数据的汇总与分析，应说明被测量与记录数据之间的转换方法或关系。

5.4.3　煤炭企业用能单位，可根据需要按生产周期（班、日、月），及时统计计算出其单位产品的各种主要能源消耗量。

5.4.4　能源计量数据及有关测试记录保存期限不低于五年。

附录六

单位产品能源消耗限额编制通则

General principles of stipulation of energy consumption norm for unit product

（GB/T 12723—2008）

1 范围

本标准规定了单位产品能源消耗限额编制的原则与依据、编制的内容与方法以及能耗数据统计的范围、节能管理与措施。

本标准适用于国家、地区、行业及企业单位产品能耗限额的编制和管理。

2 规范性引用文件

下列文件中的条款通过本标准的引用而成为本标准的条款。凡是注日期的引用文件，其随后所有的修改单（不包括勘误的内容）或修订版均不适用于本标准，然而，鼓励根据本标准达成协议的各方研究是否可使用这些文件的最新版本。凡是不注日期的引用文件，其最新版本适用于本标准。

GB/T 1.1 标准化工作导则 第1部分：标准的结构和编写规则
GB/T 2589 综合能耗计算通则
GB/T 12497 三相异步电动机经济运行
GB/T 13466 交流电气传动风机（泵类、空气压缩机）系统经济运行通则
GB 17167 用能单位能源计算器具配备和管理通则
GB/T 17954 工业锅炉经济运行
GB/T 17981 空气调节系统经济运行
GB 18613 中小型三相异步电动机能效限定值及能效等级
GB 19153 容积式空气压缩机能效限定值及节能评价值
GB 19762 清水离心泵能效限定值及节能评价值
GB 20052 三相配电变压器能效限定值及节能评价值

3 术语和定义

GB/T 2589 中确立的以及下列术语和定义适用于本标准。

3.1

单位产品能源消耗限额 stipulation of energy consumption for per unit product

生产合格产品时，每单位产品所允许消耗能源的限定值。以下简称：单位产品能耗限额。

3.2

生产系统 production system

生产产品所确定的生产工艺过程、装置、设施和设备组成的完整体系。

3.3

辅助生产系统 production assist system

为生产系统服务的过程、设施和设备，其中包括供电、机修、供水、供气、供热、制冷、仪修、照明、库房和厂内原料场地以及安全、环保等装置及设施。

4 单位产品能源消耗限额编制原则和依据

4.1 编制原则

4.1.1 基本原则

4.1.1.1 制定单位产品能耗限额应当科学、合理，能耗限额指标应具有可比性。针对单位产品能耗限额的计量、计算和统计应具有可操作性。

4.1.1.2 通过实施单位产品能耗限额标准应能逐步淘汰能效低的落后生产能力，促进企业提高节能技术水平和管理水平，提高企业经济效益和改善环境。

4.1.1.3 制定单位产品能耗限额应与国家产业政策保持一致。

4.1.2 编写原则

4.1.2.1 单位产品能耗限额标准的编制结构和格式应符合 GB/T 1.1 的要求。

4.1.2.2 应以统计和计量资料为基础的数理统计分析法确定能耗限额。

4.1.2.3 应根据生产系统和辅助生产系统各种用能工艺（工序）过程、装置、设施和设备的能耗为基础，编制能耗限额的计算公式。计算公式所涉及的生产界区和统计范围要明确。综合能耗的计算方法应符合 GB/T 2589 的规定。主要公式应写在正文中，次要公式宜放在附录中。

4.1.3 修订原则

应根据国家、地区、行业或企业单位产品能耗水平的变化和发展趋势，适时对能耗限额标准进行修订。

4.1.4 统计原则

4.1.4.1 国家、地区、行业和企业产品能耗的统计、核算必须执行相应的国家、地区、行业和企业标准或有关的核算规程。

4.1.4.2 企业应建立产品能耗测试数据、能耗计算和能耗考核结果的文件档案，并对文件进行受控管理。

4.1.4.3 生产产品所消耗的各种能源的低位发热值宜以企业在报告期内实测值为准。没有实测条件的，可参考 GB/T 2589 中的有关内容。

4.1.5 管理措施

4.1.5.1 国家、地区、行业和企业应加强对产品能耗限额的管理。

4.1.5.2 企业应制定产品能耗考核制度，定期对产品能耗进行考核。

4.1.5.3 企业应根据 GB 17167 配备能源计量器具并建立能源计量管理制度。

4.1.5.4 企业生产使用的通用设备应达到经济运行状态，对用能设备的经济运行管理应符合 GB/T 12497、GB/T 13466、GB/T 17954、GB/T 17981 等经济运行标准的规定。

4.1.5.5 企业应提高通用设备的能源效率。年运行时间大于 3 000 h，负载率大于 60% 的电动机、空气压缩机、水泵等通用设备或新建及扩建企业的上述通用设备应符合 GB 18613、GB 19153、GB 19762 等能效标准中节能评价值或 2 级能效等级的要求。企业应提高变电和配电设备的能效，新建及扩建企业配电变压器的能效应达到 GB 20052 节能评价值的要求。

4.1.5.6 企业应根据产品生产工艺（工序）过程、装置、设施和设备的能耗状况，制定相应的节能改造规划和节能措施的实施计划。

4.2 编制依据

编制能耗限额指标应考虑以下几个方面的因素：
a) 历年能源消耗水平和相关的数据分析资料；
b) 现有生产装置、工艺技术和用能设备现状；
c) 现有生产装置、工艺技术和用能设备的发展趋势；
d) 实施节能改造的经济可行性。

5 单位产品能耗限额编制内容

除标准应包含的一般内容外，在能耗限额标准中主要包括以下内容：
——术语和定义；
——单位产品能耗限额限定值；
——新建及扩建企业单位产品能耗限额准入值；
——单位产品能耗限额先进值；
——能耗统计范围；
——能耗限额计算方法；
——主要节能技术措施；
——主要节能管理措施；
——各种能源折标准煤参考系数。

注：单位产品能耗限额限定值是评价现有生产企业单位产品能耗限额的指标。新建及扩建企业单位产品能耗限额准入值是评价新建及扩建项目是否能通过审批的指标。单位产品能耗限额先进值是评价现有生产企业单位产品能耗达到先进水平的指标。

附录七

煤炭井工开采单位产品能源消耗限额

The norm of the energy consumption per unit product of coal underground mining

（GB 29444—2012）

1 范围

本标准规定了煤炭井工开采单位产品能源消耗（以下简称能耗）限额的技术要求、统计范围和计算方法、节能管理与措施。

本标准适用于煤炭井工开采企业单位产品能耗的计算、考核以及新建企业的能耗控制。

2 规范性引用文件

下列文件对于本文件的应用是必不可少的，凡是注日期的引用文件，仅注日期的版本适用于本文件。凡是不注日期的引用文件，其最新版本（包括所有的修改单）适用于本文件。

GB 17167　用能单位能源计量器具配备和管理通则
GB/T 28398—2012　煤炭企业能源消费统计规范
MT/T 1000　煤矿在用工业锅炉节能监测方法和判定规则
MT/T 1001　煤矿在用提升机节能监测方法和判定规则
MT/T 1002　煤矿在用主排水系统节能监测方法和判定规则
MT/T 1070　煤矿在用主提升带式输送机节能监测方法和判定规则
MT/T 1071　煤矿在用主通风机装置节能监测方法和判定规则

3 术语和定义

下列术语和定义适用于本文件。

3.1

煤炭井工开采单位产品能耗　the norm of the energy consumption per unit product of coal

煤炭井工开采吨原煤生产综合能耗　underground mining

统计期内煤炭生产能源消费量与矿井原煤产量的比值。

注：本标准在计算单位产品能耗时使用能源消费量的折算值。

3.2

矿井原煤产量　the output of raw coal in mine

统计期内回采产量、掘进产量和矿井其他产量的总和。

3.3

回采产量　the winning output of raw coal in mine

统计期内生产矿井中全部回采工作面所采出的煤量。

3.4

掘进产量　tbe tunneling output of raw coal in mine

统计期内生产矿井中由生产费用负担的生产掘进巷道所出的煤量。不包括由更改资金进行的掘进工作出煤和井巷维修工作出煤。

3.5

矿井其他产量　the other output of raw coal in mine

统计期内生产矿井回采和掘进产量以外的其他产量，主要包括井巷维修出煤，已报废矿井或已采完采区复采后所出的煤，不合格质量经处理后合格的回收煤，科研试采出煤，出井无牌煤，水砂充填或水采矿井扫沉淀的煤泥，盘点发生的涨（亏）吨煤，以及由生产费用开支不计能力的矿井产量。

3.6

煤炭生产能源消费量　energy consumption of coal production

统计期内主要生产能源消费量和辅助生产能源消费量折标准煤之和。

注：见 GB/T 28398—2012 中 3.6。

3.7

主要生产能源消费量　main production energy consumption

统计期内直接用于煤炭开采的各种能源消费折标准煤之和。

注：见 GB/T 28398—3012 中 3.7。

3.8

辅助生产能源消费量　auxiliary productjon energy consrmption

统计期内为主要生产配套的辅助生产系统所消费的各种能源折标准煤之和。

注：见 GB/T 28398—2012 中 3.8。

4　技术要求

4.1　现有煤炭井工开采企业单位产品能耗限定值

电力折标准煤系数采用当量值时，现有煤炭井工开采企业单位产品能耗限定值应不大于 11.8 kgce/t。

4.2　新建煤炭井工开采企业单位产品能耗准入值

电力折标准煤系数采用当量值时，新建煤炭井工开采企业单位产品能耗准入值应不大于 7.0 kgce/t。

4.3 煤炭井工开采企业单位产品能耗先进值

电力折标准煤系数采用当量值时，煤炭井工开采企业应通过节能技术改造和加强节能管理，单位产品能耗先进值为不大于3.0 kgce/t。

5 能耗统计范围和计算方法

5.1 能耗统计范围及能源折标准煤系数取值原则

5.1.1 统计范围

主要生产系统、辅助生产系统所消耗的各种一次能源量、二次能源量和损失量。见GB/T 28398—2012 第4章"能源消费量的分类"。

5.1.2 能源折标准煤系数取值原则

各种能源的热值以标准煤计。各种能源当量热值以企业在统计期内实测的热值为准。没有实测条件的，采用附录A中各种能源折标准煤参考系数。

5.2 计算方法

5.2.1 单矿井煤炭井工开采企业单位产品能耗计算公式

单矿井煤炭井工开采企业单位产品能耗应按式（1）计算：

$$e_{jg} = \frac{E_{jg} \times (k_1 + k_2 + k_3 + k_4 + k_5)}{M} \quad \cdots\cdots(1)$$

式中：

e_{jg} ——指煤炭井工开采单位产品能耗，单位为千克标准煤每吨原煤（kgce/t）；
E_{jg} ——指煤炭生产能源消费量，单位为千克标准煤（kgce）；
M ——指矿井原煤产量，单位为吨（t）；
k_1 ——采煤条件及工艺折算系数，见附录B；
k_2 ——运输距离折算系数，见附录C；
k_3 ——矿井瓦斯等级折算系数，见附录D；
k_4 ——矿井涌水量折算系数，见附录E；
k_5 ——单井生产能力折算系数，见附录F。

5.2.2 多矿井煤炭井工开采企业单位产品能耗计算公式

多矿井煤炭井工开采企业单位产品能耗应按式（2）计算：

$$e_{jg} = \frac{\sum_{i=1}^{n}(e_{i,jg} \times M_i)}{\sum_{i=1}^{n} M_i} \quad \cdots\cdots(2)$$

式中：
$e_{i,jg}$ ——指多矿井煤炭井工开采企业第 i 个矿井的单位产品能耗，单位为千克标准煤每吨原煤（kgce/t）；
M_i ——指多矿井煤炭井工开采企业第 i 个矿井的原煤产量，单位为吨（t）；
n ——多矿井煤炭井工开采企业矿井个数。

6 节能管理与措施

6.1 节能基础管理

6.1.1 企业应定期对煤炭生产的能耗情况进行考核，并把考核指标分解落实到各基层部门，建立用能责任制度。

6.1.2 企业应按要求建立能耗统计体系，建立能耗计算和考核结果的文件档案，并对文件进行受控管理。

6.1.3 企业应根据 GB 17167 的要求配备能源计量器具并建立能源计量管理制度。

6.2 节能技术管理

6.2.1 经济运行

6.2.1.1 企业应选用达到经济运行状态的煤矿专用大型固定设备和通用设备。

6.2.1.2 企业应加强设备的维护、检修工作，提高设备的负荷率；应使生产运行设备合理匹配，经济运行；应使设备处于高效率低能耗运行状态；应加强各种管网的维护管理，防止跑、冒、滴、漏的现象发生。

6.2.2 企业应对主要耗能设备进行定期监测，监测方法和判定规则执行 MT/T 1000、MT/T 1001、MT/T 1002、MT/T 1070 和 MT/T 1071。

6.2.3 企业应积极推广、应用以下节能技术：
——开发利用高效节能的新技术、新工艺、新设备、新材料。
——推进清洁生产，提高资源利用效率，减少污染物排放量。
——淘汰高能耗、高污染、低效率的工艺和设备。
——推广"三废"综合利用技术。

6.3 监督与考核

企业应建立能耗测试、能耗统计、能量平衡和能耗考核结果的文件档案，并对文件进行受控管理。

附 录 A
（资料性附录）
各种能源折算标准煤系数

各种能源折算标准煤系数见表 A.1。

表 A.1 各种能源折算标准煤系数

能 源 名 称		平 均 低 位 发 热 量	折标准煤系数
原煤		20 908 kJ/kg(5 000 kcal/kg)	0.714 3
洗精煤		26 344 kJ/kg(6 300 kcal/kg)	0.900 0
其他洗煤	(1)洗中煤	8 363 kJ/kg(2 000 kcal/kg)	0.285 7
	(2)煤泥	8 363 kJ/kg~12 545 kJ/kg(2 000 kcal/kg~3 000 kcal/kg)	0.285 7~0.428 6
焦炭		28 435 kJ/kg(6 800 kcal/kg)	0.971 4
原油		41 816 kJ/kg(10 000 kcal/kg)	1.428 6
重油		41 816 kJ/kg(10 000 kcal/kg)	1.428 6
煤油		43 070 kJ/kg(10 300 kcal/kg)	1.471 4
汽油		43 070 kJ/kg(10 300 kcal/kg)	1.471 4
柴油		42 652 kJ/kg(10 200 kcal/kg)	1.457 1
煤焦油		33 453 kJ/kg(8 000 kcal/kg)	1.142 9
渣油		41 816 kJ/kg(10 000 kcal/kg)	1.428 6
液化石油气		50 179 kJ/kg(12 000 kcal/kg)	1.714 3
炼厂干气		46 055 kJ/kg(11 000 kcal/kg)	1.571 4
油田天然气		38 931 kJ/m^3(9 310 kcal/m^3)	1.330 0
气田天然气		35 544 kJ/m^3(8 500 kcal/m^3)	1.214 3
煤矿瓦斯气		14 636 kJ/m^3~16 726 kJ/m^3(3 500 kcal/m^3~4 000 kcal/m^3)	0.500 0~0.571 4
焦炉煤气		16 726 kJ/m^3~17 981 kJ/m^3(4 000 kcal/m^3~4 300 kcal/m^3)	0.571 4~0.614 3
高炉煤气		3 763 kJ/m^3	0.128 6
其他煤气	(1)发生炉煤气	5 227 kJ/m^3(1 250 kcal/m^3)	0.178 6
	(2)重油催化裂解煤气	19 235 kJ/m^3(4 600 kcal/m^3)	0.651 7
	(3)重油热裂解煤气	35 544 kJ/m^3(8 500 kcal/m^3)	1.214 3
	(4)焦炭制气	16 308 kJ/m^3(3 900 kcal/m^3)	0.557 1
	(5)压力气化煤气	15 054 kJ/m^3(3 600 kcal/m^3)	0.514 3
	(6)水煤气	10 454 kJ/m^3(2 500 kcal/m^3)	0.357 1
粗苯		41 816 kJ/kg(10 000 kcal/kg)	1.428 6
热力			0.034 12
电力(当量)		3 600 kJ/kW·h[860 kcal/(kW·h)]	0.122 9
蒸汽(低压)		3 673 MJ/t(900 Mcal/t)	0.128 6

附 录 B
（规范性附录）
采煤条件及工艺折算系数

采煤条件及工艺折算系数见表 B.1。

表 B.1 采煤条件及工艺折算系数

采煤条件及工艺 [以可采用机械化采煤方式采出的产量比例（%）来表示]	折算系数取值
≥90	0.16
60(含)~90	0.15
30(含)~60	0.13
0(含)~30	0.12

附 录 C
（规范性附录）
运输距离折算系数

运输距离折算系数见表C.1。

表 C.1 运输距离折算系数

运输距离/km	折算系数取值
≤10	0.04
>10	0.02

附 录 D
（规范性附录）
矿井瓦斯等级折算系数

矿井瓦斯等级折算系数见表 D.1。

表 D.1 矿井瓦斯等级折算系数

矿井瓦斯等级		折算系数取值
低瓦斯矿井	无瓦斯抽放系统	0.12
	有瓦斯抽放系统	0.09
高瓦斯矿井		0.07
煤（岩）与瓦斯（二氧化碳）突出矿井		0.05
注：矿井瓦斯等级划分参照《煤矿安全规程》。		

附 录 E
（规范性附录）
矿井涌水量折算系数

矿井涌水量折算系数见表 E.1。

表 E.1　矿井涌水量折算系数

矿井涌水量/(m³/h)	折算系数取值
≤180	0.19
180~600（含）	0.17
600~2 100（含）	0.15
>2 100	0.13

附 录 F
（资料性附录）
单井生产能力折算系数

单井生产能力折算系数见表 F.1。

表 F.1 单井生产能力折算系数

单井生产能力/(Mt/a)	折算系数取值
≥0.9	0.49
<0.9	0.37

附录八

煤炭露天开采单位产品能源消耗限额

The norm of the energy consumption per unit
product of coal surface mining

（GB 29445—2012）

1 范围

本标准规定了煤炭露天开采单位产品能源消耗（以下简称能耗）限额的技术要求、统计范围和计算方法、节能管理与措施。

本标准适用于煤炭露天开采企业单位产品能耗的计算、考核以及新建企业的能耗控制。

2 规范性引用文件

下列文件对于本文件的应用是必不可少的，凡是注日期的引用文件，仅注日期的版本适用于本文件。凡是不注日期的引用文件，其最新版本（包括所有的修改单）适用于本文件。

GB 17167　用能单位能源计量器具配备和管理通则

GB/T 28398—2012　煤炭企业能源消费统计规范

3 术语和定义

下列术语和定义适用于本文件。

3.1

煤炭露天开采单位产品能耗　the norm of the energy consumption per unit product of coal surface mining

煤炭露天开采吨原煤生产综合能耗

统计期内煤炭生产能源消费量与露天原煤产量的比值。

注：本标准在计算单位产品能耗时使用能源消费量的折算值。

3.2

露天原煤产量　the output of raw coal in surface mine

统计期内采煤阶段产量和露天其他产量的总和。

3.3

露天其他产量 the other output of raw coal in surface mine

统计期内采煤阶段产量以外的其他产量。主要包括由生产费用开支的露天产量，由排土场回收的拣煤量，露天坑内的残煤回收量。

3.4

煤炭生产能源消费量 energy consumption of coal production

统计期内主要生产能源消费和辅助生产能源消费折标准煤之和。

注：见 GB/T 28398—2012 中 3.6。

3.5

主要生产能源消费量 main production energy consumption

统计期内直接用于煤炭开采的各种能源消费折标准煤之和。

注：见 GB/T 28398—2012 中 3.7。

3.6

辅助生产能源消费量 auxiliary production energy consumption

统计期内为主要生产配套的辅助生产系统所消费的各种能源折标准煤之和。

注：见 GB/T 28398—2012 中 3.8。

4 技术要求

4.1 现有煤炭露天开采企业单位产品能耗限定值

电力折标准煤系数采用当量值时，现有煤炭露天开采企业单位产品能耗限定值应不大于 8.2 kgce/t。

4.2 新建煤炭露天开采企业单位产品能耗准入值

电力折标准煤系数采用当量值时，新建煤炭露天开采企业单位产品能耗准入值应不大于 6.5 kgce/t。

4.3 煤炭露天开采企业单位产品能耗先进值

电力折标准煤系数采用当量值时，煤炭露天开采企业应通过节能技术改造和加强节能管理，单位产品能耗先进值不大于 5.0 kgce/t。

5 能耗统计范围和计算方法

5.1 能耗统计范围及能源折标准煤系数取值原则

5.1.1 统计范围

主要生产系统、辅助生产系统所消耗的各种一次能源量、二次能源量和损失量。见 GB/T 28398—2012 中第 4 章。

5.1.2 能源折标准煤系数取值原则

各种能源的热值以标准煤计。各种能源当量热值以企业在统计期内实测的热值为准。

没有实测条件的,采用附录 A 中各种能源折标准煤参考系数。

5.2 计算方法

5.2.1 单矿(坑)煤炭露天开采企业单位产品能耗计算公式

单矿(坑)煤炭露天开采企业单位产品能耗应按式(1)计算:

$$e_{lt} = \frac{E_{lt} \times (k_1 + k_2 + k_3 + k_4 + k_5)}{M} \quad \cdots\cdots(1)$$

式中:

e_{lt} ——煤炭露天开采单位产品能耗,单位为千克标准煤每吨(kgce/t);

E_{lt} ——煤炭生产能源消费量,单位为千克标准煤(kgce);

M ——露天原煤产量,单位为吨(t);

k_1 ——采煤条件及工艺折算系数,见附录 B;

k_2 ——剥采比折算系数,见附录 C;

k_3 ——平均高差折算系数,见附录 D;

k_4 ——平均运距折算系数,见附录 E;

k_5 ——单矿(坑)生产能力折算系数,见附录 F。

5.2.2 多矿(坑)煤炭露天开采企业单位产品能耗计算公式

多矿(坑)煤炭露天开采企业单位产品能耗应按式(2)计算:

$$e_{lt} = \frac{\sum_{i=1}^{n}(e_{i,lt} \times M_i)}{\sum_{i=1}^{n} M_i} \quad \cdots\cdots(2)$$

式中:

$e_{i,lt}$ ——指多矿(坑)煤炭露天开采企业第 i 个矿(坑)的单位产品能耗,单位为千克标准煤每吨(kgce/t);

M_i ——指多矿(坑)煤炭露天开采企业第 i 个矿(坑)的原煤产量,单位为吨(t);

n ——多矿(坑)煤炭露天开采企业矿(坑)的个数。

6 节能管理与措施

6.1 节能基础管理

6.1.1 企业应定期对煤炭生产的能耗情况进行考核,并把考核指标分解落实到各基层部门,建立用能责任制度。

6.1.2 企业应按要求建立能耗统计体系,建立能耗计算和考核结果的文件档案,并对文件进行受控管理。

6.1.3 企业应根据 GB 17167 的要求配备能源计量器具并建立能源计量管理制度。

6.2 节能技术管理

6.2.1 经济运行

6.2.1.1 企业应选用达到经济运行状态的煤矿专用大型设备和通用设备。

6.2.1.2 企业应加强设备的维护、检修工作，提高设备的负荷率；应使生产运行设备合理匹配，经济运行；应使设备处于高效率低能耗运行状态；应加强各种管网的维护管理，防止跑、冒、滴、漏的现象发生。

6.2.2 企业应对主要耗能设备进行定期监测。

6.2.3 企业应积极推广、应用以下节能技术：
——开发利用高效节能的新技术、新工艺、新设备、新材料；
——推进清洁生产，提高资源利用效率，减少污染物排放量；
——淘汰高能耗、高污染、低效率的工艺和设备；
——推广"三废"综合利用技术。

6.3 监督与考核

企业应建立能耗测试、能耗统计、能量平衡和能耗考核结果的文件档案，并对文件进行受控管理。

附 录 A
（资料性附录）
各种能源折算标准煤系数

能 源 名 称	平 均 低 位 发 热 量	折标准煤系数
原煤	20 908 kJ/kg(5 000 kcal/kg)	0.714 3
洗精煤	26 344 kJ/kg(6 300 kcal/kg)	0.900 0
其他洗煤		
（1）洗中煤	8 363 kJ/kg(2 000 kcal/kg)	0.285 7
（2）煤泥	8 363 kJ/kg~12 545 kJ/kg(2 000 kcal/kg~3 000 kcal/kg)	0.285 7~0.428 6
焦炭	28 435 kJ/kg(6 800 kcal/kg)	0.971 4
原油	41 816 kJ/kg(10 000 kcal/kg)	1.428 6
重油	41 816 kJ/kg(10 000 kcal/kg)	1.428 6
煤油	43 070 kJ/kg(10 300 kcal/kg)	1.471 4
汽油	43 070 kJ/kg(10 300 kcal/kg)	1.471 4
柴油	42 652 kJ/kg(10 200 kcal/kg)	1.457 1
煤焦油	33 453 kJ/kg(8 000 kcal/kg)	1.142 9
渣油	41 816 kJ/kg(10 000 kcal/kg)	1.428 6
液化石油气	50 179 kJ/kg(12 000 kcal/kg)	1.714 3
炼厂干气	46 055 kJ/kg(11 000 kcal/kg)	1.571 4
油田天然气	38 931 kJ/m^3(9 310 kcal/m^3)	1.330 0
气田天然气	35 544 kJ/m^3(8 500 kcal/m^3)	1.214 3
煤矿瓦斯气	14 636 kJ/m^3~16 726 kJ/m^3(3 500 kcal/m^3~4 000 kcal/m^3)	0.500 0~0.571 4
焦炉煤气	16 726 kJ/m^3~17 981 kJ/m^3(4 000 kcal/m^3~4 300 kcal/m^3)	0.571 4~0.614 3
高炉煤气	3 763 kJ/m^3	0.128 6
其他煤气		
（1）发生炉煤气	5 227 kJ/m^3(1 250 kcal/m^3)	0.178 6
（2）重油催化裂解煤气	19 235 kJ/m^3(4 600 kcal/m^3)	0.651 7
（3）重油热裂解煤气	35 544 kJ/m^3(8 500 kcal/m^3)	1.214 3
（4）焦炭制气	16 308 kJ/m^3(3 900 kcal/m^3)	0.557 1
（5）压力气化煤气	15 054 kJ/m^3(3 600 kcal/m^3)	0.514 3
（6）水煤气	10 454 kJ/m^3(2 500 kcal/m^3)	0.357 1
粗苯	41 816 kJ/kg(10 000 kcal/kg)	1.428 6
热力		0.034 12
电力（当量）	3 600 kJ/(kW·h)[860 kcal/(kW·h)]	0.122 9
蒸汽（低压）	3 673 MJ/t(900 Mcal/t)	0.128 6

附 录 B
（规范性附录）
采煤条件及工艺折算系数

采煤条件及工艺（以采煤方式来表示）	折算系数取值
连续开采工艺系统	0.24
半连续开采工艺系统	0.18
间断开采工艺系统	0.13

附 录 C
（规范性附录）
剥采比折算系数

剥采比/(m/t)	折算系数取值
≤6.0	0.24
6.0~10.0（含）	0.19
>10.0	0.13

附 录 D
（规范性附录）
平均高差折算系数

平均高差/m	折算系数取值
≤40	0.19
40~80（含）	0.15
>80	0.10

附　录　E
（规范性附录）
平均运距折算系数

平均运距/m	折算系数取值
≤2 000	0.16
2 000～4 000（含）	0.13
>4 000	0.10

附 录 F
（规范性附录）
单矿（坑）生产能力折算系数

单矿（坑）生产能力/(Mt/a)	折算系数取值
≥10.0	0.17
4.0（含）~10.0	0.13
<4.0	0.10

附录九

通风机能效限定值及能效等级

Minimum allowable values of energy efficiency and energy efficiency grades for fan

(GB 19761—2009)

1 范围

本标准规定了通风机的能效等级、能效限定值、节能评价值及试验方法。

本标准适用于一般用途的离心式和轴流式通风机、工业蒸汽锅炉用离心引风机、电站锅炉离心送风机和引风机、电站轴流式通风机、空调离心式通风机。

本标准不适用于射流式通风机、横流式通风机、屋顶风机等特殊结构和特殊用途的通风机。

2 规范性引用文件

下列文件中的条款通过本标准的引用而成为本标准的条款。凡是注日期的引用文件，其随后所有的修改单（不包括勘误的内容）或修订版均不适用于本标准，然而，鼓励根据本标准达成协议的各方研究是否可使用这些文件的最新版本。凡是不注日期的引用文件，其最新版本适用于本标准。

GB/T 1236 工业通风机 用标准化风道进行性能试验

GB/T 10178 工业通风机 现场性能试验

JB/T 2977 工业通风机、透平鼓风机、压缩机名词术语

JB/T 4357 工业锅炉用离心引风机

JB/T 4358 电站锅炉离心式通风机

JB/T 4362 电站轴流式通风机

JB/T 10562 一般用途轴流通风机技术条件

JB/T 10563 一般用途离心通风机技术条件

3 术语和定义

GB/T 1236、JB/T 2977 中确立的以及下列术语和定义适用于本标准。

3.1

通风机能效限定值 minimum allowable values of energy efficiency for fan

在标准规定测试条件下，允许通风机的效率最低的保证值。

3.2

通风机节能评价值 evaluating values of energy conservation for fan

在标准规定测试条件下，节能型通风机效率应达到的最低保证值。

3.3

机组 unit

交流电动机和通风机所组成的装置。

3.4

使用区 service range

通风机效率大于或等于最高通风机效率的90%时，外转子电动机的空调离心式通风机机组效率大于或等于最高机组效率的90%时的运行范围；通风机产品样本给出的性能使用范围。

4 技术要求

4.1 基本要求

通风机产品的设计、制造和质量应符合 JB/T 10562、JB/T 10563、JB/T 4357、JB/T 4358、JB/T 4362 的规定。

4.2 通风机效率、压力系数及比转速

4.2.1 通风机效率计算

$$\eta_r = \frac{q_{vsg1} \cdot p_F \cdot k_P}{1\,000 P_r} \times 100 \quad \cdots\cdots（1）$$

式中：

η_r——通风机效率，%；

q_{vsg1}——通风机进口滞止容积流量，单位为立方米每秒（m³/s）；

k_P——压缩性修正系数；

P_r——叶轮功率，即供给通风机叶轮的机械功率，单位为千瓦（kW）；

p_F——通风机压力，单位为帕（Pa）；

$$p_F = p_{sg2} - p_{sg1} \quad \cdots\cdots（2）$$

p_{sg2}——通风机出口滞止压力，单位为帕（Pa）；

p_{sg1}——通风机进口滞止压力，单位为帕（Pa）。

4.2.2 通风机机组效率计算

$$\eta_e = \frac{q_{vsg1} \cdot p_F \cdot k_P}{1\,000 P_e} \times 100 \quad \cdots\cdots（3）$$

式中：

η_e——通风机机组效率，%；

P_e——电动机输入功率，单位为千瓦（kW）。

4.2.3 压力系数计算

$$\psi = \frac{p_F \cdot k_P}{\rho_{sg1} \cdot u^2} \quad \cdots\cdots（4）$$

式中：

ψ——压力系数；

u——通风机叶轮叶片外缘的圆周速度，单位为米每秒（m/s）；

ρ_{sg1}——通风机进口滞止密度，单位为千克每立方米（kg/m³）。

以通风机最高效率点的压力系数作为该通风机的压力系数。

4.2.4 比转速计算

单级单进气通风机比转速计算：

$$n_s = 5.54n \frac{q_{vsgl}^{\frac{1}{2}}}{\left(\frac{1.2p_F k_P}{p_{sgl}}\right)^{\frac{3}{4}}} \quad \cdots\cdots\cdots\cdots\cdots\cdots\cdots (5)$$

式中：

n_s——通风机比转速；

n——通风机主轴的转速，单位为转每分（r/min）。

单级双进气通风机比转速计算：

$$n_s = 5.54n \frac{\left(\frac{q_{vsgl}}{2}\right)^{\frac{1}{2}}}{\left(\frac{1.2p_F k_P}{p_{sgl}}\right)^{\frac{3}{4}}} \quad \cdots\cdots\cdots\cdots\cdots\cdots\cdots (6)$$

4.2.5 以通风机最高效率点比转速作为该通风机比转速。

4.3 通风机能效等级

4.3.1 通风机的能效等级分为3级，其中1级能效最高，3级能效最低。

4.3.2 对于采用普通电动机的通风机，以使用区最高通风机效率 η_r 作为能效等级的考核值。

4.3.2.1 各等级离心通风机在使用区内，其最高效率 η_r 应不低于表1中的规定。

当离心通风机进口有进气箱时，其各等级效率 η_r 应下降4个百分点。

表1 离心通风机能效等级

压力系数 ψ	比转速 n_s	效率 η_r/%								
		No2＜机号＜No5			No5≤机号＜No10			机号≥No10		
		3级	2级	1级	3级	2级	1级	3级	2级	1级
1.4～1.5	45＜n_s≤65	55	61	64	59	65	68			
1.1～1.3	35＜n_s≤55	59	65	68	63	69	72			
1.0	10≤n_s＜20	63	69	72	66	72	75	69	75	78
	20≤n_s＜30	65	71	74	68	74	77	71	77	80
0.9	5≤n_s＜15	66	72	75	69	75	78	72	78	81
	15≤n_s＜30	68	74	77	71	77	80	74	80	83
	30≤n_s＜45	70	76	79	73	79	82	76	82	85
0.8	5≤n_s＜15	66	72	75	69	75	78	72	78	81
	15≤n_s＜30	69	75	78	72	78	81	75	81	84
	30≤n_s＜45	71	77	80	74	80	83	76	82	85
0.7	10≤n_s＜30	68	74	77	70	76	79	72	79	83
	30≤n_s＜50	70	76	79	72	78	81	74	81	84

附录九　通风机能效限定值及能效等级

表1（续）

压力系数 ψ	比转速 n_s		效率 η_r/%								
			No2<机号<No5			No5≤机号<No10			机号≥No10		
			3级	2级	1级	3级	2级	1级	3级	2级	1级
0.6	20≤n_s<45	翼型	72	77	80	74	79	82	76	82	85
		板型	69	74	77	71	76	79	73	79	83
	45≤n_s<70	翼型	73	78	81	75	80	83	77	83	86
		板型	70	75	78	72	77	80	74	80	83
0.5	10≤n_s<30	翼型	70	76	79	72	78	81	74	81	84
		板型	67	73	76	69	75	78	71	78	81
	30≤n_s<50	翼型	73	79	82	75	81	84	77	83	86
		板型	70	76	79	72	77	80	74	81	84
	50≤n_s<70	翼型	75	80	83	77	82	85	79	84	87
		板型	72	77	80	74	79	82	76	81	84
0.4	50≤n_s<65	翼型	76	81	84	78	83	86	80	85	88
		板型	73	78	81	75	80	83	77	82	85

压力系数 ψ	比转速 n_s		机号<No3.5			No3.5≤机号<No5					
			3级	2级	1级	3级	2级	1级			
0.4	65≤n_s<80	翼型	70	75	78	75	80	83	78	84	87	81	86	89
		板型	67	72	75	72	77	80	75	81	84	78	83	86
0.3	65≤n_s<85	翼型							76	81	84	78	83	86
		板型							73	78	81	75	80	83

注：此表也适用于非外转子电动机的空调离心式风机。

4.3.2.2 各等级轴流通风机在使用区内，最高通风机效率 η_r 应不低于表2中的规定。

表2　轴流通风机能效等级

毂比 γ	效率 η_r/%								
	No2.5≤机号<No5			No5≤机号<No10			机号≥No10		
	3级	2级	1级	3级	2级	1级	3级	2级	1级
γ<0.3	60	66	69	63	69	72	66	73	77
0.3≤γ<0.4	62	68	71	65	71	74	68	75	79
0.4≤γ<0.55	65	70	73	68	73	76	71	77	81
0.55≤γ<0.75	67	72	75	70	75	78	73	79	83

注1：$\gamma = d/D$，γ—轴流通风机轮毂比；d—叶轮的轮毂外径；D—叶轮的叶片外径。

注2：子午加速轴流通风机毂比按轮毂出口直径计算。

注3：轴流通风机出口面积按圆面积计算。

4.3.2.3 有以下情况时，轴流通风机的能效等级按以下规定确定：

a) 当轴流通风机进口有进气箱时，其各等级效率 η_r 应下降3个百分点；

b) 表2中给出的是 $0.55 \leqslant \gamma < 0.75$，机号 $\geqslant 10$ 时，通风机出口带扩散筒时的各等级效率 η_r 值，当风机出口无扩散筒时，各等级效率 η_r 值应提高2个百分点；

c) 对动叶可调（在运行中完成动叶片角度同步调节功能）的轴流通风机，在进口无进气箱，出口无扩散筒条件下，出口按环面积计算时，各等级效率 η_r 值为：1级 $\eta_r \geqslant 89.5\%$、2级 $\eta_r \geqslant 87\%$、3级 $\eta_r \geqslant 82\%$。

4.3.3 对于采用外转子电动机（单相及三相多速式除外）的空调离心通风机，以使用区内最高机组效率 η_e 作为能效等级的考核值，最高机组效率 η_e 应不低于表3的规定。

表3 采用外转子电动机的空调离心式通风机能效等级

压力系数	比转数 n_s	机组效率 η_e/%														
		机号≤No2			No2<机号≤No2.5			No2.5<机号≤No3.5			No3.5<机号≤No4.5			机号≥No4.5		
		3级	2级	1级	3级	2级	1级	3级	2级	1级	3级	2级	1级	3级	2级	1级
1.0~1.4	$40 < n_s \leqslant 65$	38	43	46												
1.1~1.3	$40 < n_s \leqslant 65$				44	49	52									
1.0~1.2	$40 < n_s \leqslant 65$							46	50	53						
1.3~1.5	$40 < n_s \leqslant 65$							44	48	51						
1.2~1.4	$40 < n_s \leqslant 65$										51	55	58	55	59	62

4.4 通风机能效限定值

通风机的能效限定值应不低于表1、表2、表3中3级的数值。

4.5 通风机节能评价值

通风机的节能评价值应不低于表1、表2、表3中2级的数值。

5 试验方法

通风机的性能试验按照 GB/T 1236 或 GB/T 10178 规定进行；采用电测法计算效率的被测通风机应提供配套电动机的效率特性曲线。

附录十

煤炭企业能源消费统计规范

Norms of energy consumption statistics for coal enterprises

(GB/T 28398—2012)

1 范围

本标准规定了煤炭企业能源消费统计的基本原则、能源消费量的分类、各类能源计算的基本原则、综合能源消费量的计算和煤矿工序能耗统计计算方法。

本标准适用于各类煤炭企业。

2 规范性引用文件

下列文件对于本文件的应用是必不可少的。凡是注日期的引用文件，仅注日期的版本适用于本文件。凡是不注日期的引用文件，其最新版本（包括所有的修改单）适用于本文件。

GB 3101 有关量、单位和符号的一般原则。

3 术语和定义

下列术语和定义适用于本文件。

3.1

工业总产值 gross industrial output value

以货币表现的工业企业在统计期内生产的工业产品总量。

3.2

工业增加值 the industrial added value

工业企业在统计期内以货币形式表现的工业生产活动的最终成果，是企业生产过程中新增加的价值。

3.3

万元产值综合能耗 million in overall energy consumption value

统计期内企业能源消费总量与工业总产值的比值。

3.4

万元工业增加值综合能耗 million in overall energy consumption of industrial added value

统计期内企业能源消费总量与工业增加值的比值。

3.5

煤炭企业能源消费量 energy consumption of coal enterprises

煤炭企业在统计期内实际消费的一次能源或二次能源折标准煤之和。

3.6

煤炭生产能源消费量 energy consumption of coal production

煤炭企业在统计期内主要生产能源消费和辅助生产能源消费折标煤之和。

3.7

主要生产能源消费量 main production energy consumption

煤炭企业在统计期内直接用于煤炭开采的各种能源消费折标煤之和。

3.8

辅助生产能源消费量 auxiliary production energy consumption

煤炭企业在统计期内为主要生产配套的辅助生产系统所消费的各种能源折标煤之和。

3.9

其他工业生产能源消费量 miscellaneous industrial energy consumption

煤炭企业在统计期内除煤炭生产能源消费以外的其他工业生产单位所消费的各种能源折标煤之和。

3.10

废弃物利用节能量 saving energy of wastes integrated utilization

统计期内煤炭企业产出的废弃物，作为能源的利用量，按其热值折标准煤，如煤矸石、油母页岩、矿井瓦斯等。

3.11

废弃物其他利用量 other utilization of wastes integrated

统计期内煤炭企业产出的废弃物不作为能源利用的量，如复垦、铺路或其他用处。

3.12

洗（选）煤能源消费 energy consumption of coal preparation

统计期内煤炭企业洗（选）煤厂所消费的各种能源折标准煤之和。

3.13

能源加工转换 energy conversion

统计期内把一种或多种能源，经过加工转换装置使其发生物理、化学反应，产出更高级的能源产品。

3.14

能源加工转换投入量 conversion process inputs

统计期内经加工转换生产出的二次能源及其他石油制品和焦化产品，所投入到加工转换设备的各种能源折标准煤之和。

3.15

能源加工转换产出量 processing conversion output

统计期内经过加工转换后产出的各项能源产品折标准煤之和。

3.16

能源加工转换损失量 processing conversion losses

统计期内投入加工转换的各种能源量（标准煤）之和与产出各种能源量之和的差额。

3.17

能源加工转换效率 processing efficiency

统计期内经加工转换后产出量与投入能源量之比。

3.18

耗能工质 energy consumption working medium

在生产过程中所消耗的不作为原料使用、也不进入产品，而在生产或制取时需要直接消耗能源的工作物质。

4 能源消费统计的基本原则

4.1 能源消费统计应遵循基准统一、概念明确、数据可靠的原则，避免重计漏计。

4.2 能源消费量应由能源实际消费单位进行统计。能源进入首道生产工序，改变了原来的形状或性能，或已实际投入使用的即作为能源实际消费。已拨至能源消费单位但在统计期尚未消费的能源，应作为库存量，不计入能源消费量。

4.3 回收利用余热余能，如生产过程中回收利用各种余热、余气（如高炉煤气、转炉煤气及化学反应热等），均不计为能源消费量。

4.4 耗能工质（如水、氧气、压缩空气等）除进行单位产品能耗指标计算时，不作为能源消费量进行统计。耗能工质（如水、氧气、压缩空气等）进行单位产品能耗指标计算时能源等价值见附录A。

4.5 企业自产能源作为企业另一种产品的原材料，又分别计算产量的应统计消费量。但产品生产过程中消费的半成品和中间产品不统计消费量。

4.6 可以多次周转使用的能源，只统计一次投入，以后重复使用不应该统计消费量。

4.7 能源统计品种：原煤、洗精煤、其他洗煤、焦炭、重油、汽油、煤油、柴油、液化石油气、天然气、焦炉煤气、其他煤气、电力、其他能源、废弃物利用量等。

4.8 各类能源消费统计均应分别折合为标准煤进行计算。

5 能源消费量的分类

煤炭企业能源消费量划分为两类：煤炭生产能源消费量、其他工业生产能源消费量。
——煤炭生产能源消费量包括主要生产能源消费量和辅助生产能源消费量。主要生产能源消费量包含井工开采中的采掘开、通风、排水、瓦斯抽放、运输、提升等，露天开采中的穿孔、爆破、采装、运输、排土等。辅助生产能源消费量包括矿内机修、矿灯充电、生产照明、生产供水、井口浴室、生产采暖、井口食堂、烤衣、井口选矸、灭火灌浆、化验室、矿建等。
——其他工业生产能源消费量包括洗（选）煤、建材、炼焦、造气、发电、机械制造、火药及煤的其他综合利用等。

6 各类能源计算的基本原则

6.1 统计期内的各种能源折算标准煤系数应采用实测的收到基低位发热量的加权平均值计算。不能满足实测条件时，参见附录B。
6.2 统计电力消费量时应以当量热值进行计算。
6.3 计量单位、符号及换算执行 GB 3101。

7 综合能耗的计算

7.1 综合能耗消费量为企业煤炭能源消费量与能源加工转换产出的能源折标准煤之和、回收利用能源折标准煤之和、废弃物节能利用量折标准煤之和的差值。
7.2 吨原煤生产综合能耗为煤炭生产能源消费量与原煤产量的比值。
7.3 吨原煤生产电耗为煤炭生产消费电量与原煤产量的比值。
7.4 洗（选）煤电耗为洗（选）煤所消费的电量与入洗（选）原煤量的比值。
7.5 计算单位有效数字修约见附录C。

8 煤矿工序能耗统计计算

8.1 煤矿工序能耗指煤炭生产整个过程中某个区间、某个部位在一定时间内所消费的能源量与其工作量的比值，即单位工作量的能耗量。
8.2 工作量包含产出物的数量、压力或距离。
8.3 工序能耗有两种计算方法，一种是统计系统计算方法，另一种是设备种类统计计算方法。

系统工序能耗的计算：
统计期内工序能耗 = 统计期内所消耗的能源量/统计期内工作量

设备种类工序能耗的计算：
主通风机工序能耗 = 耗能量(kW·h)/通风量(Mm^3·Pa)
主排水工序能耗 = 耗能量(kW·h)/排水量(t·hm)
提升机工序能耗 = 耗能量(kW·h)/提升量(t·hm)
压风机工序能耗 = 耗能量(kW·h)/风量(m^3·MPa)
锅炉能耗 = 耗煤量(千克标煤)/蒸汽量(吨标汽)
皮带机能耗 = 耗能量(kW·h)/提升量(t·hm)

8.4 有效数字修约
工序能耗的计算结果取小数点后三位。

附 录 A
（资料性附录）
耗能工质能源等价值

耗能工质能源等价值见表 A.1。

表 A.1　耗能工质能源等价值表

品　种	单位耗能工质耗能量	折标准煤系数
新水	2.51 MJ/t （600 kcal/t）	0.085 7
软水	14.23 MJ/t （3 400 kcal/t）	0.485 7
除氧水	28.45 MJ/t （6 800 kcal/t）	0.971 4
压缩空气	1.17 MJ/m³ （280 kcal/m³）	0.040 0
鼓风	0.88 MJ/m³ （210 kcal/m³）	0.030 0
氧气	11.72 MJ/m³ （2 800 kcal/m³）	0.400 0
氮气（作副产品时）	11.72 MJ/m³ （2 800 kcal/m³）	0.400 0
氮气（作主产品时）	19.66 MJ/m³ （4 700 kcal/m³）	0.671 4
二氧化碳气	6.28 MJ/m³ （1 500 kcal/m³）	0.214 3
乙炔	243.67 MJ/m³	8.314 3
电石	60.92 MJ/kg	2.078 6

附 录 B
（资料性附录）
各种能源折算标准煤系数

各种能源折算标准煤系数见表 B.1。

表 B.1 各种能源折算标准煤系数

能源名称		平均低位发热量	折标准煤系数
原煤		20 908 kJ/kg(5 000 kcal/kg)	0.714 3
洗精煤		26 344 kJ/kg(6 300 kcal/kg)	0.900 0
其他洗煤	(1)洗中煤	8 363 kJ/kg(2 000 kcal/kg)	0.285 7
	(2)煤泥	8 363 kJ/kg~12 545 kJ/kg(2 000 kcal/kg~3 000 kcal/kg)	0.285 7~0.428 6
焦炭		28 435 kJ/kg(6 800 kcal/kg)	0.971 4
原油		41 816 kJ/kg(10 000 kcal/kg)	1.428 6
重油		41 816 kJ/kg(10 000 kcal/kg)	1.428 6
煤油		43 070 kJ/kg(10 300 kcal/kg)	1.471 4
汽油		43 070 kJ/kg(10 300 kcal/kg)	1.471 4
柴油		42 652 kJ/kg(10 200 kcal/kg)	1.457 1
煤焦油		33 453 kJ/kg(8 000 kcal/kg)	1.142 9
渣油		41 816 kJ/kg(10 000 kcal/kg)	1.428 6
液化石油气		50 179 kJ/kg(12 000 kcal/kg)	1.714 3
炼厂干气		46 055 kJ/kg(11 000 kcal/kg)	1.571 4
油田天然气		38 931 kJ/m^3(9 310 kcal/m^3)	1.330 0
气田天然气		35 544 kJ/m^3(8 500 kcal/m^3)	1.214 3
煤矿瓦斯气		14 636 kJ/m^3~16 726 kJ/m^3(3 500 kcal/kg~4 000 kcal/kg)	0.500 0~0.571 4
焦炉煤气		16 726 kJ/m^3~17 981 kJ/m^3(4 000 kcal/kg~4 300 kcal/kg)	0.571 4~0.614 3
高炉煤气		3 763 kJ/m^3	0.128 6
其他煤气	(1)发生炉煤气	5 227 kJ/m^3(1 250 kcal/m^3)	0.178 6
	(2)重油催化裂解煤气	19 235 kJ/m^3(4 600 kcal/m^3)	0.651 7
	(3)重油热裂解煤气	35 544 kJ/m^3(8 500 kcal/m^3)	1.214 3
	(4)焦炭制气	16 308 kJ/m^3(3 900 kcal/m^3)	0.557 1
	(5)压力气化煤气	15 054 kJ/m^3(3 600 kcal/m^3)	0.514 3
	(6)水煤气	10 454 kJ/m^3(2 500 kcal/m^3)	0.357 1
粗苯		41 816 kJ/m^3(10 000 kcal/m^3)	1.428 6
热力			0.034 12
电力(当量)		35 544 kJ/kW·h[860 kcal/(kW·h)]	0.122 9
蒸汽(低压)		3 673 MJ/t(900 Mcal/t)	0.128 6

附录十一

煤炭工业能源消费与综合利用统计报表填报说明

中国煤炭加工利用协会

2013 年 4 月

目　次

煤炭工业能源消费统计报表简要说明 ·· 192
 一、煤炭工业能源消费统计 ··· 192
 二、能源消费统计范围和分类 ·· 192
 三、能源统计的品种 ·· 192
 四、各种能源统计计算的基本原则 ··· 193
 五、煤炭工业能源消费统计报表填写说明 ·· 193
 六、煤炭企业能源消费统计表要求 ··· 199

煤炭工业综合利用统计报表简要说明 ·· 200
 一、煤炭工业综合利用产业范围 ·· 200
 二、通用性指标解释 ·· 200
 三、煤炭工业综合利用统计报表填写说明 ·· 200
 四、煤炭工业综合利用统计报表要求 ··· 203

附录 ··· 204
 一、燃料发热量计算 ·· 204
 二、能源品种的说明 ·· 205
 三、各种能源折算方法 ·· 206
 四、工序能耗等级指标 ·· 209
 五、计算单位及小数位数 ··· 211

附录十一　煤炭工业能源消费与综合利用统计报表填报说明

前　　言

　　统计工作是社会经济活动的重要组成部分，是一切管理工作的重要基础。准确的统计数据，是制定政策和编制发展规划的依据，是评价考核经济水平的重要指标。是反映国家和企业发展水平的重要标尺。为认真做好煤炭工业统计工作，国家统计局和有关部委授权中国煤炭工业协会承担煤炭行业的统计职能，"负责制定全行业的统计调查总体方案，制发全行业所有统计调查目录，统一组织、管理和协调行业统计调查活动。"按照"统一管理、分工负责"的原则，充分发挥专业协会的优势，中国煤炭工业协会把行业能源消费、资源综合利用统计工作，委托中国煤炭加工利用协会具体负责。在中国煤炭工业协会统一安排和协调下，在各省（区、市）煤炭主管部门、煤炭集团公司，协会和煤炭企业的大力支持配合下，中国煤炭加工利用协会将全力做好本项工作。

　　2012年按照国家统计局统计报表制度规定和国务院有关部委对直管行业协会统计工作的要求，在征求各省（市、自治区）煤炭管理机构、煤炭企业和有关部门意见的基础上，结合煤炭工业改革发展的实际需要，按照统计数据的准确性、科学性、时效性要求和精简、效能原则，并按《国家统计局批准关于执行煤炭工业统计报表制度的函》（国统字〔2013〕28号）要求，对原《煤炭工业统计报表制度》进行了一些修订，从2013年1月至2014年12月执行。

　　为切实做好能源消费与综合利用统计工作，下面提三点意见：

　　一、要充分认识做好煤炭企业能源消费统计和综合利用统计报表的重要性和紧迫性，确保数据的连贯性和可靠性，认真组织力量，做好年度煤炭工业能源消费和综合利用（多种经营）统计报表上报工作，为企业节能减排和综合利用发展提供数据支撑。

　　二、《煤炭工业能源消费统计报表》为半年报，报送日期为7月31日前，年报日期为次年2月28日前；《煤炭工业综合利用统计报表》为年报，报送日期为次年2月28日前。请各有关单位务必支持和配合，在报送日期前将报表报送至中国煤炭加工利用协会。

　　三、殷切希望今后加强联系，加深沟通交流，为改进煤炭行业能源消费统计工作，多提出您的宝贵建议，协会将竭力做好统计汇总工作，为政府和企业做好服务，解答节能与综合利用统计方面的有关问题。

中国煤炭加工利用协会
煤炭工业节约能源办公室
2013年4月

煤炭工业能源消费统计报表简要说明

一、煤炭工业能源消费统计

能源消费统计原则如下：

（1）谁消费、谁统计。能源消费量是按实际使用量统计，而不是按所有权统计。因此，不论能源的来源如何，凡是在本单位实际消费的能源，均应统计在单位消费量中。

（2）何时投入使用，何时算消费。各单位统计能源消费量的时间界限，是以投入第一道生产工序为准。

（3）消费量只能计算一次。在第一次投入使用时，计算其消费量。对于循环使用的能源，消费量不得重复计算，如余热、余能的回收利用等。

（4）耗能工质无论外购还是自产自用均不统计在能源消费量中。

二、能源消费统计范围和分类

1. 能源消费统计范围

煤炭企业消费的能源，包括企业自办的集体（附属）企业所消费的能源。

2. 能源消费与分类

根据煤炭企业生产的特点，为便于整个煤炭系统能源消费分析研究及各企业间的比较，能源消费划分为3类。

1）煤炭生产消费

（1）主要生产能源消费：指煤矿直接用于煤炭采掘的能源消费，如掘进（剥离）、开采（包括回采）、提升、压风、通风、排水、瓦斯抽放、井上与井下运输等。

（2）辅助生产能源消费：指为开采配套的辅助生产系统所消费的各种能源，如井上下设备的维修、动力、运输、矿灯充电、生产照明、生产供水、井口浴室、锅炉、井口食堂、开水炉灶、洗衣房、烘干取暖、井口选矸、灭火灌浆、生产指挥部门、化验室、土建（不包括批准的基建项目用能）等。

2）其他工业生产能源消费

指企业所属的其他工业生产单位所消费的能源。如洗煤、发电、建材（制砖、水泥等）、炼焦、造气、机械制造、保温材料、火药、制水、制氧及煤的其他综合利用厂、基建公司、工程处。

3）煤炭企业废弃物利用节能统计

指煤炭企业在巷道掘进、煤炭生产和分选过程中排出含能废弃物的利用。如煤矸石、煤泥、矿井瓦斯、油母页岩、余热、余气、余压等。

三、能源统计的品种

根据国家统计局国统字〔2006〕13号文、统能1表及国务院全国工业普查中《能源品种及计算标准煤系数目录》，特规定煤炭系统能源统计的品种如下：①原煤；②洗精煤；③其他洗煤；④焦炭；⑤重油；⑥汽油；⑦煤油；⑧柴油；⑨液化石油气；⑩天然气；⑪焦炉煤气；⑫其他煤气；⑬电力；⑭矿井瓦斯；⑮其他能源。

各种能源的含义和范围，详见附录，以国家统计局《能源统计报表制度》中有关能源目录说明为依据。

四、各种能源统计计算的基本原则

（1）能源发热量、废弃物发热量原则应按实测数据求得，在实测确有困难时，按国家有关主管部门的规定值计算。

（2）各种能源消费量以收到基低位发热量为计算基础。

（3）使用的电力以当量热值进行计算，电力生产单位以供电煤耗（等价值）进行计算。

（4）所有能源消费在进行计算时，均应折算为标准煤。

（5）计量单位、符号及换算，必须符合 GB 2586《热量单位符号与换算》的规定要求，若标准升级更改，以新标准要求为准。

（6）燃料发热量计算方法、能源折算方法等详见附录。

五、煤炭工业能源消费统计报表填写说明

（一）原煤生产能源消费情况（表1）

原煤是煤矿的主要产品，原煤生产能耗是评价和考核煤炭企业能效的主要指标。

1. 指标释疑及数据关系

（1）煤炭生产能源消耗：指报告期内煤炭企业为原煤生产直接消费和为开采配套的辅助生产系统所消费的所有能源折标准煤后的和，在本表中，为下边栏13项折标准煤后的和。

（2）原煤生产综合能耗：指报告期内煤炭生产能源消耗总量与原煤产量之比，也称万吨原煤生产综合能耗。在本表中，原煤生产综合能耗＝煤炭生产能源消耗÷原煤产量。

（3）原煤生产电耗：指报告期内煤炭生产耗电量与原煤产量之比，在本表中，原煤生产电耗＝原煤生产用电量÷原煤产量。

（4）工序能耗：指煤炭生产整个过程中某个区间、某个部位在一定时间内所消耗的能源量与其工作量的比值，即单位工作量的能耗量。工作量包含产出物的数量、压力或距离。如吨百米排水能耗，立方米兆帕中空压风能耗等。工序能耗有两种计算方法，一种是统计系统计算方法，另一种是单台统计计算方法。系统工序能耗的计算公式：

$$统计期内工序能耗 = \frac{统计期内所消耗的能源}{统计期内工作量}$$

单台统计计算方法是用仪器实地测量设备，加权平均后计算的结果。

（5）主通风机工序能耗：$主通风机 = \dfrac{耗能量}{通风量}$

（6）主排水工序能耗：$主排水 = \dfrac{耗能量}{排水量}$

（7）主提升工序能耗：$提升机 = \dfrac{耗能量}{提升量}$

$$带式输送机 = \frac{耗能量}{提升量}$$

（8）空压机工序能耗：$$压风机 = \frac{耗能量}{风量}$$

（9）工业锅炉工序能耗：$$锅炉 = \frac{耗煤量}{蒸汽量}$$

2. 备注

表中"煤炭生产能源消耗"的13项"其他能源"项目计量单位修订为"吨标煤"，如企业使用能源种类未在表中体现，请自行填写名称和计量单位等内容。

表1　原煤生产能源消费情况

指　标　名　称	计 量 单 位	实 物 量	折 标 准 煤 量
甲	乙	1	2
一、原煤产量	10^4 t		—
二、煤炭生产能源消耗	吨标煤		$M = m_1 \times z_1 + m_2 \times z_2 + m_3 \times z_3 + m_4 \times z_4 + m_5 \times z_5 + m_6 \times z_6 + m_7 \times z_7 + m_8 \times z_8 + m_9 \times z_9 + m_{10} \times z_{10} + m_{11} \times z_{11} + m_{12} \times z_{12} + m_{13} \times z_{13} + m_{14} \times z_{14} \cdots$
1 原煤	t	m_1	$m_1 \times z_1$
2 洗精煤	t	m_2	$m_2 \times z_2$
3 其他洗煤	t	m_3	$m_3 \times z_3$
4 焦炭	t	m_4	$m_4 \times z_4$
5 汽油	t	m_5	$m_5 \times z_5$
6 煤油	t	m_6	$m_6 \times z_6$
7 柴油	t	m_7	$m_7 \times z_7$
8 焦炉煤气	10^4 m^3	m_8	$m_8 \times z_8$
9 煤气化煤气	10^4 m^3	m_9	$m_9 \times z_9$
10 矿井瓦斯	10^4 m^3	m_{10}	$m_{10} \times z_{10}$
11 电力	10^4 kW·h	m_{11}	$m_{11} \times z_{11}$
12 热力	MJ	m_{12}	$m_{12} \times z_{12}$
13 其他能源	吨标煤		$m_q = m_{13} \times z_{13} + \cdots$
其中：		m_{13}	
三、能耗指标	—		
1 原煤生产综合能耗	吨标煤/万吨原煤		—
2 原煤生产电耗	千瓦时/吨原煤		
3 主通风机工序能耗	kW·h/(Mm^3·Pa)		
主通风机耗电量	kW·h		
4 主排水工序能耗	kW·h/(t·hm)		
主排水耗电量	kW·h		
5 空压机工序能耗	kW·h/(m^3·MPa)		
空压机耗电量	kW·h		
6 主提升工序能耗	kW·h/(t·hm)		
主提升耗电量	kW·h		
7 副提升工序能耗	kW·h/(t·hm)		
副提升耗电量	kW·h		
8 运输系统工序能耗	kW·h/(t·hm)		
运输系统耗电量	kW·h		
9 工业锅炉工序能耗	千克标煤/吨标汽		
锅炉能耗	吨标煤		—

（二）其他工业生产能源消费情况（表2）

表2　其他工业生产能源消费情况

指　标　名　称	计 量 单 位	实 物 量	折 标 准 煤 量
甲	乙	1	2
发电厂	—	—	—
一、发电量	10^4 kW·h		
二、发电其他产出	吨标煤		
三、发电能源消费	吨标煤		
1 原煤	t	d_1	$d_1 \times z_1$
2 洗精煤	t	d_2	$d_2 \times z_2$
3 其他洗煤	t	d_3	$d_3 \times z_3$
4 焦炭	t	d_4	$d_4 \times z_4$
5 汽油	t	d_5	$d_5 \times z_5$
6 煤油	t	d_6	$d_6 \times z_6$
7 柴油	t	d_7	$d_7 \times z_7$
8 焦炉煤气	10^4 m³	d_8	$d_8 \times z_8$
9 煤气化煤气	10^4 m³	d_9	$d_9 \times z_9$
10 矿井瓦斯	10^4 m³	d_{10}	$d_{10} \times z_{10}$
11 电力	10^4 kW·h	d_{11}	$d_{11} \times z_{11}$
12 热力	MJ	d_{12}	$d_{12} \times z_{12}$
13 其他能源	吨标煤		$d_q = d_{13} \times z_{13} + d_{14} \times z_{14}$
其中：煤矸石	t	d_{13}	$d_{13} \times z_{13}$
…		d_{14}	$d_{14} \times z_{14}$
四、发电能耗指标	—		
1 发电单位能耗	克标煤/千瓦时		—
2 供电单位能耗	克标煤/千瓦时		—
3 厂用电率	%		—
焦化厂	—	—	—
一、焦炭产量	10^4 t		
二、炼焦其他产出	吨标煤		
三、炼焦能源消费	吨标煤		$J = j_1 \times z_1 + j_2 \times z_2 + j_3 \times z_3 + j_4 \times z_4 + j_5 \times z_5 + j_6 \times z_6 + j_7 \times z_7 + j_8 \times z_8 \cdots$
1 原煤	t	j_1	$j_1 \times z_1$
2 洗精煤	t	j_2	$j_2 \times z_2$
3 其他洗煤	t	j_3	$j_3 \times z_3$
4 焦炭	t	j_4	$j_4 \times z_4$
5 汽油	t	j_5	$j_5 \times z_5$
6 煤油	t	j_6	$j_6 \times z_6$
7 柴油	t	j_7	$j_7 \times z_7$
…		j_8	$j_8 \times z_8$
四、炼焦能耗指标	—		
吨焦能耗	吨标煤/吨焦炭		—
造气厂	—	—	—
一、煤气产量	m³		
二、造气其他产出	吨标煤		
三、造气能源消费	吨标煤		$Q = q_1 \times z_1 + q_2 \times z_2 + q_3 \times z_3 + q_4 \times z_4 + q_5 \times z_5 + q_6 \times z_6 + q_7 \times z_7 + q_8 \times z_8 + q_9 \times z_9 + q_{10} \times z_{10} + q_{11} \times z_{11} + q_{12} \times z_{12} + q_{13} \times z_{13} + q_{14} \times z_{14} \cdots$

表2（续）

指标名称	计量单位	实物量	折标准煤量
甲	乙	1	2
1 原煤	t	q_1	$Q_1 \times z_1$
2 洗精煤	t	q_2	$q_2 \times z_2$
3 其他洗煤	t	q_3	$q_3 \times z_3$
4 焦炭	t	q_4	$q_4 \times z_4$
5 汽油	t	q_5	$q_5 \times z_5$
6 煤油	t	q_6	$q_6 \times z_6$
7 柴油	t	q_7	$q_7 \times z_7$
8 焦炉煤气	10^4 m³	q_8	$q_8 \times z_8$
9 煤气化煤气	10^4 m³	q_9	$q_9 \times z_9$
10 矿井瓦斯	10^4 m³	q_{10}	$q_{10} \times z_{10}$
11 电力	10^4 kW·h	q_{11}	$q_{11} \times z_{11}$
12 热力	MJ	q_{12}	$q_{12} \times z_{12}$
13 其他能源	吨标煤		$q_q = q_{13} \times z_{13} + q_{14} \times z_{14} \cdots$
其中：煤矸石	t	q_{13}	$q_{13} \times z_{13}$
…		q_{14}	$q_{14} \times z_{14}$
四、造气能耗指标	—	—	—
造气能耗	吨标煤/立方米		
选煤厂			
一、入选煤量	10^4 t		
二、洗煤能源消费	吨标煤		$X = x_1 \times z_1 + x_2 \times z_2 + x_3 \times z_3 + x_4 \times z_4 + x_5 \times z_5 + x_6 \cdots$
1 汽油	t	x_1	$x_1 \times z_1$
2 煤油	t	x_2	$x_2 \times z_2$
3 柴油	t	x_3	$x_3 \times z_3$
4 电力	10^4 kW·h	x_4	$x_4 \times z_4$
5 热力	MJ	x_5	$x_5 \times z_5$
6 其他能源	吨标煤		$x_6 = x_7 \times z_7 + \cdots$
其中：…		x_7	$x_7 \times z_7$
…			
三、洗煤能耗指标	—	—	—
1 洗煤吨原煤综合能耗	千克标煤/吨		
2 洗煤吨煤电耗	kW·h/t		
其他工业企业			
一、其他工业企业能源产出	吨标煤		
二、其他工业企业能源消费	吨标煤		
1 原煤	t	f_1	$f_1 \times z_1$
2 洗精煤	t	f_2	$f_2 \times z_2$
3 其他洗煤	t	f_3	$f_3 \times z_3$
4 焦炭	t	f_4	$f_4 \times z_4$
5 汽油	t	f_5	$f_5 \times z_5$
6 煤油	t	f_6	$f_6 \times z_6$
7 柴油	t	f_7	$f_7 \times z_7$
8 焦炉煤气	10^4 m³	f_8	$f_8 \times z_8$
9 煤气化煤气	10^4 m³	f_9	$f_9 \times z_9$
10 矿井瓦斯	10^4 m³	f_{10}	$f_{10} \times z_{10}$
11 电力	10^4 kW·h	f_{11}	$f_{11} \times z_{11}$
12 热力	MJ	f_{12}	$f_{12} \times z_{12}$

表2（续）

指 标 名 称	计 量 单 位	实 物 量	折 标 准 煤 量
甲	乙	1	2
13 其他能源	吨标煤		$f_q = f_{13} \times z_{13} + f_{14} \times z_{14} \cdots$
其中：煤矸石	t	f_{13}	$f_{13} \times z_{13}$
…		f_{14}	$f_{14} \times z_{14}$
三、能耗指标	—		—

1. 发电指标释疑及数据关系

（1）发电其他产出：指发电过程中产出电力以外的产品，如热电联供生产的蒸汽、热水等。

（2）发电能源消费：报告期内煤炭企业发电厂所消费的所有能源折标准煤后的和，在本表中，为下边栏13项折标准煤后的和。

（3）发电单位能耗：又叫发电标准煤耗，指火力发电厂每生产 1 kW·h 的电能所消耗的标准煤量，主要用于在燃用不同煤种的各个发电厂之间进行热经济性比较。

$$发电标准煤耗 = 发电耗标煤量 \div 发电总量$$

（4）供电单位能耗：又叫供电标准煤耗，火力发电厂生产的电能，自身需要消耗掉一部分，剩余的才供给用户，火力发电厂每供出 1 kW·h 电能所消耗的标准煤量，称为供电煤耗。

$$供电标准煤耗 = 供电耗标煤量 \div 外供电量$$

（5）厂用电率：火力发电厂生产的电能，自身需要消耗掉一部分，这部分电能占发电量的比例。

$$厂用电量 = 发电总量 - 供电总量$$

$$发电厂用电率 = 厂用电量 \div 发电量 \times 100\%$$

2. 炼焦指标释疑及数据关系

（1）炼焦其他产出：指炼焦过程中产出焦炭以外的，被企业利用或作产品的焦炉煤气、其他焦化产品、粗苯和焦油等所含能量折标准煤的和。

（2）炼焦厂能源消费：报告期内煤炭企业炼焦厂所消费的所有能源折标准煤后的和减去生产的产品能耗就是炼焦厂能耗，在本表中，为下边栏13项折标煤后的和。

（3）吨焦能耗：指炼焦厂每生产 1 t 焦煤所消耗的标准煤量，主要用于在各个炼焦厂之间进行经济性比较。

3. 造气指标释疑及数据关系

（1）造气其他产出：指造气过程中产出煤气以外的，被企业利用或作产品的能量折标准煤的和。

（2）造气能源消费：报告期内造气厂所消费的所有能源折标准煤后的和，在本表中，为下边栏6项折标煤后的和。

（3）造气能耗：指造气厂每生产 1 m³ 煤气所消耗的标准煤量，主要用于在各个造气厂之间进行经济性比较。

4. 洗煤指标释疑及数据关系

（1）选煤能源消费：报告期内选煤厂所消费的所有能源折标准煤后的和，在本表中，为下边栏 6 项折标煤后的和。

（2）选煤吨原煤综合能耗：指选煤厂统计期内用于分选原煤所消耗的各种能源经折算后，以标准煤量表示。

（3）选煤吨煤电耗：指选煤厂报告期内消耗电量同入选煤量之比。

5. 其他工业能源消费

本表中"其他工业能源消费"指除发电、炼焦、造气和选煤外的非原煤生产消费能源折标准煤的值，如制砖、水泥等，企业根据实际情况延长表格，分栏目填写。

（三）煤炭企业能源消费情况汇总（表3）

表3　煤炭企业能源消费情况汇总

指标名称	计量单位	实物量	折标准煤量	折标系数
甲	乙	1	2	3
一、工业总产值	万元			—
二、煤炭企业能源消耗总计	吨标煤			—
1 总煤耗	吨标煤			—
其中：原煤	t	$a_1 = m_1 + d_1 + j_1 + q_1 + x_1 + f_1$		z_1
洗精煤	t	$a_2 = m_2 + d_2 + j_2 + q_2 + x_2 + f_2$		z_2
其他洗煤	t	$a_3 = m_3 + d_3 + j_3 + q_3 + x_3 + f_3$		z_3
焦炭	t	$a_4 = m_4 + d_4 + j_4 + q_4 + x_4 + f_4$		$z_4 = 0.9714$
2 汽油	t	$a_5 = m_5 + d_5 + j_5 + q_5 + x_5 + f_5$		$z_5 = 1.4714$
3 煤油	t	$a_6 = m_6 + d_6 + j_6 + q_6 + x_6 + f_6$		$z_6 = 1.4714$
4 柴油	t	$a_7 = m_7 + d_7 + j_7 + q_7 + x_7 + f_7$		$z_7 = 1.4571$
5 焦炉煤气	10^4 m^3	$a_8 = m_8 + d_8 + j_8 + q_8 + x_8 + f_8$		$z_8 = 6.1430$
6 煤气化煤气	10^4 m^3	$a_9 = m_9 + d_9 + j_9 + q_9 + x_9 + f_9$		z_9
7 矿井瓦斯	10^4 m^3	$a_{10} = m_{10} + d_{10} + j_{10} + q_{10} + x_{10} + f_{10}$		z_{10}
8 总电耗	10^4 kW·h	$a_{11} = m_{11} + d_{11} + j_{11} + q_{11} + x_{11} + f_{11}$		$z_{11} = 1.229$
9 热力	MJ	$a_{12} = m_{12} + d_{12} + j_{12} + q_{12} + x_{12} + f_{12}$		$z_{12} = 0.0341$
10 其他能源	吨标煤	$a_q = m_q + d_q + j_q + q_q + x_q + f_q$		—
其中：煤矸石	t	$a_{13} = m_{13} + d_{13} + j_{13} + q_{13} + x_{13} + f_{13}$		z_{13}
…				
三、煤炭企业其他能源产出量	吨标煤			
四、总能耗	吨标煤			
五、废弃物利用节能量	吨标煤			
六、能耗指标	—		—	—
产值综合能耗	吨标煤/万元			—

注：1. 总能耗 = 企业能源消耗总计 − 废弃物利用节能量 − 煤炭企业其他能源产出量。

2. 产值综合能耗 =（企业能源消耗总计 − 废弃物利用节能量 − 煤炭企业其他能源产出量）/工业总产值 = 总能耗/工业总产值。

3. 一般情况折标系数要求以实测发热量为准。

1. 指标释疑及数据关系

（1）工业总产值：是以货币表现的工业企业在报告期内生产的工业产品总量。根据计算工业总产值的价格不同，工业总产值又分为现价工业总产值和不变价工业总产值，本表采用的是现价工业总产值，即在计算工业总产值时，采用企业报告期内的产品实际销售价格（不含增值税价格）。

（2）煤炭企业能源消费总计：指报告期内企业生产消费的所有能源折标准煤后的和，

在本表中，为下边栏10项折标准煤后的和。

（3）总煤耗：指报告期内企业消费的各种煤炭折标准煤后的和，在本表中，为下边栏中原煤、洗精煤、其他洗煤、焦炭4项折标煤后的和。

（4）废弃物利用节能量：指报告期内企业利用的煤矸石、矿井瓦斯、油母页岩等废弃物折标准煤后的和，在本表中，废弃物利用节能量系指如综合利用电厂、砖厂、水泥厂等利用热值的途径，而复垦、铺路或其他用途未利用热值的不能计入废弃物利用节能量。

（5）总能耗：指报告期内企业能源消耗总量，在本表中，总能耗＝企业能源消耗总计－废弃物利用节能量－煤炭企业其他能源产出量。

（6）产值综合能耗：指一定时期企业能源消费总量与工业总产值之比，是反映企业能源经济效益高低的综合指标，也叫万元产值综合能耗。在本表中，产值综合能耗＝总能耗（企业能源消耗总计－废弃物利用节能量－煤炭企业其他能源产出量）÷工业总产值。

2. 备注

表中"煤炭企业能源消耗总计"的10项"其他能源"项目计量单位修订为"吨标煤"，并追加下级项目"煤矸石"，计量单位为"吨"，如企业使用能源种类未在表中体现，请自行填写名称和计量单位等内容。

六、煤炭企业能源消费统计表要求

（1）煤炭能源消费报表共计两张，报表类别为半年报，填报范围是煤炭企业及独立经营的煤炭生产、分选、煤炭深加工（如煤制油、煤制气、煤焦化、型煤厂、煤化工等）、综合利用企业（煤矸石、煤泥等低热值燃料发电、煤矸石制砖）等，报送单位为各省、市（区）煤炭管理部门、大中型企业（企业集团），报送日期为报告期后一个月内，半年报为7月31日前，年报日期为次年2月28日前。报送方式邮寄或电子邮件均可。

（2）能源消费表是能源统计的重要手段，为保证填表质量，做到统计基准、数据可靠、概念明确、避免重计漏计，要求各单位必须按统一规定报表格式、统计口径、折算系数、计算方法进行填报。

（3）各企业煤炭低位发热量由中心化验室测定。

（4）本统计以标准煤为计算单位，所有能耗均为统计期内。

煤炭工业综合利用统计报表简要说明

一、煤炭工业综合利用产业范围

煤炭企业全部生产经营的业务,除去煤炭开采和煤炭分选以外,其余都是煤炭工业综合利用、多种经营产业,包括第一产业、第三产业、除去煤炭开采和煤炭分选以外的第二产业、基本建设等。

二、通用性指标解释

(1) 产值:即生产经营值或生产经营额,产值是以货币形式表现的,指企业在一定时期内生产的最终产品或提供劳务活动的总价值量。

(2) 利税总额:指企业利润总额、产品销售税金及附加和应交增值税之和。

三、煤炭工业综合利用统计报表填写说明

(一) 煤炭工业固体废物排放利用情况(表4)填写简要说明

表4 煤炭工业固体废弃物排放利用情况

指 标 名 称	计量单位	总计	煤矸石	洗选矸石	煤泥	粉煤灰	其他工业固体废物
甲	乙	1	2	3	4	5	6
一、年排放量	10^4 t						
二、年利用量合计	10^4 t						
1 发电供热燃料	10^4 t						
① 综合利用电厂数量	个						
② 装机容量	MW						
③ 发电量	10^4 kW·h						
④ 供热量	GJ						
⑤ 供热面积	10^4 m^2						
⑥ 发电标准煤耗	g/(kW·h)						
⑦ 厂用电率	%						
⑧ 燃料折标准煤	10^4 t						
⑨ 发电单位成本	元/(kW·h)						
2 建材	10^4 t						
其中:水泥厂							
① 综合利用建材厂数量	个						
② 设计年生产能力							
③ 实际产量							
④ 能力利用率	%						
砖厂							

表4（续）

指 标 名 称	计量单位	总计	煤矸石	洗选矸石	煤泥	粉煤灰	其他工业固体废物
甲	乙	1	2	3	4	5	6
① 综合利用建材厂数量	个						
② 设计年生产能力							
③ 实际产量							
④ 能力利用率	%						
3 筑路	10^4 t						
4 其他	10^4 t						
三、利用率	%						
四、历年堆存总量	10^4 t						

1. 表4（煤利用1表）数据关系

总计(1) = 煤矸石(2) + 洗选矸石(3) + 煤泥(4) + 粉煤灰(5) + 其他工业固体废物(6)

年利用量 = 发电供热燃料 + 建材 + 筑路 + 其他

利用率 = 年利用量 ÷ 年排放量 × 100%

2. 指标释疑

（1）利用率可以超过100%，因为部分单位在将本年度排放量完全利用的同时，也利用了部分历年堆存的废弃物。

（2）其他工业炉渣项以企业实际类别情况填写，有多个种类企业则延伸表格填写。

（二）煤炭工业共伴生矿物开采利用情况（表5）填写简要说明

表5　煤炭工业共伴生矿物开采利用情况

指 标 名 称	计量单位	总计	高岭岩(土)	耐火黏土	膨润土	硅藻土	硫铁	油母页岩	其他
甲	乙	1	2	3	4	5	6	7	8
一、采出总量	10^4 t								
二、综合利用企业数	个								
三、设计能力	t								
四、实际产量	t								
五、能力利用率	%								

注：能力利用率 = 实际产量/设计能力。

1. 表5（煤利用2表）数据关系

利用率 = 利用量 ÷ 年排放量 × 100%

2. 备注

其他项以企业实际类别情况填写，有多个种类企业则延伸表格填写。

（三）煤炭工业矿井瓦斯抽采利用情况（表6）填写简要说明

本表所指的是煤矿因安全需要抽采的瓦斯的利用，不包括瓦斯（煤层气）作为资源开发的瓦斯产品。

1. 表6（煤利用3表）数据关系

（1）利用总量 = 民用 + 工业 + 其他

表6 煤炭工业矿井瓦斯抽采利用情况

指标名称	计量单位	数量
甲	乙	1
一、抽采矿井数	个	
二、抽采总量	$10^4 \, m^3$	
三、利用总量	$10^4 \, m^3$	
其中：民用	$10^4 \, m^3$	
工业	$10^4 \, m^3$	
其他	$10^4 \, m^3$	
四、利用率	%	

注：利用率=利用总量/抽采总量。

（2）利用率=利用总量÷抽放总量×100%

2. 指标释疑

利用率不会超过100%，即利用总量小于等于抽放总量。

（四）煤炭工业煤炭深加工情况（表7）填写简要说明

表7 煤炭工业煤炭深加工情况

指标名称	计量单位	焦化厂	煤气厂	型煤厂	煤制油	煤制品厂	其他厂
甲	乙	1	2	3	4	5	
一、厂数	个						
二、设计能力	t						
三、实际产量	t						
四、能力利用率	%						
五、深加工单位成本	元/吨						

注：能力利用率=实际产量/设计能力。

1. 表7（煤利用4表）数据关系

能力利用率=实际产量÷设计能力×100%

2. 备注

（1）本表设计能力、实际产量的计算单位"吨"不具备通用性，请各单位根据产品填写数量并加单位，如煤气厂为"××立方米"。

（2）本表单位成本的计算单位"元/吨"不具备通用性，请各单位根据产品填写数量并加单位，如煤气厂为"××元/立方米"。

（3）煤炭深加工包括的种类很多，凡是以煤炭作为主要原料的企业，都在范围内，如煤制甲醇、煤制油、煤制活性炭等。

（4）其他厂项以企业实际类别情况填写，有多个种类企业则延伸表格填写。

（五）煤炭工业矿井水排放利用情况（表8）填写简要说明

1. 表8（煤利用5表）数据关系

（1）矿井水利用量=工业+民用+农业+其他

（2）利用率=矿井水利用量÷矿井水排放量×100%

2. 指标释疑

表8　煤炭工业矿井水产生利用情况

指 标 名 称	计 量 单 位	数　　量
甲	乙	1
一、矿井水产生量	10^4 t	
二、矿井水利用量	10^4 t	
其中：工业	10^4 t	
民用	10^4 t	
农业	10^4 t	
其他	10^4 t	
三、利用率	%	
四、利用单位成本	元/吨	
五、排放量	10^4 t	
其中：达标排放量	10^4 t	

注：利用率＝矿井水利用量/矿井水产生量。

（1）利用率不会超过100%，即矿井水利用量小于等于矿井水排放量。

（2）利用成本包括矿井水处理成本、输供成本和其他成本。

四、煤炭工业综合利用统计报表要求

本表共计5张，报表类别为年报，填报范围是各煤炭集团公司、矿务局所辖范围内除去煤炭开采和煤炭分选以外的煤炭深加工（如煤制油、煤制气、煤焦化、型煤厂、煤化工等），以及煤矸石、煤泥等低热值燃料、废渣、废水的利用，共伴生矿物利用、建材生产、矿井瓦斯利用等，报送单位为各省、市（区）煤炭管理部门、大中型企业（企业集团），报送日期为次年2月28日前，报送方式邮寄或电子邮件均可。

附　　录

一、燃料发热量计算

能源统计表是按各类能源实物量填写的,不必全表统一计量单位,而在能量平衡表、能源网络图和能流图中要进行综合平衡;各种能源要按照它们的发热量折算成标准值,为了计算生产二次能源及耗能工质所消耗的一次能源,它们的计量单位又常常取等价(热)值。

1. 燃料发热量

燃料发热量有高位、低位之分。我国 1981 年发布的国家标准（GB 2587）规定：燃料发热量取低位发热量。低位发热量等于高位发热量扣除蒸汽凝结热后的热量。根据《煤的发热量测定方法（GB/T 213）》的规定,煤的分析试样高位发热量与各种基准的低位发热量的换算关系如下：

$$Q_{net,ar} = (Q_{gr,ad} - 0.206 H_{ad}) \times \frac{100 - M_t}{100 - M_{ad}} - 0.023 M_t$$

式中　$Q_{net,ar}$——收到基低位发热量,MJ/kg;

　　　$Q_{gr,ad}$——空气干燥基高位发热量,MJ/kg;

　　　H_{ad}——空气干燥基氢含量,%;

　　　M_t——收到基全水分,%;

　　　M_{ad}——空气干燥基水分,%。

2. 当量热值确定

在能源统计和综合分析过程中焦耳这个单位过小,通常是采用吨标准煤、标准油为计量单位,GB 2589—2008 中规定：低位发热量等于 29.307 MJ（7000 kcal）的固体燃料称为 1 kgce,在能源统计计算中采用 tce。低位发热量等于 41.82 MJ（10000 kcal）液体或气体燃料称 1 kgoe 或标准立方米气。企业消耗的一次能源均按低位发热量换算成标准煤量（或标准油量）,按这个单位折算的热量值称为当量热值。

3. 等价热值确定

等价热值是指加工转换产出的某种热能与相应投入的能源的当量。例如,1983 年我国 6000 kW 以上电厂平均每发 1 kW·h 电需要消耗 404 g 标准煤,每千克标准煤为 7000 kcal,则该年 1 kW·h 电的等价热值为 2828 kcal。电热设备（如电炉）每消耗 1 kW·h 电所能获得的热量是 860 kcal,热工（电热）当量应该是 860 kcal/(kW·h),它们的比值：(860/2828 = 0.304) 为热 - 电转换效率。

等价热值的计算公式：

$$等价热值 = \frac{一次能源具有的能量}{转移效率}$$

例如,1 kg 焦炭具有的能量是它的低位发热量,取 7000 kcal/kg;若炼焦炉效率为

0.85，则

$$1 \text{ kg 焦炭的等价热值} = \frac{7000}{0.85} \text{kcal/kg} = 8235 \text{ kcal/kg}$$

总之，严格地说，等价热值应按照实测数据进行计算，在无实测数据时，可取一些参考数据。显然，等价热值与能源加工转换技术有关，随着技术水平的进步，生产工艺和能源管理水平的提高，转换效率不断提高，其等价热值会不断降低，趋向于二次能源所具有的能量。

二、能源品种的说明

（1）原煤：指经煤矿开采出来的毛煤，用手工拣出 50 mm 以上的矸石和杂物（黄铁矿）后，未经分选加工的煤炭。原煤系无烟煤、烟煤和褐煤之和，包括各该品种的筛选块煤和筛选混末煤以及这三种煤的天然焦，但不包括石煤、风化煤、矸石煤、泥炭等低热值煤。

（2）洗精煤：指入选原煤经洗选、分级等加工处理，降低了灰分、硫分，去掉了一些杂质，适合某些专门用途的优质煤，包括冶炼精煤和其他用途的精煤。

（3）其他洗煤：指原煤分选后，分选出除洗精煤以外的其他洗煤产品。包括洗混煤、洗中煤、煤泥、洗块煤、洗末煤。洗中煤指洗煤经分选后得到的灰分介于洗精煤与矸石之间的洗煤产品，主要供电厂和工业锅炉直接燃烧用；煤泥指选煤厂排除的污水经厂内外沉淀回收的其粒度小于 0.5 mm 的泥状湿煤。

（4）焦炭：指由炼焦洗精煤（土焦也有用原煤的）经高温干馏而得，具有一定的块度、强度和气孔率等物理性能，含水分、硫分低，是供冶金、化工、铸造等用的固体燃料。包括机械化焦炉、简易焦炉、煤制气焦炉和土焦炉生产的机焦、简易机焦和土焦，按粒度可分为块焦（大于 25 mm）、碎焦（10~25 mm）和焦屑（小于 10 mm）。焦炭应按干基计算，不含水分。

（5）重油：指原油炼制加工后，分馏出汽油、煤油及柴油以后剩余的一种近褐色液态残余物，因为重油为重质油品，其比重和凝固点均高于重柴油，所以不能作为内燃机燃料，只能作为一般燃料直接燃烧和用作有机化工裂化原料和造气原料。重油在实际消费中有的与其他油品（柴油）调和使用，应分别统计在各种油品中去。

（6）汽油：是原油经炼制加工取得的产品之一。系挥发性高、燃点低的轻质油，包括车用汽油、航空汽油。

（7）煤油：是汽油之后的馏分，系挥发性比汽油低、燃点比汽油高的轻质油。包括航空煤油、灯用煤油和其他煤油（包括信号灯、警标灯等用煤油）。

（8）柴油：是煤油之后的馏分，系挥发性比煤油低、燃点比煤油高的轻质油。包括轻柴油、重柴油和其他柴油（如农用柴油）。

（9）原油：包括天然原油和人造原油。天然原油指直接从油井开采出来、未经炼制加工的一种可燃性矿物油，包括从天然气回收的凝析油。人造原油，当前仅指用油页岩炼制生产的原油。

（10）液化石油气：系炼油精制过程产生并回收的气体，经加压后的液态产品。主要成分是丙烷、丁烷、丙烯、丁烯，必须在压力容器内保存才能维持其液态，用作化工原料和燃料。

（11）天然气：是一种蕴藏在地层内的可燃气体，其生成条件与石油相似，但比石油的生成更广泛和更迅速。其主要成分含有甲烷、氢、烃类、氮、二氧化碳等。天然气包括气田天然气、油田伴生天然气和矿井瓦斯。天然气的消费量是指输气管网提供的气量以及就地利用的气量。

（12）焦炉煤气：是指用多种烟煤配成炼焦用煤，在炼焦炉中经高温干馏后，在得到焦炭和焦油产品的同时得到的可燃气体。主要成分有氢、甲烷和一氧化碳等，用作燃料和化工原料。

（13）炼厂干气：炼油精制过程产生并回收的气体，主要成分为甲烷、乙烷、丙烷和氢气，主要用作燃料。

（14）城市煤气：系由原煤、洗精煤、焦炭和重油经过干馏或气化而产生的可燃气体，供城市工业和生活用，包括专业煤气厂、企业有外供任务的制气车间和以产煤气为主的炼焦炉生产的煤气。

（15）其他煤气：指除焦炉煤气以外的其他煤气。

主要有：①发生炉煤气，即以煤炭或焦炭为原料，以空气和水蒸气为气化剂，在发生炉内进行连续气化后得到的煤气，主要成分有氧气、一氧化碳、氢气、甲烷等，主要用作燃料；②油煤气，即以重油为原料而制取的煤气，主要为民用和工商业用燃料气。

（16）电力：是指发电机组进行能量转换产出的电能量，包括火电、水电、核电及其他动力能发电量（如地热能发电、风力发电、太阳能发电、潮汐能发电、生物质能发电以及余热余能发电）。包括公用电站、自备电站生产的全部电量。

（17）热力：可提供热源的热水以及过热或饱和蒸汽，包括工业锅炉、公用热电站和企业自备电站生产的外供蒸汽及使用单位的外购蒸汽，不包括自产自用的蒸汽和蒸发量在 2 t/h 以下的采暖锅炉提供的热水和蒸汽。

（18）其他能源：指上述几种以外的能源［不包括低位发热量小于 8360 kJ/kg（2000 kcal/kg）的洗中煤和矸石、小于 12540 kJ/kg（3000 kcal/kg）的煤泥、小于 10450 kJ/kg（2500 kcal/kg）的泥炭，也不包括各种新能源］。

① 煤泥：选煤厂排出的污水经厂内、外沉淀回收的粒度小于 0.5 mm 的泥状湿煤。

② 泥炭：由植物炭化后形成的可燃性物质，质地疏松，含水量高，并有未分解的植物残体、糖类和腐植酸等。

三、各种能源折算方法

（1）煤炭、原油、天然气等一次能源，按照它们本身具有的实际热值换算为标准煤。由于煤炭的品种不同，产地不同，其发热量有很大差别，因此需要实测。根据计划统计期内煤炭实际消费量，加权平均计算出平均发热量（MJ/kg），再除以 1 kg 标准煤收到基低位发热量 29.307 MJ（即 7000 kcal），得出计划统计期内煤炭换算为标准煤的换算系数。原油、天然气由于产地不同，其发热量也不尽相同，原则上也应以实测值进行计算，但是因为不同的原油和天然气发热量差别不大，而且作为用户进行实测又有困难，所以煤炭企业采用国家规定的统一换算系数进行计算。原油换算系数为 1.4286，天然气换算系数为 1.3300。

(2) 二次能源有两种热值,即本身具有的热值:当量热值和等价热值。

企业统计时,二次能源一律按当量热值分别折算,列入有关能耗类别中,不得重计漏计。

(3) 标准煤、标准油和标准气之间的换算:

1 kg 标准煤收到基低位发热量为 29.27 MJ(即 7000 kcal);

1 kg 标准油收到基低位发热量为 41.82 MJ(即 10000 kcal);

1 标准立方米标准气收到基低位发热量为 41.82 MJ(即 10000 kcal);

1 kg 标准煤 = 0.7000 kg 标准油 = 0.7000 标准立方米标准气;

1 kg 标准油 = 1 标准立方米标准气 = 1.4286 kg 标准煤。

各种能源折算标准系数见表9。

表9 各种能源折算标准系数

能 源 名 称	平 均 低 位 发 热 量	折标准煤系数
原煤	20908 kJ/(5000 kcal)/kg	0.7143
洗精煤	26344 kJ/(630 kcal)/kg	0.9000
其他洗煤		
(1) 洗中煤	8363 kJ/(2000 kcal)/kg	0.2850
(2) 煤泥	12544 kJ/(3000 kcal)/kg	0.4286
焦炭	28435 kJ/(6800 kcal)/kg	0.9714
原油	41816 kJ/(10000 kcal)/kg	1.4286
重油	41816 kJ/(10000 kcal)/kg	1.4286
煤油	43070 kJ/(10300 kcal)/kg	1.4714
汽油	43070 kJ/(10300 kcal)/kg	1.4714
柴油	42652 kJ/(10200 kcal)/kg	1.4571
液化石油气	50179 kJ/(12000 kcal)/kg	1.7143
炼厂干气	46055 kJ/(11000 kcal)/kg	1.5714
天然气*	38931 kJ/(9310 kcal)/m^3	1.3300
焦炉煤气*	17981 kJ/(4300 kcal)/m^3	0.6143
煤矿瓦斯	3500 ~ 4000 (kcal/m^3)	0.5 ~ 0.571
其他煤气*		
(1) 发生炉煤气	5227 kJ/(1250 kcal)/m^3	0.1786
(2) 重油催化裂解煤气	19235 kJ/(4600 kcal)/m^3	0.6517
(3) 重油热裂解煤气	35544 kJ/(8500 kcal)/m^3	1.2143
(4) 焦炭制气	16308 kJ/(3900 kcal)/m^3	0.5571
(5) 压力气化煤气	15054 kJ/(3600 kcal)/m^3	0.5143
(6) 水煤气	10454 kJ/(2500 kcal)/m^3	0.3571
煤焦油	33453 kJ/(8000 kcal)/kg	1.1429

表9（续）

能源名称	平均低位发热量	折标准煤系数
粗苯	41816 kJ/(10000 kcal)/kg	1.4286
热力		0.03412
电力（当量）*	3600 kJ/(860 kcal)/m³	0.1229
电力（等价）*	11838 kJ/(2828 kcal)/m³	0.4040

* 重油、煤油、天然气、其他石油制品、热力、电力的折算系数，表中均为千克标准煤/立方米的折算标准，电力为千克标准煤/千瓦·时的折算标准。表中目前虽作了上述规定，但实际折算时仍有争论，存在一些需进一步研究解决的问题。一般来讲，各类能源折算系数，应以实测确定为准，上表仅供参考。

注：1. 各种煤炭（原煤和洗煤）的热值，原则上应由各地区实测计算。
2. 有条件的地区和企业应按机焦、简易机焦和土焦分别实测计算。
3. 有条件的地区和企业应按气田天然气、油田伴生气、煤田天然气分别实测计算。

（4）热力计算：

蒸汽和热水的热量计算与锅炉出口蒸汽、热水的温度和压力有关。

计算方法：

第一步：确定锅炉出口蒸汽和热水的温度和压力，根据温度和压力值，在焓熵图（表）中查出对应的每千克蒸汽、热水的热焓。

第二步：确定锅炉给水（或回水）的温度和压力，根据温度和压力值，在焓熵图（表）查出对应的每千克给水（或回水）的热焓。

第三步：求第一步和第二步查出的热焓之差，再乘以蒸汽或热水的数量（按流量表读数计算），所得值即为热力的热量。

如果企业不具备上述计算热力的条件，可参照下列方法估算：

第一步：确定锅炉蒸汽或热水的产量。产量＝锅炉的给水量－排污等损失量。

第二步：确定蒸汽或热水的热焓。热焓的确定分以下几种情况：

① 热水。假定出口温度为90 ℃，回水温度为20 ℃的情况下，闭路循环系统每千克热水的热焓按 83.6 kJ（20 kcal）计算，开路供热系统每千克热水的热焓按 292.6 kJ（70 kcal）计算。

② 饱和蒸汽。压力为 1~2.5 kg/cm²，温度在127 ℃以下，每千克蒸汽的热焓按 2591.6 kJ（620 kcal）计算；压力为 3~7 kg/cm²，温度在 135~165 ℃以下，每千克蒸汽的热焓按 2633.4 kJ（630 kcal）计算；压力为 8 kg/cm²，温度在170 ℃以下，每千克蒸汽的热焓按 2675.2 kJ（640 kcal）计算。

③ 过热蒸汽：压力为 150 kg/cm²，温度在200 ℃以下，每千克蒸汽的热焓按 2717 kJ（650 kcal）计算；温度在 220~260 ℃以下，每千克蒸汽的热焓按 2842.4 kJ（680 kcal）计算；温度在 280~320 ℃以下，每千克蒸汽的热焓按 2926 kJ（700 kcal）计算；温度在 350~500 ℃以下，每千克蒸汽的热焓按 3135 kJ（750 kcal）计算。

第三步：根据确定的热焓（表10），乘以产量，所得值即为热力的热量。

对于中小企业，若以上条件都不具备，如果锅炉的功率在 0.7 MW 左右，1 t/h 的热水或蒸汽按相当于 2.508×10^6 kJ（60×10^4 kcal）的热量计算。

表10 蒸汽热焓参考值

蒸 汽 种 类	压力/(kgf·cm^{-2})	温度/℃	热焓值/(kcal·kg^{-1})
饱和蒸汽	1~2.5	<127	620
	3~7	135~165	630
	8	>170	640
过饱和蒸汽	1~20	<200	650
		222~260	680
		280~320	700
		350~500	750

注：1 kcal = 4.1868 kJ。

（5）能源折算标准煤系数：

某种能源折标准煤系数(kg 标准煤/kg) = 该种能源平均低位发热量值（kcal/kg）÷ 7000（kcal/kg 标准煤）

（6）能源折算标准煤量：

某种能源折算标准煤量 = 该种能源实物量(kg) × 该种能源折算标准系数(kg 标准煤/kg)

四、工序能耗等级指标

1. 风机工序能耗等级指标

煤矿主通风机工序能耗等级划分见表11。

表11 矿井主通风机工序能耗等级划分

项 目	一 等	二 等	三 等
轴流式/(kW·h·Mm^{-3}·Pa^{-1})	≤0.360	0.361~0.400	0.401~0.520
离心式/(kW·h·Mm^{-3}·Pa^{-1})	≤0.360	0.361~0.380	0.381~0.500

2. 主排水工序能耗等级指标

主排水工序能耗等级指标等级划分见表12。斜井排水能耗修正系数见表13。

表12 主排水工序能耗等级划分

等 级	一 等	二 等	三 等
工序能耗值/(kW·h·t^{-1}·hm^{-1})	≤0.401	0.402~0.441	0.442~0.50

3. 空压机工序能耗等级指标

空压机工序能耗等级指标划分见表14。

表13 斜井排水能耗修正系数 γ 值

α/(°)	H_c/m					
	100	200	300	400	500	600
10	1.18	1.25	1.29	1.32	1.34	1.35
15	1.11	1.15	1.18	1.19	1.21	1.21
20	1.07	1.10	1.12	1.13	1.14	1.14
25	1.05	1.07	1.08	1.09	1.10	1.10
30	1.04	1.05	1.06	1.07	1.07	1.07
35	1.03	1.04	1.05	1.05	1.07	1.07
40	1.02	1.03	1.03	1.04	1.05	1.05
45	1.02	1.02	1.03	1.03	1.03	1.03
50	1.01	1.02	1.02	1.02	1.02	1.02
55	1.01	1.01	1.01	1.01	1.02	1.02
60	1.00	1.01	1.01	1.01	1.01	1.01

表14 空压机工序能耗等级指标划分

等 级	一 等	二 等	三 等
工序能耗值/(kW·h·Mm^{-3}·Pa^{-1})	≤0.107	0.108~0.144	0.115~0.130

4. 主提升皮带工序能耗等级指标

主提升皮带工序能耗等级指标划分见表15。

表15 主提升皮带工序能耗等级指标划分　　kW·h/(t·hm)

皮带种类	工 序 能 耗 值		
	一 等	二 等	三 等
普通皮带	0.273~0.363	0.364~0.411	0.412~0.496
钢绳牵引皮带	0.273~0.363	0.364~0.404	0.405~0.472
钢绳芯皮带	0.273~0.363	0.364~0.406	0.407~0.477

5. 主提升机房工序能耗等级指标

立、斜井主提升机房工序能耗等级划分分别见表16、表17。

表16 立井主提升机房工序能耗等级指标划分

等 级	一 等	二 等	三 等
工序能耗值/(kW·h·t^{-1}·hm^{-1})	≤0.453	0.454~0.496	0.497~0.560

表17 斜井主提升机房工序能耗等级指标划分

等 级	一 等	二 等	三 等
工序能耗值/(kW·h·t^{-1}·hm^{-1})	≤0.509	0.510~0.584	0.585~0.697

6. 锅炉房工序能耗等级指标

锅炉房按每吨标准蒸汽的工序能耗指标分为特等、一等、二等、三等4个等级。工序能耗指标达不到三等指标的属于等外。

锅炉房工序能耗等级指标划分见表18。

表18 锅炉房工序能耗等级指标划分

单炉额定容量 D_o/(t标汽·h^{-1})	工序能耗指标 E_g/(kg标煤·t标汽$^{-1}$)			
	特 等	一 等	二 等	三 等
1～2	≤128	>128～137	>137～149	>149～162
>2～4	≤124	>124～132	>132～142	>142～152
>4～10	≤119	>119～125	>125～133	>133～141
>10	≤117	>117～120	>120～126	>126～132

如锅炉房所安装的锅炉容量不属同一档次时（即不是同一定额容量），需按各档次所产标汽量用加权平均法计算出跨档工序能耗指标作为考核标准。

跨档工序能耗指标计算公式：

$$[E_g] = \frac{\sum (E_g D)}{\sum D}$$

式中 $\sum (E_g D)$——锅炉房各档次锅炉产吨标汽量与相应工序能耗指标的乘积之和；

$\sum D$——锅炉房各档次锅炉产吨标汽量之和。

五、计算单位及小数位数

计算单位及小数位数要求见表19。

表19 计算单位及小数位数

名 称	计算单位	保留小数位数
原煤	t	2
洗精煤	t	2
其他洗煤	t	2
焦炭	t	2
汽油	t	2
煤油	t	2
柴油	t	2
焦炉煤气	10^4 m^3	2
煤气化煤气	10^4 m^3	2
矿井瓦斯	10^4 m^3	2
电力	10^4 kW·h	2

表19（续）

名　称	计算单位	保留小数位数
其他能源	t	2
原煤产量	10^4 t	2
工业总产值	万元	2
能耗标准		2
折标准煤量	吨标准煤	2
折标系数		4

注：折标准煤量＝实物量×折标系数。

附录十二

节能监测技术通则

General principles for monitoring and testing of energy saving

(GB/T 15316—2009)

1 范围

本标准规定了对用能单位的能源利用状况进行监测的通用技术原则。

本标准适用于制定单项节能监测技术标准和其他用能单位的节能监测工作。

2 规范性引用文件

下列文件中的条款通过本标准的引用而成为本标准的条款。凡是注日期的引用文件，其随后所有的修改单（不包括勘误的内容）或修订版均不适用于本标准，然而，鼓励根据本标准达成协议的各方研究是否可使用这些文件的最新版本。凡是不注日期的引用文件，其最新版本适用于本标准。

GB/T 1028　工业余热术语、分类、等级及余热资源量计算方法

GB/T 3485　评价企业合理用电技术导则

GB/T 3486　评价企业合理用热技术导则

GB/T 12723　单位产品能源消耗限额编制通则

GB 17167　用能单位能源计量器具配备和管理通则

3 术语和定义

下列术语和定义适用于本标准。

3.1

能源利用状况　state of energy utilization

用能单位在能源转换、输配和利用系统的设备及网络配置上的合理性与实际运行状况，工艺及设备技术性能的先进性及实际运行操作技术水平，能源购销、分配、使用管理的科学性等方面所反映的实际耗能情况及用能水平。

3.2

供能质量　quality of energy suplyed

供能单位提供给用户的能源的品种、质量指标和技术参数。

3.3

节能监测　monitoring and testing of energy saving

依据国家有关节约能源的法规（或行业、地方规定）和能源标准，对用能单位的能源利用状况进行的监督、检查、测试和评价。

3.4
综合节能监测 comprehensive monitoring and testing of energy saving

对用能单位整体的能源利用状况进行的节能监测。

3.5
单项节能监测 simple item monitoring and testing of energy saving

对用能单位部分项目的能源利用状况进行的节能监测。

4 节能监测的范围

4.1 对重点用能单位应定期进行综合节能监测。

4.2 对用能单位的重点用能设备应进行单项节能监测。

5 节能监测的内容及要求

5.1 用能设备的技术性能和运行状况

5.1.1 通用用能设备应采用节能型产品或效率高、能耗低的产品,已明令禁止生产、使用的和能耗高、效率低的设备应限期淘汰更新。

5.1.2 用能设备或系统的实际运行效率或主要运行参数应符合该设备经济运行的要求。

5.2 能源转换、输配与利用系统的配置与运行效率

5.2.1 供热、发电、制气、炼焦等供能系统,设备管网和电网设置要合理,能源效率或能量损失应符合相应技术标准的规定。

5.2.2 能源转换、输配系统的运行应符合 GB/T 3485、GB/T 3486 合理用电、合理用热等能源合理使用标准的要求。

5.2.3 符合 GB/T 1028 的余热、余能资源应加以回收利用。

5.3 用能工艺和操作技术

5.3.1 对工艺用能的先进、合理性和实际状况包括工艺能耗或工序能耗进行评价,用能工艺技术装备应符合国家产业政策导向目录的要求,单位产品能耗指标应符合能耗限额标准的要求。

5.3.2 主要用能工艺技术装备应有能源性能测试记录,偏离设计指标的应进行原因分析,安排技术改进措施。

5.3.3 对主要用能设备的运行管理人员应进行操作技术培训、考核、持证上岗,并对是否称职做出评价。

5.4 企业能源管理技术状况

5.4.1 用能单位应有完善的能源管理机构,应收集和及时更新国家和地方能源法律、法规以及相关的国家、行业、地方标准,并对有关人员进行宣讲、培训。

5.4.2 应建立完善的能源管理规章制度(如岗位责任、部门职责分工、人员培训、耗能定额管理、奖惩等制度)。

5.4.3 用能单位的能源计量器具的配备和管理应符合 GB 17167 的相关规定。

5.4.4 能源记录台账、统计报表应真实、完整、规范。

5.4.5 应建立完善的能源技术档案。

5.5 能源利用的效果

5.5.1 用能单位应按照 GB/T 12723 制定单位产品能源消耗限额并贯彻实施。
5.5.2 产品单位产量综合能耗及实物单耗，应符合强制性能源消耗限额国家标准、行业标准或地方标准的规定。

5.6 供能质量与用能品种

5.6.1 供能应符合国家政策规定并与提供给用户的报告单一致。
5.6.2 用能单位使用的能源品种应符合国家政策规定和分类合理使用的原则。

6 节能监测的技术条件

6.1 监测应在生产正常、设备运行工况稳定条件下进行，测试工作要与生产过程相适应。
6.2 监测应按照与监测相关的国家标准进行。尚未制定出国家标准的监测项目，可按行业标准或地方标准进行监测。
6.3 监测过程所用的时间，应根据监测项目的技术要求确定。
6.4 定期监测周期为 1~3 年，不定期监测时间间隔根据被监测对象的用能特点确定。
6.5 监测用的仪表、量具，其准确度应保证所测结果具有可靠性，测试误差应在被监测项目的相关标准所规定的允许范围以内。

7 节能监测的检查和测试项目

7.1 节能监测的检查项目

7.1.1 节能监测测试前应进行节能监测检查项目的检查，符合要求后方可进行节能监测测试。
7.1.2 对节能监测测试复杂、测试周期较长、标准或规范规定测试时间间隔长的项目，可以不列为节能监测的直接测试控制指标而列为节能监测的检查项目。
7.1.3 保证被监测设备或系统能正常生产运行的项目（包括符合安全要求的项目）应列为节能监测的检查项目。
7.1.4 国家节能法律、法规、政策有明确要求的项目应列为节能监测的检查项目。

7.2 节能监测的测试项目

节能监测测试项目应具有代表性，能反映被监测对象的实际运行状况和能源利用状况，同时又便于现场直接测试。

8 节能监测的方式

8.1 由监测机构进行节能监测。
8.2 由用能单位在监测机构的监督、指导下进行自检，经监测机构检验符合监测要求者，监测机构予以确认，并在此基础上进行评价和作出结论。

9 节能监测项目评价指标的确定

9.1 监测评价指标应按相关的国家标准确定。
9.2 监测项目评价指标没有国家标准者，应按行业或地方规定确定。

10 监测机构的技术要求

10.1 节能监测机构的实验室的工作环境应能满足节能监测的要求。

10.2 节能监测用的仪器、仪表、量具和设备应与所从事的监测项目相适应。

10.3 监测人员应具备节能监测所必要的专业知识和实践经验，需经技术、业务培训与考核合格。

10.4 监测机构应具有确保监测数据公正、可靠的管理制度。

11 节能监测评价结论与报告的编写

11.1 监测工作完成后，监测机构应在15个工作日内作出监测结果评价结论，写出监测报告交有关节能主管部门和被监测单位。

节能监测结论和评价，包括节能监测合格与不合格的结论、相应的评价文字说明。

11.2 节能监测检查项目合格指标和节能监测测试项目合格指标是节能监测合格的最低标准。

11.3 节能监测检查项目和测试项目均合格方可认为节能监测结果合格。节能监测检查项目和测试项目其中一项或多项不合格则视为节能监测结果不合格。

11.4 对监测不合格者，节能监测机构应作出能源浪费程度的评价报告和提出改进建议。

11.5 监测报告分为两类：单项节能监测报告和综合节能监测报告。

11.5.1 单项节能监测报告应包括：监测依据（进行监测的文件编号）、被监测单位的名称、被监测系统（设备）名称，被监测项目及内容（包括测试数据、分析判断依据等）、评价结论和处理意见的建议。

11.5.2 综合节能监测报告应包括：监测依据（进行监测的文件编号）、被监测单位名称、综合节能监测项目及内容、评价结论和处理意见的建议。

11.6 节能监测结果的分析与评价应考虑供能质量变化的影响。

11.7 综合节能监测报告格式由行业和地方节能主管部门根据能源科学管理实际需要统一拟定、印制。

11.8 单项节能监测报告的格式由单项节能监测标准规定。

参 考 文 献

[1] 北京市发展改革委员会. 节能减排培训教材：节能管理与新机制篇 [M]. 北京：中国环境科学出版社，2008.
[2] 陈莲芳. 热工过程监控与保护 [M]. 北京：中国电力出版社，2008.
[3] 杜广生. 工程流体力学 [M]. 北京：中国电力出版社，2007.
[4] 方利国. 节能技术应用与评价 [M]. 北京：化学工业出版社，2008.
[5] 国家发展和改革委员会资源节约与环境保护司. 重点耗能行业能效对标指南 [M]. 北京：中国环境科学出版社，2009.
[6] 国家环境保护总局科技标准司. 清洁生产审计培训教材 [M]. 北京：中国环境科学出版社，2001.
[7] 国家经贸委资源节约与综合利用司. 清洁生产概论 [M]. 北京：中国检察出版社，2000.
[8] 郭丽君，何川. 泵与风机 [M]. 3版. 北京：中国电力出版社，2004.
[9] 国务院机关事务管理局. 日常节能手册 [M]. 北京：中国环境科学出版社，2007.
[10] 胡景生. 标准化与能源节约 [J]. 中国标准化，2007，7：4-5.
[11] 胡景生. 电网经济运行与能源标准化 [M]. 北京：中国标准出版社，2001.
[12] 胡松涛. 空调系统节能运行与管理 [M]. 济南：黄河出版社，2000.
[13] 黄素逸，高伟. 能源概论 [M]. 北京：高等教育出版社，2004.
[14] 黄素逸，王晓墨. 节能概论 [M]. 武汉：华中科技大学出版社，2008.
[15] 何雅玲. 工程热力学精要分析典型题解 [M]. 西安：西安交通大学出版社，2008.
[16] 华自强，张忠进，高青. 工程热力学 [M]. 4版. 北京：高等教育出版社，2009.
[17] 《节约能源法》修订起草组. 中华人民共和国节约能源法释义 [M]. 北京：北京大学出版社，2008.
[18] 贾丕建，孙立海. 消协动态无功补偿装置在橡胶行业的应用分析 [D]. 江苏：电力需求侧管理编辑部，2009.
[19] 孔珑. 工程流体力学 [M]. 2版. 北京：中国水利电力出版社，1992.
[20] 李保健. 过程检测仪表 [M]. 北京：化学工业出版社，2005.
[21] 雷铭. 节约用电手册 [M]. 北京：中国电力出版社，2005.
[22] 赖一飞，夏滨，张清. 工程项目管理学 [M]. 武汉：武汉大学出版社，2007.
[23] 美国能源基金会，国家环保总局环境规划院. 利用排污收费促进企业自愿节能减排项目 [R]. 2007.
[24] 美国能源基金会. 中国可持续能源项目参考资料2007能源数据 [R].
[25] 孟昭利. 企业能源审计方法 [M]. 2版. 北京：清华大学出版社，2007.
[26] 倪健民，郭云涛. 能源安全 [M]. 浙江：浙江大学出版社，2009.
[27] 钱伯章. 节能减排：可持续发展的必由之路 [M]. 北京：科学出版社，2008.
[28] 清华大学，中国石油集团公司. 中国工业节能管理体系改革和创新研究报告 [R]. 2007.
[29] 石平，胡景生. 企业能源标准化 [M]. 沈阳：辽宁科学技术出版社，1991.
[30] 沈维道，蒋智敏，童钧耕. 工程热力学 [M]. 4版. 北京：高等教育出版社，2007.
[31] 苏彦勋. 流量计计量与测试 [M]. 北京：中国计量出版社，1992.
[32] 王革华. 新能源概论 [M]. 北京：化学工业出版社，2006.
[33] 王厚华. 传热学 [M]. 重庆：重庆大学出版社，2006.
[34] 王庆仁. 漫议企业能源标准化工作 [J]. 中国标准化，1998，7：37-38.
[35] 王秋旺. 传热学重点难点及典型题精解 [M]. 西安：西安交通大学出版社，2001.
[36] 汪小金. 大学生项目管理通识教程 [M]. 北京：机械工业出版社，2010.

[37] 肖静.节能自愿协议法律问题研究［D］.北京：清华大学环境与资源保护法学，2007.
[38] 薛祖绳，周云龙.工程流体力学［M］.北京：中国电力出版社，1997.
[39] 英国石油公司.BP世界能源统计2009［R］.2009.
[40] 杨申仲.能源管理手册［M］.长沙：湖南科技出版社，2008.
[41] 杨世铭，陶文铨.热力学［M］.3版.北京：高等教育出版社，1998.
[42] 尹铁成.节能项目的技术分析方法［J］.节能技术，2000，18（3）：48.
[43] 严兆大.热能与动力机械测试技术［M］.北京：机械工业出版社，1999.
[44] 杨志荣，劳德荣.需求方管理（DSM）及其应用［M］.北京：中国电力出版社，1996.
[45] 杨志荣.节能与能效管理［M］.北京：中国电力出版社，2009.
[46] 张国宝.中国能源发展报告2009［M］.北京：经济科学出版社，2009.
[47] 中国合同能源管理节能项目案例［M］.北京：中国经济出版社，2006.
[48] 朱成章，徐任武.需求侧管理（DSM）［M］.北京：中国电力出版社，1999.
[49] 中国节能投资公司.中国节能减排产业发展报告：迎接低碳经济新时代［M］.北京：中国水利水电出版社，2009.
[50] 中华人民共和国国家统计局.中国统计年鉴2009［M］.北京：中国统计出版社，2009.
[51] 朱明善.工程热力学题型分析［M］.2版.北京：清华大学出版社，2004.
[52] 窦斌.中南民族大学.欧美合同能源管理实践与启示［J］.杭州：杭州科技，2007.
[53] 赵孝保.工程流体学［M］.南京：东南大学出版社，2007.
[54] 赵旭东.工业企业能源管理体系［M］.北京：中国标准出版社，2010.
[55] 翟秀静，刘奎仁，韩庆.新能源技术［M］.北京：化学工业出版社，2010.
[56] 周湘梅，刘立波.能源管理体系的建立与运行［M］.北京：中国标准出版社，2009.
[57] 史兆宪，赵旭东.能源与节能管理基础［M］.北京：中国标准出版社，2010.